LE GRAND BASCULEMENT

PHILIPPE DESSERTINE

LE GRAND BASCULEMENT

Robert Laffont

ISBN 978-2-221-25308-3
Dépôt légal : mai 2021
Éditions Robert Laffont, 92, avenue de France – 75013 Paris

À mes petits-enfants,
qui, je l'espère, verront le 22e siècle

Veux-tu Sçavoir en vérité,
Qu'eft ce monde ? c'eft un Theatre,
Dedans il faut s'ebattre,
Ou bien vivre en calamité.

Étienne Tabourot,
Les Touches du Seigneur des Accords,
1585

C'était en janvier 2020, il y a une éternité.

La transition énergétique était l'expression magique. Celle qui semblait contenir les solutions à cette terrible angoisse qui tenaillait désormais l'humanité tout entière : le dérèglement climatique.

Ce n'était pas vrai. On le sentait confusément. La transition énergétique, même rapide, même radicale, ne suffirait pas. Il fallait plus, beaucoup plus pour permettre à une population mondiale de 8 milliards d'individus d'espérer en l'avenir.

Il fallait un changement complet de modèle économique.

Il fallait un modèle qui concilie croissance pour tous, surtout pour les plus pauvres, prospérité, et développement durable.

Un tel modèle était utopique. Les jeunes générations désespéraient.

C'était en janvier 2020.

Et si l'événement le plus important de ces dix derniers siècles était survenu justement au cours de cette année 2020 ?

Et si le Covid était la chance, la plus improbable de notre époque, pour nous, pour les générations à venir, pour la survie de notre espèce, et pour celle de la planète ?

La simulation grandeur nature du plus grand bouleversement de tous les temps est arrivée, elle a été gérée, elle a ouvert des perspectives infinies.

Le modèle économique mondial a basculé, il a tremblé sur ses bases, les fissures sont apparues partout, mais surtout, un modèle alternatif a commencé à poindre.

Évidemment, il pourrait paraître cynique de considérer une pandémie mondiale comme une chance économique ; comme un moment qui marquera l'histoire. Ce pourrait sembler un mépris insupportable à l'égard de ceux qui sont partis, des autres qui souffrent encore des séquelles de la saloperie terrible, un peu partout autour du globe.

Oui, cette maladie est mondialisée et aux quatre coins des cinq continents. Où qu'ils vivent, il en est qui racontent les mêmes souffrances, les mêmes séjours à l'hôpital, les semaines la tête en bas, placés en coma artificiel pour supporter la douleur, les mêmes qui disent les séquelles, quand on n'est plus contagieux mais qu'on souffre toujours.

Le putain de virus qui nous a pris Kenzo ou Manu Dibango ou « Christophe, le chanteur » (comme disait Daniel Filipacchi au générique du sublime album *Aimer ce que nous sommes*), entre tellement d'autres.

Et pourtant, derrière les larmes, après la tristesse, il y a cet événement sidérant : l'économie en mode stop, en mode pause, en mode *reset*, pour inventer en temps réel un autre modèle, un autre art de vivre, une autre perspective pour toutes les populations du monde. Oui, considéré juste de ce point de vue, qui n'est pas négligeable, le Covid est une chance. Désormais, une route potentielle est tracée ; l'invention peut continuer, doit s'accélérer à son tour. La première des deux conditions à réunir pour qu'une révolution fonctionne en économie est des plus compliquées : il s'agit de l'adhésion des vraies gens, de la population qui, sur le terrain, accepte ou non de changer de vie. Rien que cela, n'est-ce pas ? Une révolution en économie exige ce genre de préalable ; il se produit une fois tous les combien ? tous les cent ans peut-être, et encore.

Parfois, il faut des siècles et des siècles pour que les choses bougent. Pour que l'illusion du mouvement devienne le grand chamboulement, pour qu'une génération accepte soudain la rupture totale avec ce qu'ont vécu ses aînés, ses aïeux et les aïeux de ses aïeux. Disons-le d'emblée, ce n'est pas arrivé depuis des lustres. Nos générations de l'après-guerre ont eu si peur de l'abîme qui s'était ouvert sous leurs pieds, l'Holocauste, la bombe atomique, 55 millions de morts, qu'ensuite le confort, le conservatisme sont devenus les maîtres mots de la population, y compris la plus jeune, celle qui souvent s'imagine différente de toutes les autres. Le cinéma est, de ce point de vue, un très bon révélateur. Par exemple, *La Piscine*, de Jacques Deray ; tourné en 1968, année des révoltes étudiantes, plus d'un demi-siècle, une éternité, deux générations quasi complètes. Tout le monde se souvient de Delon sublime et bronzé, de Romy Schneider à tomber, et Ronet, et Birkin. Ce qui frappe en revoyant le film à cinquante ans de distance ? C'est qu'il tient parfaitement la route. Les humains des années 2020 n'ont pas de mal à se reconnaître, rien n'a vraiment changé, ni les automobiles, ni les maillots de bain, ni l'ambiance générale. Un film moderne ? Non, un film reflet d'une époque étirée sur des décennies, à quelques changements près, un téléphone portable, une télévision plus plate. L'environnement est le même, le rythme de vie, de vacances, ressemble furieusement à ce que connaissent les petits-enfants des acteurs de l'époque. Le reflet d'une absence de changement, volontaire, assumée. Les publicitaires ne s'y sont pas trompés : les photos en noir et blanc d'Alain Delon, prises lors du tournage à Saint-Tropez, continuent année après année d'orner les panneaux publicitaires des grandes villes du monde ; à une correction près : la gitane entre les doigts de Delon. À l'époque naturelle, marque de décontraction, elle est devenue désormais le vice interdit : dame, on veut vivre, vivre toujours plus vieux. Le tabac raccourcit cette existence idéale, cette sorte de paradis indéfini qu'il n'est pas question de modifier ; ni en photo, ni en film, ni en vrai. C'est la même chose à toutes les époques ? Non ! Jamais sous Louis XIV on n'aurait utilisé une image vieille de cinquante ans pour une publicité ; personne ne se serait reconnu, ni dans le vêtement, ni dans la perruque, ni dans l'expression ; et cent ans plus tard, les gens de Louis XVI ne ressemblaient en rien à leurs prédécesseurs des règnes précédents, et encore moins à ceux de l'Empire qui allait bientôt commencer.

Oui, le 21e siècle a été, dans sa toute première partie, celui de l'immobilisme, jusqu'au Covid, donc, jusqu'à cet événement créé par un virus exporté de la chauve-souris vers l'humain, en passant par de mystérieux chemins, pangolins ou autres, le saura-t-on jamais. L'humanité est non plus seulement prête à bouger, mais s'est mise en marche contrainte et forcée. En quelques mois, tout a changé, tout est bouleversé. La population dans son ensemble avait intégré la nécessité du changement ; mais, jusqu'à ce printemps 2020, elle y pensait, le soir, en rentrant du travail, en regardant les actualités, ou en écoutant une chanson. Pas plus. Désormais, c'est concret, désormais, les vraies gens bougent, les familles déménagent, vendent leurs appartements, leurs maisons dans les périphéries des grandes villes ; les gens ont décidé qu'ils prenaient leur destin en main, depuis que le virus a commencé à frapper, depuis qu'il est revenu, depuis qu'il est devenu évident que, maintenant il fallait changer.

Le Covid, événement crucial de cette année 2020, le Covid, événement fondateur du 21e siècle. Le 20e siècle a vraiment commencé en 1918, ou en 1914 plutôt, le début de la Grande Guerre, l'effacement dans le sang de millions de jeunes hommes, presque adolescents, des traces du 19e et du 18e siècle. En 1914, à part la France, aucun pays d'Europe ne vit en république. À partir de 1918 commence l'époque moderne. L'an 2020 est le 1914 du 21e siècle, le vrai début du changement d'époque ; avec le tragique, avec les névroses ; avec toutes les promesses enfin possibles pour une jeunesse hier destinée aux désespoirs les plus noirs de tous les temps.

Pour comprendre ce qui se joue après le Covid, après 2020, il faut intégrer les quatre autres dimensions du séisme qui commence, en économie et au-delà : le dérèglement climatique, donc ; la plus grande rupture technologique de tous les temps, la passation de pouvoir annoncée entre les deux pays les plus puissants du monde et la dette devenue folle.

Quatre dimensions supplémentaires pour un changement radical de modèle, un basculement total, pour le pire, pour le meilleur ; pour le meilleur parce qu'il n'y a pas le choix, pas d'alternative. Pour la première fois de toute son histoire, l'humanité doit se réinventer en urgence.

Donc, ce serait le premier des quatre axes, le plus important, celui que l'on opposera à tous ceux qui trouvaient que, avant, finalement, ce n'était pas si mal, et que d'ailleurs les bouleversements se passent mieux quand ils ont lieu lentement ; il y a urgence radicale, en raison du dérèglement climatique, premier axe de cet ouvrage par conséquent.

Deuxième axe tellement capital, celui qui permet d'espérer, celui qui laisse à penser à une nouvelle manière de vivre, une nouvelle manière de travailler, de consommer, d'aimer, de se cultiver ; cet axe est celui de la rupture technologique engagée depuis longtemps mais qui s'est accrue avec le confinement. L'humanité est entrée en révolution et c'est la seule manière d'envisager le changement de modèle qui doit concerner tous les peuples de la Terre, au même moment. L'invention d'un modèle radicalement différent de l'ancien ne peut se concevoir sans l'apport d'un bouleversement scientifique fondamental. Ce bouleversement est là ; il a commencé plusieurs années auparavant, ses conséquences opérationnelles ont soudain explosé du fait du confinement. La question qui se trouve alors posée est le troisième axe de la situation exceptionnelle, historique, du monde contemporain : le niveau de dette de l'économie mondiale ; le dérèglement monétaire qui lui aussi s'est trouvé décuplé au cours de l'année Covid. Jamais tant de dette n'a été créée en si peu de temps ; jamais tant de dette n'a été créée avec si peu de contrepartie réelle. Une dette créée en raison d'un arrêt de la création de richesse est une situation totalement inédite. Bien sûr elle peut être justifiée par la nécessité, par le risque associé à la plus grande récession moderne ; il n'en demeure pas moins que ces mesures extrêmes interviennent dans un contexte passablement dégradé. Depuis plusieurs années, les banques centrales mènent des politiques dites « non conventionnelles » de taux négatifs et d'interventions tous azimuts pour tenter d'étouffer dans l'œuf les crises financières qui menacent. En quoi cette réalité est-elle à prendre en compte par rapport à ce qui précède ? Parce que l'investissement technologique gigantesque, dont le Covid a permis de prendre la mesure, un investissement planétaire et simultané, devra forcément s'appuyer sur le système financier. Et si ce dernier est miné de l'intérieur, il pourrait devenir le premier obstacle sur lequel se fracasserait la phase cruciale de mutation économique.

C'est ici qu'il faut évoquer le quatrième axe majeur de notre époque, à la fois risque, à la fois opportunité, mais d'abord et avant tout facteur d'inquiétude et de déstabilisation. La communauté internationale est entrée dans une période comme certes il en est déjà survenu dans le passé, mais finalement pas souvent, et en général accompagnée de grandes turbulences. Il est question ici du changement de puissance dominante politique, économique, morale. En l'occurrence, le déclin des États-Unis et la montée inexorable de la Chine. Plus largement, et plus extraordinaire encore : l'Occident est supplanté progressivement par l'Asie. Ce phénomène-là doit être observé sur une perspective de plus de six siècles, avec un manque quasi total de recul et d'analyse.

Autant dire que les repères anciens sont tous en train de disparaître. Au moment de lancer le changement de cap le plus radical, le navire tangue. Pour que la manœuvre ait une chance de succès, il fallait un événement incroyable, inattendu, totalement imprévisible. Ce fut donc une pandémie, le cinquième axe que les historiens, dans un ou deux siècles, devront convoquer pour comprendre l'enchaînement des événements autour de cette décennie des années 20 du 21e siècle. Nous n'avons pas encore ce recul, mais nous devons parvenir à comprendre, parvenir à nous retrouver dans cet océan en tempête. Ce sera le propos de cet ouvrage : tenter de fixer le mouvement de bascule qui commence partout et dont on ne sait où il finira. Un confinement n'aurait pas suffi ; peut-on oser le mot ? providentiellement, la pandémie est revenue, encore et encore. Il n'y aura pas d'autre issue : le modèle va changer. Cela tombe bien : il devait changer, et vite !

Première partie

RÉPONDRE AU DÉRÈGLEMENT CLIMATIQUE

Le dérèglement climatique, l'exigence première

Avant, il y a bien longtemps, en 2019, le réchauffement, le risque climatique, ces concepts avaient fini par être compris par la majorité de l'opinion publique mondiale ; une part croissante de la population avait peur, déprimait même en considérant qu'aucune solution viable n'apparaissait véritablement. On était prêt à tout : à trier ses ordures, à utiliser seulement des voitures électriques, à ne plus prendre l'avion, à changer ses habitudes alimentaires.

Mais le petit geste pour la planète semblait toujours un peu vain, vaguement ridicule comparé à l'immensité du problème. Comment faire changer des milliards de Chinois ou d'Indiens, comment proposer des solutions acceptables par les populations les plus pauvres, comment lutter contre des mégacompagnies, plus puissantes que les États, comment espérer encore ?

Et le chronomètre ne cessait de tourner.

Il était temps, plus que temps. Les vagues montaient, chacune plus haute que la précédente, sonnant l'alerte : le modèle ancien était à bout de souffle, il fallait changer, pas un peu, du tout au tout, de *a* jusqu'à *z*. La troisième décennie du 21e siècle s'annonçait, l'année 2020, commençait par autant d'événements à peine imaginables, chacun indiquant à quel point il était urgent d'agir. Les plus grands incendies jamais subis de mémoire d'homme entre Brésil, Australie et Californie, comme si le Soleil s'était soudain dangereusement rapproché de la Terre. Les eaux montaient, les années les plus chaudes de tous les temps se succédaient. Le climat mondial était déréglé.

L'origine du dysfonctionnement était évidemment humaine ; elle trouvait bien sûr son origine dans les caractéristiques à l'ancienne de l'activité économique, d'une société de consommation dont les contours avaient été tracés après la Seconde Guerre mondiale.

Pourquoi cette organisation du monde entraîne-t-elle un redoutable réchauffement planétaire seulement soixante-dix ans après sa mise en œuvre ? Parce qu'elle a été conçue à une époque où la planète comptait 2,3 milliards d'humains ; elle avoisine désormais les 8 milliards. Ce qui pouvait passer pour des incohérences positives (le gâchis, la surconsommation, provoquant finalement de la croissance et de l'emploi) se traduit en troubles majeurs lorsque le monde est tellement peuplé.

Et ce n'est pas fini, loin de là.

Nous n'avons plus le choix parce que la population humaine est trop nombreuse pour laisser passer des imperfections structurelles ; elle le peut d'autant moins que la démographie ne cessera de grimper dans les prochaines décennies du 21e siècle, sans se projeter encore dans un futur plus hypothétique. Le seul continent africain est lancé dans une expansion vertigineuse de sa population qui devrait en faire, d'ici à 2100, le continent le plus peuplé, autour des 5 milliards d'habitants, dépassant l'Asie qui, elle, verra à son tour son vieillissement s'accélérer. L'augmentation de la population mondiale se fait par le début, tel que l'illustre typiquement le processus africain, mais aussi et surtout par la fin. On naît beaucoup sur la Terre mais surtout on y meurt de plus en plus tard ; l'Europe, l'Amérique du Nord, ainsi que l'Asie et beaucoup de pays accédant au développement, qui sont des zones où les vieillards deviennent plus nombreux que les enfants.

Cette évolution est la cause du problème, mais elle est heureuse évidemment ; elle se traduit aussi par deux caractéristiques majeures que la redéfinition du système économique doit intégrer : si la population vieillit, c'est qu'elle est plus riche. D'ailleurs, lorsque l'on parle d'enrichissement, cette notion pourrait vite devenir vague ou critiquable : Être riche signifie-t-il être plus heureux, plus comblé ? Au fait, comment ces notions se mesurent-elles ? Et si c'était l'inverse ? Le débat est intéressant, il peut être néanmoins écarté ici : être riche, c'est voir son espérance de vie augmenter. Point final. Pas de discussion, l'enrichissement se traduit d'abord par l'accès aux soins et de ce fait par une vieillesse plus longue. Quelle est la caractéristique d'une personne qui vit plus longtemps que ne l'avaient fait ses aînés ? D'abord, elle est plus riche, donc elle recherche de plus en plus de produits de qualité. En allant vite, on dirait que le *low cost* est pour les jeunes, les anciens privilégiant un prix plus fort. Mais, surtout, la caractéristique d'une population qui vieillit est de consommer plus de services et moins de produits physiques. L'avenir de l'économie mondiale se distinguera par une demande accrue de services, de qualité croissante pour une démographie qui continuera d'exploser. Toutes ces précisions ne sont pas des détails.

Quand il sera question de définir le cadre nouveau de l'activité humaine sur l'ensemble de la planète, il faudra surtout ne pas oublier que les contours de demain ne seront pas ceux d'hier. Les conditions d'existence ne seront pas les mêmes ; l'invention d'un nouveau modèle sera, dans ses fondements, radicalement différent de l'ancien.

Le PIB mondial est déjà à plus de 75 % composé de services.

Le nouveau modèle doit être focalisé sur les activités de services ; un peu sur l'agriculture ; mais beaucoup moins sur l'industrie. L'industrialisation était le problème du modèle d'avant ; celui du 19e, du 20e siècle. Désormais, l'enjeu est d'inventer à toute allure un nouveau modèle de production de services.

L'équation semblait impossible à résoudre.

Au début de l'année 2020, les enfants désespérés avaient le regard de la petite Suédoise Greta Thunberg, à la fois en colère et impuissante. Tous ceux qui ont eu des adolescents à la maison, ces années-là, disons entre 2017 et 2019, savent combien Greta eut ce succès foudroyant non pas seulement grâce à l'habileté de communicants géniaux, mais parce que, d'abord, elle était l'interprète des cousins de son âge, ou plus jeunes, quel que soit l'endroit où ils vivaient sur la Terre. Elle est la voix d'une génération montante et de celles qui vont suivre. Pas d'espoir, nous allons dans le mur… Les manifestations de la fin 2019 des *millenials*, ces enfants nés après l'an 2000, posaient la question : Où sont-elles, ces promesses de nouveau modèle, où sont-ils les engagements de la communauté internationale pris par exemple à Paris, lors de la COP 21, en 2015 ?

Et soudain,
la mondialisation prit la forme d'une maladie

Le déterminant majeur de la transformation radicale du modèle économique est donc un choc « externe », c'est-à-dire n'ayant rien à voir avec l'économie. Un événement historique à l'échelle de plusieurs siècles qu'a été la pandémie de Covid.

Jamais le terme « mondialisation » n'avait été aussi justifié : la maladie est partie d'Asie, elle a engendré partout les mêmes méfaits, partout les mêmes comportements. Et quand il s'est agi de trouver une issue, cette dernière ne pouvait qu'être universelle. Guérir seul n'est pas possible, la communauté internationale n'avait d'autre issue que se penser sinon solidaire, au moins collective.

Cet épisode inimaginable quelques jours avant son développement à l'échelle planétaire a des conséquences en cascade absolument inédites. Les superlatifs manquent lorsque l'on doit représenter les manières d'appréhender la modification des paradigmes qui, en quelques semaines cruciales pour l'avenir de l'humanité, s'est imposée à tous. Avant d'en évoquer quelques-uns des principaux sans doute faut-il d'abord répéter combien le Covid est d'abord associé à une tragédie commune. Le Covid est sur toutes les terres du globe, une litanie de détresses individuelles ; la douleur des familles perdant un ou plusieurs proches, la douleur des survivants, les difficultés des malades les plus atteints, les ravages physiques et psychologiques de cette maladie insidieuse. Cette douleur est tristement identique que l'on vive en Chine, en Europe, en Amérique ou en Afrique. Elle se décline sur les mêmes courbes de désespoir, ce qui doit aussi rappeler l'universalité des émotions humaines. Nous sommes tous égaux devant la mort, quelle que soit notre culture, quelle que soit notre race.

La pandémie de Covid se définit peut-être d'abord par cette universalité de la douleur. Si le prix n'était pas si lourd, on pourrait considérer que cette maladie est une opportunité qui permet à la planète entière de comprendre, de parler le même langage au moment même où, dans bien des endroits, le recroquevillement, la fermeture à l'autre semblaient gagner le terrain politique.

Cette pandémie est d'abord source de leçons ; elle pourrait devenir, avec le recul de l'histoire, l'un des plus grands virages qu'ait connus l'organisation humaine. Jamais l'humanité n'avait été si nombreuse, jamais elle n'avait pu, de la même manière et au même moment, analyser si profondément ses faiblesses structurelles.

Commençons donc par le premier des enseignements qui pourraient marquer la mémoire des hommes : le premier des premiers est cet arrêt brutal de la machine économique. Un arrêt presque irréel, un arrêt qui aurait passé comme impensable avant qu'il ne se produise dans un temps tellement court. La nécessité du confinement total de la population s'est propagée à la même vitesse que la contagion du virus. Aucun événement du passé n'est comparable. La rhétorique politique a souvent été celle de la guerre contre un ennemi aussi implacable qu'insidieux.

Si l'image vaut par la nécessité d'une mobilisation générale ou d'une reconstruction « d'après-guerre », elle ne convient pas à celle de la production et de l'activité quotidienne. Ce serait même le quasi-contraire : un effort de guerre n'est pas un effort d'immobilisme mais celui d'une activité totalement dédiée à l'obligation de résister ou d'attaquer un ennemi commun. Pendant les plus grandes guerres des derniers siècles, les mécanismes de production ont tourné à plein régime pour fournir ce dont avaient besoin les troupes au front ou les populations devant coûte que coûte (encore une formule reprise par le politique du 21e siècle) garder les forces nécessaires pour résister à l'offensive hostile.

La propagation de la maladie a produit quelque chose de totalement différent : l'obligation absolue de ne plus rien faire, de ne plus bouger, de ne plus avoir la moindre vie sociale, excepté celle d'un foyer familial retreint.

Cette sidération unanime n'a pas d'équivalent dans un horizon proche. Si un parallèle pouvait être tenté, ce serait avec un passé beaucoup plus lointain, quand se sont développés des fléaux comparables en matière sanitaire.

La Grande Peste, en Europe, qui commence en 1347 et se termine vers 1352, dont le bilan fut effroyable, avec des taux de mortalité dix à quinze fois supérieurs à ceux du Covid, a produit certains effets comparables du strict point de vue économique : les villes se fermaient et on y mourait de faim, les voyageurs étaient refoulés partout sans pitié, les campagnes se terraient dans une sorte d'autarcie, suscitant au passage des pillages et des comportements de fin du monde. Les représentations qui nous sont parvenues disent cette sorte de résignation devant l'implacable faucheuse dont chacun se demande quand elle cessera sa moisson, de quels péchés, de quelles fautes les humains se sont rendus coupables pour mériter pareil châtiment.

Dans l'univers occidental, le seul autre exemple comparable, mais il faut remonter beaucoup plus loin dans le temps, est celui de la grande peste de Justinien de 541 à 767 avec un pic en 592. En l'état des connaissances modernes de ces catastrophes sanitaires, ces pandémies ont toutes pris leur source en Asie : les grandes pestes, comme les grandes grippes, dont la plus ravageuse du 20e siècle, la grippe espagnole, la mal nommée, venaient elles aussi de Chine.

La peste de Justinien a eu des conséquences politiques et économiques considérables, provoquant des modifications dans l'organisation du monde, sonnant, en quelque sorte, le glas de l'Empire romain et la possible réunification des Empires d'Orient et d'Occident.

La grande peste de 1347 est celle qui sur le plan économique nous serait la plus proche, tant par sa brutalité que par son caractère relativement resserré dans le temps. Elle est surtout frappante par les similitudes dans ses retombées sur la société internationale de l'époque. Le monde du 21e siècle a, en bien des points, accompli un rapprochement des mentalités avec ses très lointains aïeux du 14e. Si à l'époque moderne, empreinte d'un rationalisme affirmé, l'hypothèse d'une colère divine est beaucoup moins invoquée, qu'au cœur d'un Moyen Âge religieux dans toutes les strates de sa société, en revanche, l'incompréhension, la recherche de responsabilités et le report des haines sur l'étranger se ressemblent beaucoup.

Le dérèglement économique associé à la peste noire s'est prolongé pendant des décennies, voire des siècles, à cause de l'effondrement de la démographie. Le parallèle entre les deux époques voit donc une limite importante : la mortalité de la peste a produit des effets que l'on peut estimer beaucoup plus longs que ceux du Covid en raison de cette composante majeure. De très nombreuses villes, les campagnes de la plupart des régions européennes virent leur population diminuer de 40 à 80 %, redessinant totalement la capacité de production européenne mais aussi des espaces physiques autour desquels s'organisait la vie sociale.

Cela étant, aucune civilisation ne sort indemne d'une telle rupture de sa routine et de son évolution linéaire. Le redémarrage est forcément chaotique, les prolongements imprévus sont multiples et d'abord compliqués à gérer.

On peut rappeler, dans la période postérieure à la grande peste, au 14e siècle, les témoignages multiples racontant la difficulté qu'éprouvaient les survivants à assumer leur chance d'avoir survécu. L'art de l'époque témoigne d'une montée non concertée mais universelle d'une fascination pour la mort et pour le macabre, ce que l'on pourrait en termes modernes qualifier de tendance dépressive.

Après une crise sanitaire, rien ne sera plus comme avant, surtout quand aucune région n'est épargnée par la catastrophe.

Il se développe naturellement ce sentiment diffus mais profond d'un paradis perdu, de désillusion, d'un désenchantement qui perdure pendant plusieurs générations. L'art et la culture jouent un rôle important de catharsis, permettant de représenter la douleur collective et de l'exorciser autant que faire se peut.

Or, l'économie, la croissance ne font pas bon ménage avec la dépression, avec la neurasthénie collective.

Sans doute faut-il rappeler que le premier ingrédient de la croissance, c'est-à-dire d'une activité humaine en expansion, autant pour chaque individu que pour le groupe le plus large, est d'abord l'enthousiasme et l'optimisme du plus grand nombre. Les rebonds d'après guerre sont le fruit d'une jeunesse enfin libérée, des projets qui peuvent fleurir un peu partout. Si la morosité domine, il ne se passe rien ; pis, la crise devient déclin ou, pis encore, décadence.

Avant le Covid, qu'en était-il de l'enthousiasme ? Une partie du monde, en Occident notamment, n'était-elle pas déjà dans la morosité, dans un début de spleen ? Une interrogation montait depuis plusieurs années, notamment chez les jeunes générations, quant à la légitimité, voire au bien-fondé d'une croissance longue. Croissance rime avec consommation, épuisant les ressources et le patrimoine naturel transmis depuis la nuit des temps. La solution pour sauver la planète ? Ne plus consommer, célébrer la décroissance.

Il ne s'agit pas d'une suggestion futile que l'on écarterait d'un revers de main.

Mais appeler de ses vœux la décroissance, n'est-ce pas se condamner à la déprime, à l'immobilisme, à l'inverse exact de ce que signifie le progrès ? La croissance a toujours été dans l'histoire économique, dans l'histoire tout court, synonyme de vitalité d'un peuple, d'une région, d'un pays ; une sorte de logique naturelle d'une vie humaine ; la jeunesse est dynamique, elle a pour nature de chercher à se développer, à utiliser toujours plus ses capacités propres, à les sublimer. Le cantonnement d'une telle affirmation à l'espèce humaine est par trop réducteur. Dans le règne animal, en particulier chez les mammifères, la pulsion de vie pousse à accroître sa performance. Celle-ci ne décline qu'avec l'âge, avec le constat d'une perte de capacités liée au vieillissement.

En ce début de 3e millénaire, la population mondiale est en expansion, comme jamais elle ne l'a été ; elle est par conséquent en expansion d'activité. Pas de manière uniforme, certes : l'Occident vieillit, les anciennes populations dominantes sont toutes en réduction démographique, à l'inverse de continents entiers qui doivent gérer, eux, une natalité difficile à contrôler. La démographie est sans cesse la référence majeure quand il est question d'évoquer, d'inventer un autre modèle.

La croissance est donc une donnée presque inhérente à l'homme. Depuis deux siècles, l'économie, cette science récente, se doit de traduire quantitativement la création de richesse, de l'exprimer en unités monétaires. À plusieurs reprises, cette traduction s'est avérée déficiente, quand la forme même de la richesse, de la consommation, changeait profondément. Cette erreur de représentation produit un écart entre les données chiffrées et la réalité, à l'origine de la plupart des grandes catastrophes financières de l'histoire.

Il ne fait aucun doute que, dans la période commencée depuis 1989, la représentation de la croissance par l'économie et sa réalité de terrain se sont écartées. Pourquoi 1989 ? Car il s'agit du début de la mondialisation moderne, issue de la chute du mur de Berlin, la fin d'une guerre froide entre deux grands blocs planétaires. En 1989 de surcroît, se sont produits les événements de Tian'anmen, c'est-à-dire le décollage de plus en plus rapide des pays émergents, traînés par une locomotive massive, la Chine.

Depuis 1989, les unités monétaires, sous forme de dette, sont créées par les anciens pays puissants, ceux chez qui la croissance s'essouffle et le vieillissement des populations s'accélère. La valeur ajoutée, le dynamisme explosent dans d'autres zones, qui, pour mille raisons, notamment politiques en Chine, ne peuvent ou ne veulent entrer dans une représentation à la fois quantitative et monétaire de leur économie.

Au passage, le parallèle de sept siècles avec la pandémie du Moyen Âge fonctionne d'ailleurs ici aussi puisque l'effondrement d'activités faisant suite à la Grande Peste venait après une longue période de crise voire de dépression. Comme aux 14e et 15e siècles, la refonte du modèle supposera donc non seulement des changements d'organisation, mais également une redéfinition des moyens de mesure de la croissance, une remise à plat de la représentation économique et de la réalité de l'activité humaine.

Une croissance réelle, changeante et difficile à appréhender, une dette créée par ceux qui produisent moins, un dérèglement climatique, une désorganisation du monde, tels étaient, avant le Covid, les ingrédients d'une perte de repères. Ce climat général avait conduit déjà à des crises hyperviolentes, à une perte de rationalité globale produisant un accroissement des inégalités, des allers-retours de tensions entre la sphère économique et la sphère politique.

Quand commence l'année 2020, le système ancien ne cesse de produire des anomalies de plus en plus inextricables, le dérèglement climatique s'intensifie, il serait nécessaire de prendre des décisions radicales et de grande ampleur à très court terme ; pourtant, rien ne se passe et le cinquième anniversaire des accords de Paris promet d'être morose.

L'expérience improbable : et si l'économie mondiale s'arrêtait ?

Changer de modèle économique suppose que l'on arrête le précédent, que l'on en constitue un nouveau ; deux défis immenses. La difficulté est telle que les climato-sceptiques avancent leurs pions : « Tout cela est impossible ; et d'ailleurs, sommes-nous sûrs que le climat se dérègle en raison de l'action humaine ? » Ce doute est des plus fréquemment invoqué. Il trouve un écho plus que favorable chez tous ceux qui ont un intérêt immédiat au prolongement du modèle ancien, au premier rang desquels les exploitants des énergies fossiles. Parmi les promoteurs du pétrole et du gaz de schiste aux États-Unis se trouvaient par exemple ceux qui poussèrent Donald Trump à sortir de l'accord de Paris.

Une certitude : le climat change sur la Terre sans que l'espèce humaine puisse être incriminée. En matière météorologique, la mémoire collective conserve la référence d'une époque où le froid était bien plus vif qu'aujourd'hui, époque que les historiens ont qualifiée de petit âge glaciaire. Il s'étend *grosso modo* du milieu du 13e siècle au milieu du 19e siècle, avec trois phases particulièrement virulentes : de 1303 à 1380 ; les trente dernières années du 16e siècle ; de 1815 à 1860 – 1860, c'est-à-dire hier, une proximité temporelle avec notre époque. Ce petit âge glaciaire a sans doute été provoqué par d'épais nuages de poussières créés par de grandes irruptions volcaniques. L'un des moments marquants de ces temps différents demeure, en France comme dans le reste de l'Europe, le « grand hiver ». L'hiver de 1709 est l'une des pires calamités naturelles qu'ait eu à surmonter le pays. L'effondrement des températures de vingt-cinq à trente degrés en une nuit, le 6 janvier, fut le début d'une période de vingt jours de froid polaire. Une nouvelle vague survint en février. Alors que la guerre de Succession d'Espagne faisait rage sur le continent, les conséquences économiques furent désastreuses, avec les récoltes, les forêts, le bétail totalement décimés, y compris sur le pourtour méditerranéen.

Le réchauffement contemporain pourrait donc constituer une sorte de symétrie naturelle à ces phénomènes de refroidissement. Si tel était le cas, les humains ne seraient pas responsables. Sauf que les recherches climatiques soulignent le caractère très resserré de la détérioration et la corrélation très forte entre les émissions des gaz à effet de serre du fait de l'activité humaine, et le réchauffement spectaculaire du climat. L'origine naturelle du dérèglement contemporain est très peu probable.

Dans de telles conditions, le confinement de l'année 2020 revêt un double intérêt : il est un test grandeur nature, tel qu'aucun scientifique n'aurait pu espérer le mettre en œuvre, de l'influence du modèle économique de consommation. Mais, aussi, il permet de poursuivre l'expérience avec la mise en place d'un mode de fonctionnement alternatif à l'échelle mondiale.

Lorsque, jusqu'à la fin de l'année 2019, voire au début de l'année 2020, il était question de la nécessité de transformer la majorité des activités humaines en raison de la menace climatique, la réponse récurrente était la suivante : « Oui, pourquoi pas, mais ce sera compliqué, donc ce sera long » ; ou, dit autrement : « En admettant que ce processus s'engage, il prendra du temps, au moins une ou deux générations. » Sous-entendu : la machine est lancée, elle est tellement énorme quand l'humanité compte quelque 7,7 milliards d'individus, qu'il est inconcevable d'envisager même la faisabilité d'une transformation rapide et radicale. Et cette voix semblait celle de la raison, alors qu'elle pouvait être portée par des esprits plutôt favorables au grand bouleversement d'urgence.

Le Covid a tout remis en cause. Brutalement, c'est-à-dire en cinq semaines de la fin d'hiver 2020, la mécanique a été, de gré ou de force, placée à l'arrêt. Et soudain, les hypothèses plus qu'incertaines se sont transformées en évidences, voire en réalités très au-delà des attentes les plus optimistes. En clair (c'est le cas de le dire), l'arrêt d'une partie de la Chine industrielle pendant sept semaines se traduit par une amélioration spectaculaire, constatée depuis l'espace par les satellites mais aussi au niveau du sol par les habitants, de la qualité de l'air de par une baisse substantielle des formes les plus agressives de pollution. L'arrêt de la circulation automobile et plus largement des déplacements de tous types a en quelques semaines modifié l'équilibre – ou plutôt le déséquilibre – atmosphérique. L'air est subitement redevenu (presque) plus respirable qu'il ne l'était quelques jours auparavant, tandis que le nuage de pollution devenu le quotidien des habitants de Wuhan (province du Hubei) s'est dissipé à vue d'œil. Les photos prises du ciel par les satellites d'observation sont extraordinaires et ont stupéfié nombre de scientifiques. Une spécialiste du Goddard Space Flight Center (GSFC) reconnaissait que « c'était la première fois qu'elle constatait une baisse aussi spectaculaire sur une zone aussi large pour un événement spécifique ». En l'occurrence, il s'agissait bien de l'observation du niveau de dioxyde d'azote, gaz produit notamment par la circulation automobile, sur la province chinoise du Hubei, première touchée par la pandémie, mais également ensuite sur l'ensemble de la Chine. Le même phénomène a été observé à plus grande échelle encore au-dessus de l'Europe, au fur et à mesure qu'étaient décidées les grandes mesures de confinement du mois de mars 2020. L'agence européenne ESA (European Space Agency) confirme la chute de concentration du dioxyde d'azote dans des villes comme Paris, Milan ou Madrid. À titre d'exemple, l'association Atmo Occitanie, chargée de la mesure de la qualité de l'air dans la région du sud de la France, constate une diminution de 70 à 75 % de dioxyde d'azote et de particules fines dans toutes les zones de fort trafic habituel.

Ce type de constat ne peut évidemment pas être mis en relation avec les nouvelles alarmantes au plus fort de la pandémie, sur le bilan des victimes. Pourtant, il faut souligner combien cette amélioration de l'air peut avoir eu des effets bénéfiques sur la santé des habitants des régions confinées. Paradoxalement, puisque la létalité du Covid-19 provient principalement de pathologies pulmonaires, son implication, le confinement et la réduction drastique des déplacements ont permis un ralentissement des pathologies provoquées par une pollution habituelle et normale des sociétés modernes. Une étude publiée dans le *European Heart Journal* en 2019 démontrait que ce fléau a causé la mort d'au moins 8,8 millions de personnes en 2015, non pas uniquement sur le plan pulmonaire, mais principalement en raison de maladies cardio-vasculaires, telles que crises cardiaques et accidents vasculaires cérébraux. L'espérance de vie moyenne serait réduite de trois ans du fait de cette pollution, alors que, par comparaison, la pandémie de sida a occasionné une mortalité de 1 million de morts par an. Le tabagisme, autre fléau, mais consenti celui-ci, fait encore 7,2 millions de morts par an et réduit l'espérance de vie de 2,2 ans en moyenne sur la totalité de la population humaine.

Rien qu'en Europe de l'Ouest, la pollution atmosphérique tue environ 800 000 personnes, 40 à 80 % de ces décès prématurés sont provoqués par des maladies cardio-vasculaires. La récurrence implacable, année après année, de ces victimes, qui, comme pour le Covid, sont majoritairement des personnes de plus de soixante ans, démontre aussi, s'il en était besoin, le caractère très variable des angoisses contemporaines : Le Covid, s'il provoque des dysfonctionnements comparables à la peste par les mesures drastiques de confinement qui en découlent, est très, très loin du taux de létalité des grandes pandémies de l'histoire. En revanche, des causes de décès très supérieures, qui devraient paraître insupportables à la majorité de la population, sont devenues banales. Le tabac suscite à l'échelle mondiale des campagnes assez molles ; quant à la pollution, elle est considérée comme un mal quasi inhérent au mode de vie moderne.

Le confinement dû au Covid apporte, de ce point de vue, plusieurs éclairages singuliers : le premier est l'évidence des solutions illustrées dans la pratique pendant le printemps 2020. Pour polluer moins, c'est simple, il faut circuler moins. Et si l'on ne circule presque plus du tout, les résultats sont tout bonnement incroyables, y compris pour les scientifiques spécialisés. Là encore, il est difficile de créer des modèles qui fonctionnent à coup sûr. La réalité de l'expérimentation est souvent beaucoup plus fiable que les hypothèses formulées en laboratoire ou avec des formules mathématiques, tant sont nombreuses les interactions de facteurs multiples et parfois corrélés.

En l'occurrence, les conclusions qui découlent de l'observation du confinement de 2020 peuvent apparaître comme encourageantes. La capacité de résilience de l'environnement naturel face aux dégradations que lui fait subir l'espèce humaine apparaît comme plus forte que ne le supposaient les hypothèses les plus pessimistes. Ainsi dans le passé a-t-on pu constater parfois la réapparition d'espèces animales considérées comme éteintes, notamment quand leur milieu naturel était de nouveau préservé du fait de la prise de conscience de l'effondrement de la biodiversité. Rappelons que, depuis deux études remarquables parues en 2015 dans la revue *Science Advances*, il est aujourd'hui considéré que la 6e extinction de masse des animaux sur la Terre est largement entamée, la 5e ayant eu lieu il y a 66 millions d'années, avec la disparition des dinosaures. Face à ce type de constat, le cynisme pouvait parfois l'emporter, y compris au plus haut niveau politique : « Puisque ce phénomène est irréversible, pourquoi chercher à l'enrayer ? » La démonstration du confinement dû au Covid en quelques semaines peut apporter un démenti. La « récupération » d'une planète et de son écosystème naturel peut être beaucoup plus rapide que prévu, pour autant que des mesures radicales soient mises en œuvre de manière universelle.

De façon plus accessoire mais non négligeable, le deuxième constat issu de cette expérience unique est que ces mesures peuvent être acceptées par la population en cas de force majeure établie et reconnue.

Désormais la mémoire collective dispose d'une expérience réelle à laquelle elle peut se raccrocher. Il est possible de bouleverser le fonctionnement habituel, l'ordre établi, de manière totale et radicale, dès lors que la légitimité de ce changement est acquise. Démonstration est faite qu'un tel changement peut avoir lieu en un laps de temps très court ; démonstration est faite, même si tel n'était pas l'objet lors de la crise du Covid, que les retombées positives peuvent survenir à brève échéance. Ce dernier point n'est pas négligeable, car la crise sanitaire a prouvé aussi que la légitimité des actions politiques radicales, comme le confinement total, avait besoin dans de brefs délais d'une validation objective. Concernant la pandémie, la régression de l'infection, la baisse du nombre des morts, le tout dans une transparence la plus incontestable possible, valident les mesures prises par les autorités. Même dans les régimes autoritaires, la moindre inadaptation des mesures prises avec la gravité de la situation peut entraîner très vite une fracture dans l'opinion et un risque politique majeur pour les gouvernants.

Par conséquent, la démonstration de l'impact très fort en termes de pollution atmosphérique d'une diminution drastique des déplacements est un point capital qui pourrait demeurer longtemps comme un objectif dont il a été démontré par l'exemple qu'il est atteignable.

Ce type de réalité claire risque d'avoir de plus en plus d'impact dans le futur. Pourquoi ? Parce que, dans ces périodes de profonds bouleversements, la légitimité des « sachants » est souvent remise en question. Les experts, ou qualifiés comme tels, sont sujets à polémique et même les démonstrations scientifiques peuvent ne pas suffire à convaincre. Là encore, les réflexes classiques remontent très vite à la surface et les charlatans de tout poil prospèrent dans ces périodes où les certitudes et les croyances anciennes sont fortement ébranlées. Par conséquent les faits observés, les démonstrations par l'exemple n'en prennent que plus de poids. Et le constat de baisse de la pollution fait partie des réalités incisives dont l'impact sur les débats à venir pourrait s'avérer déterminant.

La portée de ce test extraordinaire qu'a été le confinement peut être considérée de surcroît comme limitée. S'il devenait possible de restreindre dans des dimensions comparables, mais de façon définitive, les déplacements quotidiens associés au travail, les conséquences seraient beaucoup plus impressionnantes : ce seraient la production d'automobiles, de transports en commun, celle des équipements correspondants, mais encore les structures mêmes des cités qui pourraient se voir réduites. Pour le coup, une vraie décroissance pourrait en résulter, avec une autre croissance corrélative, qu'il conviendrait de réévaluer.

Quoi qu'il en soit, si le confinement s'est traduit par un arrêt total de l'activité dans nombre de secteurs, cette phase n'a été que la première. Plus le confinement s'est prolongé, plus une autre manière d'envisager une reprise à distance s'est imposée. L'énorme chute de croissance dans tous les pays occidentaux autour des mois de mars et avril a été corrigée fortement *a posteriori* pour les mois de mai et juin. Pourquoi ? Parce que, de manière improvisée, très imparfaite s'est développée une nouvelle façon de travailler.

La planète s'arrête, le travail reprend... à distance

Le télétravail existait avant le Covid et le confinement. Mais à partir d'une pratique partielle, pour ne pas dire marginale, ne concernant qu'un pourcentage réduit de la population, s'est développée en quelques semaines, en quelques jours, une autre façon de vivre. Le télétravail s'est d'un seul coup étendu dans l'ensemble des secteurs, dans le monde de l'entreprise et au-delà. Le télétravail a concerné les enseignants autant que les chercheurs ; les médecins comme les banquiers. Puisque le rapprochement physique était interdit, il fallait inventer une manière de fonctionner à distance.

Le travail à distance, l'utilisation des outils du numérique pour sa réalisation, sont devenus soudain une réalité tangible au niveau mondial pendant la crise du Covid. La France avait réalisé une expérience similaire quelques mois plus tôt, à la fin de l'année 2019, quand une grande grève des systèmes de transport avait conduit à recourir déjà aux solutions de télétravail. Une telle expérience menée à très grande échelle amène un certain nombre de constats précieux que les anticipations théoriques, même les plus précises, n'avaient pu formuler. S'il est une certitude qui peut être tirée de ces expériences, c'est qu'elles sont passionnantes et riches de multiples promesses ; il s'agit sans doute de l'une des pistes les plus importantes lorsqu'il est question de définir un nouveau modèle économique fondé sur la rupture technologique tel que l'on pouvait le présumer depuis plusieurs années et dont on a désormais la confirmation. À la lumière de cet exercice en grandeur réelle lié au confinement dû au Covid, les enseignements à tirer peuvent être à la fois listés et hiérarchisés ; de surcroît, un certain nombre de critiques pratiques peuvent être relevées, tout comme les améliorations qu'il serait envisageable d'apporter. Certaines impliqueraient des investissements importants ; d'autres devraient se traduire par des protocoles de formations continues de grande envergure, et par des modifications profondes des modes de gestion des ressources humaines ; d'autres enfin déboucheraient sur des bouleversements des conditions de vie, d'habitat et d'aménagement des territoires.

Premier constat qu'a rappelé le Covid-19 et les conséquences visibles du confinement généralisé : la grande majorité de l'humanité travaille désormais dans ce qui peut être qualifié d'activités de services. Les services sont la part la plus importante du PIB mondial, avec une part d'autant plus lourde que les pays montent dans l'échelle du développement. Pour rappel, les activités de services représentent au bas mot 75 % du PIB total, de la création de richesse humaine. Au bas mot, parce que la distinction classique entre les trois secteurs, agriculture, industrie, services, est difficile à mesurer correctement. Une grande partie des activités industrielles, par exemple, et du tissu des entreprises formant ce secteur, comprend en fait certes de la production physique mais aussi une dimension importante de services. La plupart des salariés d'entreprises industrielles au 21e siècle sont employés à des tâches de services, administratives, commerciales, comptables, financières, etc. Plus la robotisation augmente dans la production industrielle, plus cette tendance se renforce. Dans le secteur agricole, l'évolution est moins marquée, notamment dans les pays pauvres, mais la tendance à terme est la même.

Cette évolution est logique, puisque, nous l'avons souligné plus haut, elle accompagne le vieillissement de la population humaine, consommant quand elle avance en âge de plus en plus de services et de moins en moins de produits physiques ;

il y a recoupement avec la notion même d'enrichissement : les pays les plus riches sont aussi ceux dont les populations sont les plus âgées, par conséquent ceux qui valorisent la notion de services et de services coûteux. Au premier rang de ces services, naturellement, se classe la santé, dont le Covid-19 a prouvé l'importance. Cette insistance sur les services ne signifie pas que les productions industrielles ou agricoles seront écartées du nouveau modèle, au contraire. Néanmoins, en termes de volume de PIB et de nombre de personnes travaillant dans le secteur, l'écrasante domination du service souligne à quel point il est primordial de commencer par traiter de sa problématique quand il est question d'inventer un nouveau modèle économique en phase avec les objectifs de développement durable.

Les activités de services sont celles où la révolution du télétravail pourrait s'installer définitivement. L'expérience du Covid le démontre, et souligne la nécessité de repenser la totalité des chaînes de valeur associées à ces types d'activité. Il s'agit d'une relecture complète de modes de fonctionnement qui se sont construits sur des décennies de pratique, parfois des siècles. Elle doit être envisagée en pensant d'une part aux traumatismes psychologiques que peuvent supposer des pertes de repères d'énormes pans de la population au travail, et d'autre part en suggérant toujours une extension des propositions à la part la plus large de l'humanité. L'activité de services est présente dans toutes les constructions de bureaux du monde, néanmoins il existe des différences importantes dans la façon dont elle est gérée quand elle se tient à New York, à Abidjan ou à Bangalore.

Le premier degré de réflexion qu'inspire le télétravail associé au confinement du printemps 2020 est l'apport immédiat en termes de réduction de pollution que permet la suppression des déplacements quotidiens. Cette évidence est trop souvent oubliée : chaque matin, chaque soir, autour de toutes les agglomérations urbaines du monde, quelle que soit leur taille, des milliards de personnes encombrent les autoroutes, les transports en commun, pour se rendre à leur travail, dans le domaine du service, devant un ordinateur. Pour ces milliards d'humains, il est possible de réaliser quasiment la même tâche sans déplacement.

Certes le confinement a d'abord démontré que la totalité du travail accompli ne se faisait pas, loin s'en faut, quand les personnes n'étaient pas dans leur bureau. Il a aussi permis de constater les effets de l'interruption de ce fameux déplacement pendulaire, la migration quotidienne de l'humanité vers ses bureaux et différents postes de travail. La baisse des émissions de dioxyde de carbone et de particules fines a été, nous l'avons dit, très significative.

Il s'agit bien d'un événement considérable, ou d'une démonstration, comme on voudra. Chaque scientifique peut toujours dire qu'il l'avait dit, que tout cela était dans ses modèles *a priori*, avec une confirmation *a posteriori* ; il n'empêche : le sentiment qui dominait, y compris chez les plus grands spécialistes du climat, était l'étonnement. Eux-mêmes ne pouvaient croire que, si vite, l'équilibre naturel pouvait se reconstituer ; que, si vite, l'amélioration pouvait se faire sentir. La piste indéniablement se révèle plus qu'intéressante : il s'agit ni plus ni moins d'un véritable début de solution à l'échelle mondiale pour l'essor d'un nouveau modèle économique moins générateur de conséquences néfastes pour le climat.

Bien sûr, d'autres pollutions demeurent, y compris au dioxyde de carbone et aux particules fines ; on pense aux effets de l'agriculture notamment. Ces pratiques ne peuvent complètement disparaître, car, pour le coup, elles sont vitales à l'espèce humaine. Les humains doivent se nourrir ; quand ils le font, ils provoquent une pollution, une détérioration de leur environnement. Mais, d'abord, il est possible d'améliorer très sensiblement ces activités ; et, surtout, le but du changement de modèle, il faut le répéter sans cesse, n'est pas de supprimer totalement la pollution humaine (la seule solution de ce point de vue serait la disparition pure et simple de l'humanité de la surface de la Terre, ce qui ne serait pas à proprement parler un nouveau modèle…), mais de rendre simplement cette pollution gérable. En clair, que l'équilibre entre la capacité de recyclage de l'écosystème terrestre ne soit pas submergé par la capacité de détérioration de l'espèce humaine. Ce qui ne peut être supprimé doit être optimisé du point de vue environnemental ; en revanche, ce qui peut être supprimé sans grand dommage doit l'être à très grande échelle.

Après le premier confinement de 2020, le débat a enflé sur l'intérêt ou non de prolonger l'expérience. Il devint vite passionnel, les arguments les plus sensés côtoyant les plus épidermiques. Gains de temps contre déshumanisation ; perte du lien contre souplesse du monde du travail. Tout ou presque a été évoqué ; il en sera fait écho dans les lignes qui vont suivre. Néanmoins, l'argument capital qu'il convient de conserver à l'esprit est que le fonctionnement à distance est la contrepartie de l'absence de mouvement ; et l'absence de mouvement peut conduire à un début de vraie solution contre le dérèglement climatique. Il ne s'agit plus d'incantations ou d'exploration. Soudain, un autre modèle, concret, est apparu. Voilà l'affaire.

Avec de multiples inconvénients, avec de multiples dysfonctionnements, parfois très lourds, il apparaît de manière évidente qu'une solution admissible existe. La généralisation de telles pratiques ouvre alors sur un questionnement majeur. Le dérèglement climatique poussait à un changement total d'organisation du travail sur la planète ; cette option du télétravail pour l'ensemble des activités de services et dans toutes les régions du monde serait une modification presque sans précédent de l'activité humaine. Les implications d'un tel basculement concernent la quasi-totalité des réflexions nouvelles sur le mode de développement, sur l'urbanisation, sur l'éducation, sur le rôle de l'État, sur la hiérarchie des priorités dans les investissements. En réalité, il s'agit vraiment d'un bouleversement des règles du jeu technologique, économique, social, politique. L'épisode du Covid conduit à poser la question : Pourquoi pas ? Et à la compléter par les suivantes, loin d'être accessoires : Si nous y allons, comment investir dans des structures qui se sont révélées plus inadaptées, plus sous-dimensionnées que prévu ? Comment gérer la transformation de la société impliquée par un tel type de décision ? Comment intégrer les cascades d'effets sur les organisations humaines, en partant des logiques globales et en allant jusqu'aux dimensions individuelles ou familiales ? Cette dernière dimension est sans doute l'une des plus importantes, l'une de celles par lesquelles il faut commencer et non finir.

Une révolution de ce type suppose l'adhésion du terrain, celle des vraies gens pour parler comme les théoriciens ou les politiques. En clair, entraîner les vraies gens, de la vraie vie, pour qu'ils comprennent l'intérêt de se lancer dans cette aventure, et en même temps pour les aider à assumer les désordres qu'ils constateront nécessairement dans leur quotidien. La nature de l'être humain est de préférer le confort des références habituelles, ce genre de remise en cause étant toujours mal perçue par une grande majorité.

L'expérience obligatoire de la période de confinement est précieuse, car elle permet à chacun d'avoir une référence, quand bien même celle-ci est associée à une période funeste, quand bien même elle ne se serait pas déroulée dans les meilleures conditions. Dès lors qu'il apparaît aussi, en raison de la pandémie, que le système international avait des faiblesses graves et qu'il conviendrait de modifier fortement les références jusqu'ici considérées comme incontournables, il est plus qu'intéressant de disposer d'un argumentaire associé à cette expérience extraordinaire. C'est aussi la raison pour laquelle le temps presse. Le changement de modèle doit s'effectuer rapidement parce que ce changement est nécessaire, voire vital ; mais aussi parce que, « grâce » à la pandémie, la population mondiale, en particulier occidentale, est en quelque sorte prête. Elle a pu mesurer le besoin, elle a pu apprécier la voie différente dans laquelle il conviendrait d'investir, elle attend, pour la suite, une généralisation de l'expérience.

L'usine à services n'est plus une fatalité

À partir des révolutions industrielles du 19e et du 20e siècle se sont développées des unités de production physiques, les usines, où sont regroupés, pour plus d'efficacité, les ouvriers et plus largement toutes les compétences requises par la production. Le travail humain nécessaire à leur fonctionnement suppose une présence physique et un enchaînement des tâches théorisé dans le modèle fordiste – du nom de Henri Ford l'un des promoteurs des premières chaînes dans l'industrie automobile.

Toute l'organisation économique, sociale et politique va se constituer autour de ce mode de production. Le lieu de fabrication comprend les bâtiments, de plus en plus grands, les machines, de plus en plus sophistiquées, et les humains, de plus en plus nombreux. Au 18e siècle, ces nouvelles communautés économiques, bien différentes de celles de l'activité dominante, l'agriculture, suscitent réflexions et expériences, parmi lesquelles peuvent être citées, entre beaucoup d'autres, les utopies d'Owen ou Fourier. Le phalanstère cher à ce dernier est une sorte de vision idéale de la communauté de production, des manufactures en phase, le cas échéant, avec la production agricole. Cette concentration obligée n'est pas forcément totalement positive, et Jeremy Bentham, l'un des pères de l'utilitarisme, applique au fond le même principe au panoptisme, l'architecture d'une prison idéale où toutes les actions des détenus sont sous contrôle.

La fabrique, plus tard l'usine, donne lieu aux critiques virulentes. Zola, Dickens, ou les cinéastes Fritz Lang (*Metropolis*), Chaplin (*Les Temps modernes*), marquent l'inconscient collectif. Marx et Engels évoquent l'aliénation des individus dans ces nouveaux régimes de production. S'instaure une pensée philosophique, politique et économique autour de ces forces économiques, et de la répartition entre elles de la valeur ajoutée créée. Le capital est nécessaire à l'investissement matériel ; mais ce dernier ne peut produire sans l'apport de l'énergie humaine. L'usine est le lieu où se rencontrent, où se conjuguent, voire où se mesurent les deux facteurs de production. On cherche à maximiser l'utilité, le profit ; on vilipende la mauvaise répartition de la richesse produite entre ceux ayant permis de la produire et ceux ayant financé l'investissement.

Les clivages politiques des civilisations modernes se constituent à partir de ce modèle au point de l'imiter ensuite systématiquement, pour le meilleur ou le pire, c'est selon. Ainsi quand, au début des années 1960, la montée en puissance du service dans l'activité des pays avancés est naturellement conçue selon la même philosophie.

L'usine est remplacée par le bureau, mais, fondamentalement, toutes les références demeurent. Comme les usines géantes sont les plus productives, les immeubles de bureaux sont les plus grands possible, reprenant le principe que la taille de l'unité de production est associée à la rentabilité globale de l'ensemble. Le gigantisme des entreprises est toujours l'objectif afin de maximiser les économies d'échelle. Les théories toujours en vigueur sont toutes issues de l'économie industrielle. Elles sont la base des enseignements de management dans toutes les universités du monde, en particulier américaines. D'ailleurs, ce sont ces mêmes universités qui s'inspirent toujours des auteurs européens du début du 20e siècle, français en particulier, ayant travaillé sur l'optimisation de l'usine. Leurs recommandations sont transcrites dans l'univers des services, dès lors que celui-ci reproduit celui de l'usine.

Une entreprise importante dispose de locaux immenses et d'employés innombrables. Les gratte-ciel deviennent des emblèmes des grandes structures américaines au même titre que les usines étaient devenues le symbole de la grande puissance. Plus haut est le building, plus forte est l'entreprise, exactement comme, à Londres ou à Liverpool, puis à Düsseldorf, Turin ou Billancourt, les cheminées de brique marquaient la prospérité des firmes les édifiant. Des dizaines de milliers d'employés empilés dans des tours de verre sont représentatifs de la création de valeur potentielle, comme l'étaient les masses d'ouvriers sortant des usines d'automobiles ou de réfrigérateurs.

Sur le plan de la course mondiale à la suprématie, les mêmes réflexes sont reproduits, trait pour trait. Durant la Seconde Guerre mondiale, la capacité de l'industrie de répondre aux besoins de produire des quantités de biens et d'équipements avait été mise en scène comme la démonstration de la modernité ; en pleine guerre froide, à partir des années 1950, la force de l'économie occidentale est affichée de la même manière. Une grande ville, un grand pays se doit d'avoir des centres d'affaires spectaculaires, les immeubles les plus hauts, des agrégats de bureaux, éclairés de jour comme de nuit, symbolisant la capacité d'une production sans fin des services indispensables au fonctionnement de la société.

Cette mutation d'une société de l'usine vers une société du service se traduit par un transfert pur et simple de toutes les pratiques depuis l'usine vers le bureau. Le poste de travail, la pointeuse, la hiérarchie, le mode de fonctionnement et de management sont exactement transposés, permettant aussi aux différents acteurs sociaux de retrouver le rôle qui était le leur dans l'économie industrielle. Les syndicats se structurent autour des mêmes types de revendications (temps de travail, pénibilité, rémunération, horaire), le patronat poursuit les mêmes raisonnements de mise à disposition d'un outil de travail, dans lequel il investit, l'informatique prenant la place des chaînes de montage. L'usine comme synonyme de la modernité depuis la fin du 18e siècle s'est vue remplacée par la tour de verre, qui se substitue aux cheminées de brique dans la représentation de la ville. Autour, rien ne change réellement. Le but est toujours d'agréger les employés autour des centres de production. Là où se construisaient les cités ouvrières apparaissent les mêmes zones d'habitation des employés de bureau. Leurs aspirations sont identiques, depuis l'équipement en électroménager jusqu'à l'automobile justement, non seulement signe de réussite (et de rang) social(e), mais aussi moyen de plus en plus incontournable pour rejoindre son poste de travail quotidien ; et, plus épisodiquement, son lieu de vacances. Pour prendre l'exemple de la France, la vie telle qu'elle se met en place à partir de 1936, le travail, les congés, les enfants, l'investissement, est en bien des points similaires pour ces Français de l'avant-guerre à celle de ceux de l'avant-Covid soixante-quinze ans plus tard. En se faisant un peu provocant, on pourrait considérer qu'au fond la télévision, le téléphone ou Internet ont assez peu modifié, sur cent ans, les aspirations ou le déroulement d'une journée de travail.

Le plus curieux est que la limite de plus en plus évidente de ce type de modèle n'a jamais vraiment conduit à s'interroger sur le modèle en tant que tel mais plutôt sur la manière d'atténuer ses inconvénients. Les foules de salariés acheminées vers leur lieu de travail deviennent toujours plus nombreuses, comme les embouteillages qui chaque matin sont le lot des grandes citées, Paris, New York, Shanghai, Mexico ou Johannesburg. L'information sur le trafic matinal est la première que donnent les chaînes d'information en continu ; du coup, ce sont les transports en commun qui sont développés, devenant un vrai facteur de croissance.

Les transports de tous types, métros, supermétros, trains, supertrains, tramways, supertramways, sont mis en avant par les décideurs publics, pour des raisons d'efficacité et aujourd'hui d'écologie. Chaque décennie voit apparaître son lot d'innovations dans ce domaine pour tenter de désengorger un trafic qui, dès la mise en service de la nouvelle solution révolutionnaire, se retrouve très vite de nouveau saturé. Les zones de productions (de services) s'installent immédiatement près des dessertes de transports, et poussent les capacités d'acheminement dans le rouge.

Cette concentration naturelle induit les mêmes effets indésirables dans toutes les zones urbaines du monde : des quantités de personnes cherchent à vivre au plus près de leur « usine » pour ne pas supporter l'inconvénient de transports bondés et saturés ; le prix de l'immobilier très recherché grimpe à toute allure, les édiles combattent cette inflation en construisant encore plus, mais attirent encore d'autres entreprises (ce qui est en général apprécié des politiques) ; et seuls les personnels les mieux payés parviennent à se loger non loin de leur lieu de travail. Les autres sont repoussés vers des endroits où les prix sont abordables, où les conditions de vie sont acceptables, mais où les distances de transport sont plus longues ; il en résulte un nouvel engorgement sur une plus longue distance, des temps passés pour rejoindre le travail le matin et son logement le soir de plus en plus longs, de plus en plus insupportables, de plus en plus onéreux. Le prix de la garde des enfants devient un poste de budget à part entière. Avec la locomotion quotidienne et le prix du logement, il constitue et de loin la part la plus importante des dépenses d'un ménage.

Au cours des premières décennies du 21e siècle, l'absence d'inflation a souvent été soulignée pour évoquer le maintien du pouvoir d'achat des classes laborieuses ; à ceci près que certes le prix des services ou des biens ne monte pas, mais qu'en revanche des besoins nouveaux apparaissent ; certains sont du domaine de la surconsommation suscitée dans une civilisation du toujours plus (les séries sur des chaînes payantes en complément de dizaines de chaînes de télévision gratuites mais indigentes dans leur contenu) ; d'autres besoins sont quant à eux des contraintes n'apportant aucun bien-être. Le transport et la garde des enfants sont au premier rang. Le mouvement des gilets jaunes en France, apparu spontanément en novembre 2018, en était l'exacte illustration. Une augmentation même minime des taxes sur le gazole à des fins environnementales est apparue comme insupportable pour des personnes ayant toutes les difficultés à boucler les fins de mois et n'ayant d'autre choix que de se déplacer pour se rendre sur leur lieu de travail. Prendre les transports en commun et ne plus utiliser sa propre automobile revient à augmenter les temps de transport, dégrader sa qualité de vie et payer davantage en garde d'enfants.

La duplication du fonctionnement d'une société fondée sur les activités de services à l'imitation d'une société fondée sur les activités de production industrielle est difficile à défendre sur la base d'une logique économique implacable. Dans l'usine, la production physique ne laissait pas la place à une autre option : l'ouvrier, la main-d'œuvre se devait bien d'être sur le site même de production et de création de richesse. Cette réalité impérieuse a conduit ensuite à décliner le reste de la logique mise en œuvre : les personnes rassemblées pour produire le sont également pour consommer, donc pour vivre pendant et après leur travail, avec leur famille, avec leurs enfants. Plus elles sont rassemblées, plus l'activité économique, depuis la production jusqu'à la consommation, fonctionne de manière optimale. Fortes de ce principe, les villes croissent et se multiplient.

Mais si le premier axiome n'est pas vérifié, s'il n'est pas nécessaire de rassembler les ressources humaines pour produire la richesse, tout ce qui en découle doit alors être remis en question. D'autant plus que la rationalité de la consommation ne suppose plus une concentration autour de points de vente. Amazon et le commerce en ligne ajoutent encore des arguments favorables au changement de modèle.

Par ailleurs, pour produire du service, la présence physique de la main-d'œuvre est d'autant moins nécessaire que l'essentiel de cette production se réalise désormais par le truchement d'outils numériques. Le nouvel enjeu est alors non plus la concentration, ni des humains, ni des entreprises, mais l'échange le plus rapide et le plus massif des données nécessaires à la réalisation du service. Par exemple, une consultation médicale en ligne suppose d'abord que toutes les données du patient, celles de ses pathologies existantes ou passées, celles sur l'environnement et sur les facultés de le traiter, soient intégrées en même temps. S'il en manque, c'est alors que la qualité décroît. La donnée, la data, devient le facteur majeur de la qualité du service, donc de la création de valeur. Nous y reviendrons à plusieurs reprises, mais il s'agit bien là de la grande révolution des temps qui viennent : la data est le premier vecteur de valeurs, ce que disent déjà depuis plusieurs années, mais tout particulièrement depuis la crise du Covid, les valeurs boursières des grandes entreprises mondiales.

En revanche, le rassemblement des humains, des gens sur un même lieu perd tellement son intérêt que dans les millions d'unités de bureaux se retrouvent les mêmes comportements illustrant ce peu d'avantage : dans de grands espaces de bureaux, ouverts ou non, les personnes ne se connaissent pas d'un poste à l'autre ; elles se rencontrent parfois au moment d'une pause ou du déjeuner, elles échangent par téléphone, plus encore par mail. Il n'est pas rare lors d'une réunion d'assister à des rencontres physiques d'interlocuteurs qui sont en contact professionnel depuis des mois, voire des années sans jamais s'être croisés.

De nombreux salariés d'entreprises ou d'administrations peuvent, pendant toute une vie, utiliser le même train à l'aller et au retour de leur travail, être en poste à quelques mètres l'un de l'autre dans une immense unité de bureaux et ne jamais se connaître réellement.

Telle est la réalité de l'anonymat de ces centaines de millions de vies professionnelles dans les activités de services, avec de temps à autre des réunions, des regroupements souvent plus symboliques qu'opérationnels, quand l'essentiel du temps de travail est passé devant un écran d'ordinateur.

Lors du confinement associé au Covid et l'arrêt complet d'un grand nombre d'activités, des solutions d'urgence sont trouvées dans une logique distancielle, l'interrogation dérangeante monte : Mais, au fait, pourquoi fallait-il bouger avant ? Pourquoi fallait-il rejoindre l'usine à services en produisant chaque matin et chaque soir des quantités de gaz à effet de serre pour se retrouver devant le même écran que l'on pourrait avoir chez soi, ou à deux pas de chez soi ?

Le mouvement, facteur de croissance artificielle

Le déplacement quotidien de la grande majorité des humains sur une distance relativement longue pour se rendre sur leur lieu professionnel est une réalité récente à l'échelle de l'Histoire. Pendant des millénaires, l'immense majorité des humains se rendait chaque jour à son travail à pied.

L'évolution s'est faite en plusieurs étapes, dont la première est la grande révolution industrielle du 19e puis du début du 20e siècle. S'il était possible d'oser un résumé, forcément réducteur, il faudrait considérer quatre stades du développement économique et technologique au cours des trois derniers siècles. Ces quatre stades ont produit le mode de vie dominant du 21e siècle.

À partir de la première révolution industrielle, fondée sur l'apparition du moteur et d'une énergie n'ayant pas de lien avec la force physique (d'un animal ou d'un humain), se développe la production de masse. Cette première révolution peut être considérée comme la plus importante de tous les temps parce qu'elle a bouleversé l'organisation sociale, économique, politique de l'humanité tout entière. Elle a rompu définitivement avec la production de richesse principale des millénaires précédents, la production agricole et tout ce qui pouvait s'y rattacher. Ce serait le premier stade.

Avec la deuxième révolution industrielle, celle du pétrole et de l'électricité, commence l'étape suivante, capitale pour l'organisation des sociétés humaines contemporaines : celle du déplacement, du mouvement pour le plus grand nombre. Cette phase est moins fondamentale en termes de modifications de valeur que la précédente ; en revanche, elle conduit à un changement total des rapports entre humains. Si le transport ferroviaire associé à la première révolution industrielle avait permis de rapprocher les territoires, le transport automobile va rendre le transport individuel et autonome.

La troisième phase, qui commence à la fin de la Seconde Guerre mondiale, avec la domination de la nouvelle première puissance, les États-Unis, est celle d'un « palier » sur le plan scientifique. Il n'est plus question de révolution industrielle ou technologique. La grande période de découvertes et d'inventions commencée avec le 18e siècle semble terminée ; certes les innovations se poursuivent, mais elles deviennent moins fondamentales, moins marquantes que celles des deux grandes révolutions technologiques. Cette période court pendant une cinquantaine d'années, jusqu'au début des années 1990. Il est à noter que les limites temporelles entre les périodes ne sont pas strictes, surtout quand il s'agit de les identifier sur les différentes zones terrestres où le développement et les conditions politiques sont loin d'être uniformes. La fin de la troisième phase est plus facile à représenter : 1989, date politique et non technologique, véritable début de la mondialisation totale avec, comme on l'a déjà évoqué, en cette même année, la chute du mur de Berlin, la fin de la puissance soviétique, la révolte de Tian'anmen et la décision de Deng Xiaoping de lancer la Chine sur la voie de la croissance sans limites.

La caractéristique forte de la troisième phase, pauvre en mutations technologiques, est l'essor de la consommation. Consommation infinie, n'apportant jamais la satiété, stimulée par le développement des médias et de la publicité, traînant la production, la croissance, l'augmentation du PIB à l'échelle mondiale.

La France est un bon exemple d'évolution sur les trois phases successives. Ce pays est devenu à la fin du 20e siècle l'un des plus dépendants, en termes de croissance, de sa consommation intérieure, alors qu'il fut pendant des décennies, et notamment au tournant des 19e et 20e siècles, le territoire d'une innovation tous azimuts, créatrice de richesses nouvelles, automobile, aéronautique, maîtrise du nucléaire, etc.

La quatrième phase qui commence avec les années 2000 connaît une accélération déterminante avec la crise du Covid, le confinement et les conséquences en termes d'organisation économique. Elle apparaît comme une phase de rupture forte d'avec les précédentes au point d'ailleurs qu'il semblerait préférable de la qualifier de première phase d'une ère nouvelle. Elle marque la fin, voire la remise en cause de l'ère précédente, ouverte deux cent cinquante ans auparavant, au début de la première révolution industrielle.

Les trois périodes ayant couru sur ces deux siècles et demi n'avaient d'autre perspective que de s'achever, dans la mesure où le fonctionnement économique, politique et social qui s'est forgé et généralisé sur la Terre est devenu une impasse. Le dérèglement climatique imposait un changement d'époque ; un changement total. Le Covid apparaît comme le facteur d'accélération d'une mutation obligée.

À partir de ce constat, l'innovation ne peut plus être seulement marginale, elle doit permettre d'inventer un système qui soit à la fois différent et en changement radical avec le précédent. Il s'agit bien d'inventer et d'effacer. La grande mutation scientifique, technologique, socio-économique passe d'abord par la suppression de beaucoup des caractères forts des références existantes. Même si l'expérience n'est pas forcément validée complètement, le confinement a bel et bien consisté en un bouleversement d'une telle ampleur. Jamais depuis la guerre, et en si peu de temps, autant d'humains n'avaient subitement modifié du tout au tout leur mode de vie. Quand le terme « décroissance » était utilisé auparavant, il semblait au mieux théorique, au pis impossible. Soudain la décroissance est devenue concrète, mais avec, dans le même temps, c'est capital, la perspective immédiate d'une « autre » croissance. En l'occurrence, la crise sanitaire a d'abord contribué à créer les conditions d'une décroissance accélérée, tout en laissant entrevoir, mais entrevoir seulement, celles de la nouvelle croissance qui, demain, pourrait être foudroyante.

En revanche, le confinement a permis d'avancer sur la voie souhaitable, celle d'une réduction de la production de masse, tout comme d'une consommation sans limites. L'année 2020 a donc permis d'expérimenter une diminution drastique de tous les déplacements, des personnes au quotidien, des personnes vers les destinations lointaines, pour leurs loisirs ou pour des raisons professionnelles. Obligés ou volontaires, les achats des personnes se sont également faits plus frugaux. Volontaires, quand l'habillement en confinement a permis de réduire le renouvellement des garde-robes ; obligés quand l'interdiction de sortir réduisait les achats de nombreux biens notamment associés à la culture. Le trafic aérien s'est effondré, celui des trains, des navires s'est réduit, celui des transports terrestres a cessé de croître. Les échanges de marchandises et de biens se sont réduits, soit pour des raisons de rationalité accrue, soit pour des raisons, plus dangereuses en ce qui concerne les effets secondaires, de protectionnisme, d'isolationnisme.

Avec le minimum de recul dont nous disposons, il apparaît déjà que la plupart des caractéristiques issues des grandes mutations entamées depuis la fin du 18e siècle sont remises en cause. Il est sans doute important à ce stade de combattre une traduction hâtive utilisée par certains discours politiques : celle d'un retour en arrière, d'une logique rétrograde. Ne plus bouger, consommer seulement des biens produits près de chez soi peut à la fin donner le sentiment que ce serait seulement la réinvention du modèle de fonctionnement traditionnel des sociétés humaines, des sociétés ancestrales autour des villages agricoles. Une sorte d'annulation du progrès. Non, trois fois non ! Il faut à tout prix se garder – notamment la jeune génération – de ce résumé tentant mais faux. Le retour en arrière n'est ni possible ni souhaitable. Le modèle est à inventer et non à imiter. Le monde du 21e siècle n'a plus rien à voir avec celui du 17e siècle, d'avant le début de la première révolution industrielle. La démographie en est une dissemblance majeure, mais le mode de vie, le mode de pensée n'ont également plus rien à voir avec les mentalités de nos lointains aïeux. Quand il est proposé d'inventer un autre modèle, il s'agit de fonctionner différemment à la fois d'il y a trois cents ans, et d'il y a trente ans.

Ce sont les caractéristiques des modèles anciens sur lesquelles il convient de revenir, il ne s'agit surtout pas d'annuler ou de freiner le progrès scientifique. La science seule peut apporter la solution à une problématique aussi complexe, la science seule peut permettre de faire face à ce grand défi d'inventer en supprimant l'intenable.

Confinement et Covid ont le mérite d'avoir posé sur la table les termes d'une nouvelle équation. Il n'en est pas tant d'autres : pourquoi ne pas oser une transgression beaucoup plus forte ? Pourquoi ne pas s'attaquer à l'« usine du service » et inventer une logique de vie professionnelle et privée en rupture avec l'ancienne tout en accomplissant pour l'essentiel des tâches comparables, voire en ayant une efficacité plus grande ?

Le travail à distance fonctionne, parfois mal, parfois bien, mais il fonctionne. La démonstration vient d'en être donnée sur le plan mondial. Outre l'aspect crucial de diminution drastique des émissions de dioxyde de carbone et de particules fines en raison de l'arrêt des déplacements d'une énorme proportion de la population active, l'expérience du Covid met au jour un certain nombre d'enseignements négatifs pour certains, positifs pour d'autres, qu'il serait possible d'intégrer pour envisager véritablement le fonctionnement à distance comme axe fort d'un nouveau modèle économique, social et politique applicable à grande échelle.

Après la COP 21, après le Covid, les grandes déclarations d'intention sont peut-être à reléguer au second rang. Désormais, il est urgent de travailler sur les chantiers pratiques ouverts par l'éventualité d'un autre modèle.

Changement des comportements, changements de routine

Abordons l'ensemble des points noirs, qui tous sont passionnants quant aux freins très concrets auxquels sera confrontée la planète quand il faudra agir vite et fort pour proposer des solutions applicables.

Première réserve importante : le télétravail n'a concerné au départ qu'une faible part des personnes travaillant dans des activités de services ou, plus largement, non impliquées dans la production directe de biens physiques. Cette définition signifie que logiquement une partie beaucoup plus importante des actifs au travail dans le monde aurait pu conserver son activité à distance. Peuvent être en effet concernés par le télétravail certes tous ceux qui sont engagés dans la production de services, mais aussi les enseignants, les chercheurs, et ceux qui, dans une activité de production physique, sont chargés d'un service, par exemple la vente, le marketing, les ressources humaines, la comptabilité, le contrôle de gestion ou la finance. La principale réserve que formulent ceux qui ont été confrontés à la difficulté du télétravail pendant le confinement est tout simplement que les missions qui leur sont attribuées n'ont absolument pas été conçues dans une optique de télétravail.

Ce problème semble si évident qu'il paraît ne pas en être un. Pour lever cet obstacle, l'un des plus importants, il suffirait de penser le travail désormais comme pouvant être réalisé à distance, sans avoir à se regrouper chaque jour dans un même lieu. Pourtant, à y regarder de plus près, la question prend très vite la forme d'une montagne de difficultés à surmonter : tout est à repenser de haut en bas lorsque le postulat du regroupement quotidien disparaît. L'accès au réseau depuis un poste hors du périmètre de l'organisation n'est pas prévu, sauf pour les personnes ayant des responsabilités relativement élevées. Ce serait d'ailleurs la première explication pour laquelle, pendant le confinement, ce sont surtout des cadres ou équivalents qui ont pratiqué le plus le télétravail. Le fonctionnement du quotidien suppose des échanges multiples, ou des communications que ne permet pas le fonctionnement à distance. Bref, tout est désorganisé, impossible à changer. Le confinement s'est traduit d'abord par un arrêt pur et simple de la plupart des tâches, hormis celles de direction. En réalité, une grande partie des dysfonctionnements rencontrés dans beaucoup d'entreprises pendant la période a pour origine, d'une part, un sous-dimensionnement chronique des réseaux, et de ceux qui pourraient accueillir l'activité du personnel à distance en particulier ; d'autre part, un processus de sécurité insuffisant.

Néanmoins, outre cette dimension technologique capitale, mise en évidence par la phase de recours précipité au télétravail pendant l'épisode du Covid, le problème le plus important à traiter dans l'optique d'une généralisation de ce type de fonctionnement tient donc d'abord au comportement des personnes.

Le paradoxe est que, après des décennies de familiarisation à l'outil numérique dans toutes les catégories sociales, dans toutes les régions, après une banalisation totale d'Internet et surtout des téléphones mobiles à tous les instants de la vie, le contexte semblait conduire à une adoption quasi naturelle du travail à distance. L'expérience du Covid en temps réel démontre qu'entre la théorie et la pratique il peut y avoir un gouffre ; le confinement obligeant d'un seul coup d'un seul à cette mutation ; elle fut loin d'être sans douleur.

Le fait de ne plus se trouver en un univers de travail spécifique n'est d'abord pas évident. Dans les grandes cités modernes, l'univers de la vie privée et celui de la vie professionnelle sont très compartimentés ; beaucoup plus qu'ils ne l'ont été dans le passé : dans les campagnes pendant des siècles, mais aussi dans les échoppes des marchands urbains, voire dans les grandes maisons, les hôtels particuliers ou les châteaux d'autrefois, le privé et le professionnel s'entremêlaient sans cesse. On vivait à proximité de son travail, la confusion des lieux était presque totale, même si l'un des luxes, l'une des conquêtes de l'aisance financière, notamment au 18e siècle en Europe, consista justement en une sacralisation d'une partie de l'espace de vie, pour l'intime, la famille et les amis.

La tendance déjà largement dégagée au 19e siècle et au 20e siècle de séparation forte entre les lieux de travail et de vie s'accentua au 21e siècle. Si les grandes usines des débuts de la révolution industrielle avaient permis cette logique, la distance était souvent réduite. Les cités ouvrières de Grande-Bretagne, du nord de la France, de la Ruhr illustraient cette séparation contrôlée. La production et la vie des travailleurs constituaient un ensemble homogène, intégrant les écoles ou les services à l'enfance, autant que ceux pour les retraites voire les loisirs comme le sport ou les jardins partagés. Une société hiérarchisée se retrouvait à l'intérieur et à l'extérieur de l'usine, permettant de relier dans l'inconscient l'ordre social à l'œuvre dans les unités de production. La révolution industrielle avait très tôt permis ce type d'expérience, la Saline d'Arc-et-Senans, splendide projet architectural de Claude Nicolas Ledoux en était une sorte de représentation idéale, un prolongement de la symbiose parfaite entre vie privée et travail, liberté de l'individu et société harmonieuse, telles que les rêvait Thomas More au 16e siècle.

Le développement de l'automobile, des réseaux de transport en commun, mais aussi et peut-être surtout la montée en puissance d'une bulle immobilière dans les zones urbaines depuis la fin du 20e siècle modifièrent encore le mode de fonctionnement des sociétés de services. L'habitat s'éloigna de plus en plus des bureaux, des zones de travail. La notion de cité-dortoir, qui était apparue au milieu des années 1950, éloignant certes les travailleurs de leur lieu d'activité, mais les regroupant pour leur vie privée, permettait des moyens rapides et communs d'acheminement. Le phénomène en lui-même fut un échec relatif, tant la seconde partie de l'expression (dortoir) avait supplanté la première (cité). Le sommeil n'est pas une activité sociale, et ces ensembles géants d'immeubles devinrent le symbole d'une urbanité froide, déshumanisée, que fuiraient tous ceux ayant quelques moyens de retrouver un habitat plus agréable à l'œil comme à vivre.

Avec la fin du 20e siècle et au début du 21e, les grands desseins d'aménagement du territoire et des grands espaces de travail se diluèrent peu à peu. Les ménages recherchèrent par eux-mêmes les conditions de vie qui leur paraissaient prioritaires ; ou du moins les situations géographiques permettant les compromis les plus acceptables. Un temps de transport souvent élevé, en contrepartie de verdure, de loisirs accessibles, de commerces pas trop éloignés. Le coût du logement augmenta de manière régulière dans les budgets au fur et à mesure que d'autres besoins voyaient diminuer les montants qui leur étaient alloués : vêtements, dans une moindre mesure nourriture ; mobilité, soin, loisirs. La croissance brutale des dépenses autour de la communication par les mobiles, par Internet, à laquelle s'ajoute l'accès aux médias, n'empêcha pas le poids de celles associées au logement d'augmenter sans cesse, quel que soit le milieu social.

La conséquence de cette évolution quasiment universelle sur toute la planète produisit un phénomène de cloisonnement de l'existence de plus en plus strict : le lieu de travail était éloigné du domicile ; en tout cas, il supposait un temps long de transport. Ce dernier joua le rôle de sas temporel, à l'aller comme au retour. Le lieu de travail fait l'objet d'une séparation de plus en plus hermétique du lieu d'habitation, permettant sans effort une coupure totale entre les deux vies, la professionnelle et la privée. Cette évolution est celle qu'ont connue les habitants d'ensembles urbains de tous les continents ; en revanche, il peut exister des disparités : le nord de l'Europe, par exemple, est réputé plus « doux » dans son mode de vie, car le lieu de travail y est souvent plus proche du domicile, et d'un accès simple, notamment en utilisant la bicyclette.

C'est en pareil contexte qu'intervint cette rupture radicale associée au confinement. Du jour au lendemain, sans préparation, sans réflexion, sans adhésion ni démarche volontaire, des populations nombreuses durent travailler de chez elles. Le télétravail devint une obligation dès lors qu'il était possible. Il ne s'agissait pas d'un progrès ou d'une expérience, simplement d'un pis-aller pour éviter le blocage total d'activités de services. Il n'était pas de pire contexte pour lancer l'expérience : les organisations, leurs modes de fonctionnement quotidien, leurs systèmes de contrôle ou de *reporting* sont toujours conçus pour des personnes se trouvant physiquement à proximité. L'ordinateur familial, prévu pour les loisirs ou quelques communications sommaires, est réquisitionné sur-le-champ. Rien ne va dans ce télétravail-là : l'emplacement est souvent au cœur de l'espace privé, dans une chambre, dans le salon, non loin de la télévision ; il n'est pas assez puissant, il peut occasionner des surchauffes du réseau. Les dossiers professionnels ne sont pas accessibles depuis ce poste éloigné, la coordination avec les collègues n'est pas prévue. Qui plus est, ce travail en conditions plus que précaires comparées à celles du bureau habituel se double, le cas échéant, d'enfants et de conjoints sous le même toit ; enfants à garder ou enfants à faire travailler en l'absence de scolarité… Sur le même ordinateur, sur le même réseau. L'utilisation de la vidéo par exemple pour des conférences est malaisée ; les mauvaises utilisations sont légion, depuis le micro ouvert laissant filtrer des bruits incongrus jusqu'aux commentaires libres censés demeurer dans un environnement proche. Et quand les conversations téléphoniques de nature professionnelle s'engagent, les endroits de calme dans le domicile s'avèrent rares et temporaires.

Comment s'étonner dès lors que les avis sur l'expérience aient été plus que mitigés pour un grand nombre de ceux qui l'ont vécue ? Ce télescopage entre la vie privée et la vie professionnelle a pu être douloureux ; le sentiment s'installe qu'aucune des deux ne fonctionne correctement, les interactions de l'une à l'autre en réduisant la qualité. Les sondages réalisés pendant le confinement révélèrent l'ambivalence des sentiments associés à cette pratique tranchant radicalement avec les habitudes anciennes : une grande majorité des sondés sont très positifs quant à l'expérience, ils souhaitent la prolonger dans le futur et considèrent que leur vie professionnelle et leur vie tout court pourraient s'en trouver changées.

En revanche, ils font état d'un certain nombre d'éléments négatifs : ils éprouvent des difficultés à articuler leur vie personnelle et leur vie professionnelle, ils considèrent que leur charge mentale a augmenté ; 29 % d'entre eux[1] signalent un sommeil perturbé, même si les origines ne sont pas nécessairement associées spécifiquement aux conditions de travail mais davantage aux conditions de vie en période de confinement. D'ailleurs, autre élément intéressant, à 49 %, les sondés estiment subir une baisse d'activité physique, avoir une mauvaise posture de travail (43 % ; sans doute pas de position ergonomique pendant l'activité professionnelle, voire une position assis en canapé ou semi-couchée), 26 % évoquent aussi de mauvaises pratiques alimentaires. Toutes ces remarques sont importantes : elles mettent en évidence la nécessité d'une vision d'ensemble : ne plus se rendre sur son lieu de travail bouleverse l'équilibre du mode de vie dans sa totalité. L'activité physique quotidienne ou hebdomadaire affectée par l'interdiction de sortir de chez soi mais aussi les repères constitués par la séparation des deux univers, professionnel et privé. La question du mode d'alimentation n'est pas anecdotique. Une nourriture plus riche associée au domicile, au cocon familial, ne pose pas de problème quand elle est compensée par des habitudes alimentaires bien plus légères sur le lieu de travail. En revanche, elle devient problématique quand la moyenne ne peut se faire. Cet enjeu est non négligeable :

1. Ce chiffre et les suivants sont issus d'un sondage CSA Internet, réalisé auprès de 1 010 salariés d'entreprises du secteur privé d'au moins 10 salariés, entre le 15 et le 20 avril 2020.

depuis le début de la journée jusqu'à la fin, le travail à distance ne s'improvise pas. Il suppose un changement profond dans le mode de vie tout entier, afin de trouver un équilibre personnel et collectif totalement différent.

Un élément sous-jacent paraît fondamental : l'importance d'un sas, la nécessité de constituer une cloison hermétique entre vie privée et vie professionnelle. Le sas est un moment intermédiaire pendant lequel le cerveau s'apaise sur les tensions engendrées par le travail et commence à récapituler les enjeux de la vie privée qu'il s'agira de gérer. À l'inverse, le matin, les soucis familiaux dominent pour être remplacés plus ou moins vite, en fonction des mails, ou des coups de téléphone, notamment, par l'univers du travail.

Les outils de communication et les médias sont de bons révélateurs : les jeux électroniques comme le célèbre Candy Crush, les livres, les journaux, y compris les gratuits, les radios ou émissions faciles sont privilégiés dans le « sas du transport », permettant une déconnexion mentale suivie d'une reconnexion en mode différent. La radio Rire et chansons est typique de la chaîne de fin de journée : « Je me vide la tête » est l'expression clef ; la vider avant de la remplir de nouveau. De même, les publicités pour les vacances ou les loisirs sont plus efficaces dans les émissions en fin de journée, dans ces types de programmes « vide la tête », à la radio, c'est-à-dire potentiellement dans l'automobile, ou à la télévision, dans un prolongement de la phase de décrochage, une fois revenu dans le cadre privé. Quand ils sont supprimés au moment du confinement, ces transports interminables dans tous les univers urbains du monde, qui sont de véritables catastrophes environnementales, apparaissent aussi comme des facteurs d'équilibre psychologique qu'il s'agirait de remplacer impérativement.

De ce point de vue, l'expérience du confinement démontre que la disparition brutale de ces sas de décompression, en début et en fin de journée, n'est pas ressentie de la même façon en fonction du cadre familial. En allant vite, le changement est plus simple pour le jeune célibataire que pour la ou le chargé(e) de famille. Toujours selon l'enquête évoquée plus haut, pour les personnes interrogées ayant la charge d'enfants à domicile, 47 % ont des difficultés à assurer le travail à distance en même temps qu'elles s'occupent de leurs enfants ; 45 % disent avoir du mal à se déconnecter de leur travail, et 28 % vivent des tensions avec leur entourage familial.

Rappelons qu'en dépit de ces inconvénients non négligeables, alors que 39 % des Français expérimentaient le télétravail, ils attribuaient la note de 7,9/10 à ce mode de fonctionnement professionnel.

Rappelons aussi que la France avait déjà réalisé une première expérience à grande échelle, dans des conditions très différentes, certes, à l'occasion de la grande et longue grève des transports fin 2019. À cette époque, les utilisateurs avaient attribué une note de 9/10 au télétravail. La raison de cette satisfaction encore plus grande est facile à comprendre : à l'époque, le télétravail avait été choisi délibérément par ceux qui l'avaient utilisé.

Cette adhésion sans réserve au principe distanciel se retrouve de manière encore plus nette auprès de ceux qui pratiquent cette forme de travail depuis des mois ou des années, qui sont familiers de ses exigences et de ses modes organisationnels. Ceux-là ne tarissent pas d'éloges et ne reviendraient pour rien au monde au fonctionnement de l'usine à services sur un même plateau, dans un gratte-ciel et dans les *open spaces*, ces pièces immenses où se côtoient des dizaines voire des centaines de bureaux, à peine séparés par des cloisons symboliques.

Pour passer du sentiment de satisfaction à celui de plénitude, il convient sans doute de réfléchir aux changements structurels qu'ont adoptés ceux qui ont véritablement pensé, planifié leur vie nouvelle ; qu'ils soient du côté de l'employé ou de l'employeur.

Travail à distance et réallocation des modes de production

Le confinement conduit à des interrogations simples et concrètes aux prolongements incalculables. L'une des plus importantes est la suivante : le télétravail suppose-t-il une confusion obligatoire entre lieu de vie et lieu professionnel ? L'expérience menée à grande échelle conduit à une réponse catégorique : non !

Pour éviter les mille et un désagréments éprouvés par les populations confinées, il apparaît, si la pratique du travail à distance devait perdurer, qu'il serait déjà intéressant d'isoler une pièce de travail dans son domicile. Mais, d'une part, ce luxe n'est pas à la portée de tous et, d'autre part, la promiscuité avec le domaine privé est encore trop forte. L'idéal serait de cumuler deux avantages majeurs, et pour la personne et pour l'environnement : le télétravail pour l'environnement et la réduction forte des déplacements quotidiens professionnels qu'il implique avant de se retrouver face à son écran (professionnel) d'ordinateur ; une séparation géographique vie privée/vie professionnelle permettant l'indispensable sas de décompression recherché par les salariés, quel que soit leur niveau de responsabilité.

La solution idoine serait de multiples petites et moyennes unités de télétravail accessibles sans transport mécanisé à ceux qui les utilisent ; la marche comme impératif de vie de la majorité des humains dans leur quotidien. Ces unités de travail partagé (coworking) ont commencé à se développer bien avant le Covid.

L'idée est simple : elle consiste en une mise à disposition des multiples éléments d'un univers de bureau efficace : des pièces isolées, des petits *open spaces*, des salles de réunion, des atriums, des cuisines, des restaurants d'entreprise. La rotation peut y être forte, supposant une utilisation ponctuelle doublée d'un travail régulier dans son propre logement par de nombreuses personnes. Elle peut être de nature plus ponctuelle quand des entreprises naissantes ou en croissance utilisent ce type de locaux à un moment donné de leur développement avant de migrer vers des solutions pérennes. Ce serait, par exemple, l'ambiance des incubateurs comme la célèbre Station F à Paris, parmi beaucoup d'autres. Ce dernier type d'approche n'est cependant pas le plus séduisant, car il ramène rapidement vers les problématiques traditionnelles une fois le coworking remplacé par des locaux spécifiques.

En revanche, il s'agit d'une bonne ébauche de l'autre manière de penser la vie de bureau ; il n'est pas question de renoncer à une vie sociale ou de se trouver enfermé dans une manière d'individualisme douloureux et solitaire. Une logique collective se maintient, choisie, de proximité, évolutive. Les inconvénients évoqués par les pratiquants accidentels et obligés du télétravail se trouveraient largement atténués dans cette logique souple de proximité. En réalité, cette option a déjà été largement explorée : tous les espaces de travail partagé que proposent les municipalités, en France par exemple, sont pris d'assaut. Chaque fois qu'une telle initiative est lancée, il ne fait aucun doute qu'elle trouvera nombre d'utilisateurs prêts à s'établir dans ces locaux mis à disposition. Ces zones de travail partagé ont été constituées souvent à l'initiative de sociétés privées (Mywork par exemple) et ont connu immédiatement auprès d'une population plutôt jeune un succès foudroyant. Elles pourraient faire désormais partie d'investissements publics de très grande ampleur ; de quel type de collectivité ? La question n'est pas neutre. Les villes, les départements, les régions peuvent être tentés de ne pas privilégier la rupture la plus forte, celle d'avec le schéma d'aménagement des territoires qui prévaut depuis plus d'un siècle. En clair, il n'est pas certain du tout que l'avenir de ce mode de vie passe nécessairement par une logique urbaine. Nous reviendrons plus tard sur cette idée encore plus disruptive que toutes les autres pour l'humain du 21e siècle qui se pensait jusqu'au Covid fatalement comme un urbain.

À la fin du premier confinement au début de l'été 2020, et alors que le risque d'une deuxième vague épidémique était évoqué, de très nombreuses personnes qui désiraient poursuivre le télétravail cherchaient en vain des places dans les espaces de coworking mis à disposition par les villes les plus diverses, depuis les très grandes jusqu'aux très petites. Le modèle s'imposait, il apparaissait comme incroyablement sous-dimensionné par rapport à la demande. Il était également très souvent calibré de manière trop simple, voire trop fruste quand il s'agissait de le généraliser sur de très grands effectifs. Les exemples étrangers, notamment dans les cités américaines des côtes est (New York, Boston) et, surtout, ouest (San Francisco, Los Angeles, Santa Monica, Seattle, Vancouver), dont s'inspire la Station F française, soulignent l'importance d'associer au lieu de travail et à celui d'habitation très proche une zone de services complète, accessible aux utilisateurs des espaces de travail : outre les restaurants, salles de restauration et cuisines collectives, les magasins de nourriture et autres produits frais ou cuisinés, doivent être proposés également des ensembles de gestion globale des contraintes familiales : les services de garderie, de nursery, d'infirmerie ou médicaux. De même, les bars, salons de thé et autres activités de loisir sont considérés comme les éléments nécessaires d'un environnement social recherché en fin de journée, en fin de semaine dans ces communautés ressemblant à des villages d'aujourd'hui ou des sortes de campus universitaires où l'on vivrait toute sa vie.

Village oui, et non plus ville. La ville, le centre urbain n'est plus l'avenir obligé de la majorité des humains. Une affirmation pareille aurait été iconoclaste avant le Covid. On évoquait les villes durables, mais des villes quand même. Pourtant la logique de verticalité des villes d'autrefois, celles où les multitudes s'empilaient de gré ou de force, se voit supplantée par une logique horizontale. New York avec ses gratte-ciel est morte, vive les petits ensembles bas, reliés les uns aux autres par des réseaux réels ou virtuels ! Ce n'est plus une ville, ce n'est plus la ville. C'est une mosaïque de communautés plus ou moins éloignées les unes des autres, qui redessine complètement l'avenir des lieux de vie, la différence entre la ruralité et l'urbain. La reconquête des territoires se fait sur le mode nodal, comme si le traitement mathématique des datas que nous évoquerons plus loin, par des agrégations de nœuds successifs, avait servi de modèle aussi dans la vie réelle. Le tissu d'habitat est une succession de nœuds, de communautés autonomes, ne constituant plus en soi une ville. Le Covid acte la fin des regroupements centralisés de production comme de vie, qui étaient devenus la marque des révolutions industrielles précédentes. L'aplatissement à vocation humaniste se propage partout ; dans la hiérarchie des organisations comme dans la philosophie de l'habitat.

Ces environnements à taille humaine, de confort quotidien, avec des endroits où il est possible de vivre, de dormir, de se distraire, d'aimer, d'élever ses enfants, et bien sûr de travailler, de travailler énormément, sans jamais sentir le poids que ce mot peut signifier en d'autres lieux, ce serait depuis longtemps le grand principe érigé en règle de management par les entreprises de la Silicon Valley ; celui que cherchent à développer à leur tour toutes les entreprises de services, parfois à l'aide de quelques symboles un peu vains : le flipper ou le baby-foot dans un coin du restaurant d'entreprise ; les sofas moelleux où, vautré sur l'écran de son ordinateur portable, on jette un coup d'œil sur le dernier match en direct de son sport préféré, sans le son, tout en travaillant y compris des nuits durant s'il le faut.

Le modèle a largement dépassé les activités de technologie, on le retrouve dans la banque, la finance ou n'importe quelle nouvelle approche de la production, de la distribution voire des ONG les plus progressistes. Ce n'est pas seulement une référence de vie, c'est aussi devenu la norme pour attirer les cerveaux les plus créatifs des jeunes générations ; ces enfants des générations *x*, *y*, *z* ; les *millenials* déjà assez âgés pour faire de futurs milliardaires ; des jeunes qui pourtant ne s'intéressent pas forcément à la rémunération ou à la rentabilité. La génération qui vient cherche d'abord à donner un sens à sa vie, à ne pas se trouver en contradiction avec ses idéaux... Banal, pourrait-on dire, comme toutes les jeunes générations précédentes ; avec cette différence non négligeable : le risque de contribuer à la détérioration de la planète ; une sorte de méga, de métaresponsabilité, conduisant à privilégier les solutions paraissant d'évidence les mieux adaptées au problème de la survie.

L'état d'esprit californien prime peu à peu sur tous les autres. Le confinement le rend soudain concret pour une immense partie.

Mais cette extension potentielle débouche très vite sur une limite éprouvée depuis plusieurs années en Californie, justement : le fait de ne pas avoir suffisamment admis qu'il s'agissait d'une révolution durable provoque des dysfonctionnements à grande échelle : les nouveaux modes d'habitation sont trop peu nombreux, ce type d'immobilier devient de plus en plus cher, au point qu'apparaît une tension forte sur les conditions de logement. À compétence équivalente, les zones de la tech californienne offrent des salaires bien supérieurs à ceux des autres États américains : en revanche, même très bien payé, il est compliqué de se loger, au point d'avoir poussé de nombreux salariés de la région à vivre dans des caravanes et dans des logements de qualité peu enviable.

Le changement de modèle ne tolère pas l'improvisation, au risque d'être considéré lui aussi comme une impasse.

En dehors du logement, un autre défi attaché à ces modes de fonctionnement nouveaux appliqués à des populations entières est celui de la consommation en énergie impliquée par les outils du distanciel. Cette dernière est souvent présentée comme son inconvénient majeur sur le plan du développement durable, voire comme sa raison de condamnation objective. En réalité, associée à un changement de mode de vie des acteurs dans les services, l'énergie utilisée devient l'un des facteurs de l'équation, avec de multiples interactions selon les choix de modèles qui pourraient être envisagés.

Il est incontestable que la croissance vertigineuse de l'utilisation des outils du numérique autant dans la sphère professionnelle que privée et sur le plan mondial implique une consommation considérable d'énergie. Cette consommation a pu être inquiétante quand elle s'ajoutait à toutes celles associées au mode de vie du 21e siècle. Le raisonnement peut devenir très différent quand, depuis le Covid, il apparaît que l'outil digital au sens large ouvre la possibilité d'un fonctionnement des activités de services totalement différent de ce qu'il était jusque-là. Le travail à distance, l'absence de mouvement des populations au quotidien peuvent alors être sources d'une extraordinaire baisse de la consommation énergétique. Une baisse immédiate, par la chute des utilisations de moyens de transport ; une baisse encore plus significative avec la diminution de tous les véhicules, de tous les équipements et infrastructures qui leur sont associés. Après le Covid, la consommation énergétique des outils du numérique doit être analysée non pas comme une augmentation inquiétante de l'empreinte carbone des métiers du service, mais comme le début de leur redéfinition totale dans une logique de développement durable.

Le confinement a permis la démonstration en temps réel d'une substitution de consommations énergétiques. Celles associées au mouvement quotidien ont été remplacées par celles, plus faibles, des outils digitaux utilisés en distanciel.

Le digital en remplacement des transports… Ce raccourci peut susciter émoi, nostalgie ou colère. L'univers qui semble condamné était aussi celui de prouesses extraordinaires. Qui ne serait pas subjugué, par exemple, par le hangar-cathédrale, une réalisation technologique inouïe, conçue pour produire l'Airbus géant A 380 ? Pas un pilier sur des milliers de mètres carrés… Avant 2020, le ralentissement sensible du transport aérien (et l'effondrement des prix du pétrole) tout comme les exigences complexes pour les aéroports internationaux désireux d'accueillir ces mastodontes des airs avaient déjà remis en cause l'avion aux dimensions uniques. Le Covid a fini le travail ; la production s'arrête, comme s'était arrêtée autrefois celle de *Concorde*. Sur le strict plan du génie humain, il est permis de regretter, de craindre la perte d'un savoir. Après tout, est-on totalement certain que les hommes seront capables, quelques décennies plus tard, de concevoir un appareil de transport civil deux fois supersonique ? Ou de retourner sur la Lune sans encombre ? Ou, dans quelques années, de faire décoller sans bruit et sur une distance record une masse gigantesque remplie de plus de 850 passagers ? Le progrès n'est pas si linéaire, il est possible que les capacités de l'humanité ne soient pas nécessairement dans une logique de progression sans fin.

En l'occurrence, faut-il vraiment s'en offusquer ? Rien n'est moins sûr ; s'il fut légitime d'explorer des approches jamais éprouvées auparavant, il est sans doute pertinent, dans un contexte radicalement différent, de réinventer sur une feuille vierge. Il n'est plus question de partir loin, de partir vite, de partir nombreux ; il est soudain opportun de ne plus partir du tout. Ou de circonscrire les déplacements à des occasions plus rares, plus exceptionnelles. Des générations pourront plus tard envier les sensations de ces chanceux des tournants des 20e et 21e siècles qui se projetaient, pour un oui, pour un non, de l'autre côté de la Terre ; il est possible aussi qu'elles s'interrogeront avec une légère circonspection sur cette sorte de lubie. Ne parlons pas de régression, disons que les temps changent, et que le retour à une certaine sagesse dans l'organisation de la vie quotidienne pourrait être considéré d'abord comme un progrès, petit mais substantiel, vers la sagesse collective.

Vulnérabilité et cyberrisque

L'énergie utilisée par le système économique est aussi, et depuis près de deux siècles, son principal talon d'Achille. L'approvisionnement en matière première, et plus encore la production d'énergie, puis sa distribution constituent autant de risques majeurs d'interruption subite des processus de production. Quelques-unes de ces grandes pannes, tant redoutées, sont demeurées dans les mémoires. La grande panne de 1965 aux États-Unis, celle ayant frappé New York en 1977 et surtout la panne géante en Inde de 2012 privant 670 millions de personnes d'électricité sont autant de phénomènes accidentels. Mais à l'occasion des grands conflits, depuis la Seconde Guerre mondiale, l'un des premiers objectifs des assaillants est de neutraliser les sources énergétiques.

Avec le Covid et l'extrême importance de l'outil numérique monte le risque d'un autre type de paralysie économique, à caractère hostile : la cyberattaque ou la cyberpanne. La cybersécurité – ou plutôt le cyberrisque – a été totalement sous-évaluée depuis des années par la plupart des organisations, y compris internationales. La vulnérabilité des réseaux est une menace qui à elle seule pourrait contrarier la généralisation du travail à distance. En réalité le danger est tellement aigu qu'il est déjà un risque majeur affectant la plupart des activités mondiales, et pourrait très vite devenir un enjeu militaire en cas de conflit de type nouveau, supposant des attaques ayant pour objet la neutralisation des capacités de production par le biais de la mise hors service des outils numériques.

Le vecteur principal de la création de valeur de l'économie est le numérique, les réseaux et les données échangées, les datas. L'enjeu associé à l'utilisation des réseaux numériques est énorme, lorsque notamment est envisagé un système économique soutenable à long terme dans une population mondiale poursuivant son expansion. Nous reviendrons à plusieurs reprises sur cette valorisation croissante, et sur l'effet d'accélérateur du Covid de ce point de vue.

Par conséquent, une crise majeure susceptible d'affecter le nouveau modèle pourrait trouver son origine dans la survenance d'une catastrophe technologique, provenant par exemple du contrecoup d'un événement naturel, ou volontaire, comme une action de nature guerrière.

Il apparaît dans l'état actuel de l'utilisation des réseaux, et plus encore si demain cette utilisation se multiplie, que la vulnérabilité est excessive. L'investissement dans les sécurités de toutes sortes est infiniment trop réduit, la coopération mondiale sur ce sujet est balbutiante. Les Nations unies doivent de toute urgence se saisir de ce chantier mondial. L'ONU a été créée après la Seconde Guerre mondiale pour prévenir les risques de conflits majeurs à l'échelle planétaire, notamment des bombes atomiques. L'enjeu est (presque) le même avec la sécurité digitale.

Quel est le premier objectif d'une attitude hostile ? La destruction de la capacité à créer de la richesse chez l'ennemi et, de manière plus accessoire, la possibilité d'accroître la sienne. Aujourd'hui, plus encore que demain, les réseaux, les bases de données deviennent des objectifs stratégiques capitaux. De nombreux pays développent dans le secret des capacités de nuisance sans véritables sanctions de la communauté internationale. Cette dernière, si l'on osait un raccourci provocateur, est en retard d'une guerre. À juste titre, elle se mobilise autour de la prolifération de l'arme nucléaire, mais elle ne se concentre pas assez, et loin s'en faut, sur le potentiel de destruction de la richesse et du mode de vie futur des cyberattaques.

Alors que pendant le 19e et le 20e siècle, les objectifs militaires s'étaient focalisés sur les capacités de production industrielle, la géographie des guerres est sans doute déjà en cours de bouleversement. Les datas et le numérique sont la première des cibles ; la production agricole, grand enjeu des guerres du passé pendant des millénaires, revient sur le devant de la scène pour sa capacité à nourrir des populations énormes. En revanche, la destruction des usines, qui fut longtemps la première mission des forces armées, pour casser les capacités de production, passe peu à peu au second plan.

Or, la mise en situation d'une économie soudain plus dépendante des outils digitaux, comme cela a été le cas en raison du Covid, a mis en lumière d'énormes failles dans la fiabilité, des déficits dans la capacité de traitement des réseaux.

Entre 2000 et 2004 avaient commencé à se développer les « vers » infectant les ordinateurs par les pièces jointes de courriels. Le premier fut I Love You, suivi un an plus tard en juillet 2001 par CodeRed. En 2004, 25 % des mails envoyés dans le monde l'était par le nouveau ver MyDoom (rapport SophosLab 2020).

Entre 2005 et 2012, ce fut l'ère des malwares (malicious softwares) qui permettent aux cybercriminels de prendre le contrôle à distance des ordinateurs. Conficker en 2008 infesta pour longtemps (sans doute encore aujourd'hui) des millions de machines dans le monde. Stuxnet en 2009 passa à une autre dimension en permettant de cibler les systèmes des centrifugeuses nucléaires de l'Iran.

Mais à partir de 2012, la force destructrice des cyberattaques explosa grâce aux *ransomwares*. Ils sont sans doute les premiers *malwares* ayant causé des morts humaines. Les tristement célèbres *ransomwares* furent CryptoLocker en 2013, associant le chiffrement et l'utilisation des cryptomonnaies et surtout le fameux WannaCry (« Envie de pleurer » en 2017), qui avait récupéré les données de la tellement secrète NSA américaine (National Security Agency, l'organisme gouvernemental des États-Unis chargé des renseignements et de la sécurité des systèmes d'informations sensibles, notamment militaires).

Il est absolument certain que l'un des enjeux de la puissance future tournera autour de ces facteurs sur lesquels l'investissement tarde à se concentrer. Il est vrai que l'effort à produire est d'abord immatériel. Il peut se résumer en une constitution de vastes équipes de chercheurs, de mathématiciens et de spécialistes, dont le coût est d'autant plus élevé qu'ils sont trop rares à l'échelle mondiale, et que leur nécessaire augmentation passe par une longue phase de formation. À cela bien sûr doivent s'ajouter des investissements matériels en ordinateurs, en logiciels, en capacités de stockage de données.

Les stratégies de long terme clairvoyantes dans ce domaine sont plus que rares. Il faudrait citer celle d'Israël, qui décida au tournant des années 2017-2018 de centraliser toutes ses forces en un National Cyber Directorate. Ce dernier s'appuyait sur la légendaire Unité 8200 du renseignement hébreu et de quelque 250 entreprises de haute technologie opérant dans le secteur sur le territoire israélien (10 % des transactions dans le cyberespace sont associées à des entreprises israéliennes). En dehors de la défense des entreprises sensibles dans l'espace national, plusieurs opérations secrètes ont été menées par ces structures hors norme, sans doute contre la Syrie et l'Iran.

Pendant la crise du Covid, plusieurs scandales ont été révélateurs de la fragilité structurelle d'éléments qui pourraient s'avérer essentiels dans le modèle de demain. Assez curieusement, ces failles ont été finalement peu médiatisées. On pense en particulier aux piratages de données associées à l'explosion des utilisations de logiciels de réunion à distance (Zoom notamment). En revanche, les opinions publiques ont été davantage marquées par les piratages de systèmes d'information d'hôpitaux ou d'établissements de soin (l'hôpital de Dax par exemple), de médias (*Ouest-France* par exemple), obligés de payer à ces nouveaux terroristes des rançons (très souvent en cryptomonnaies) pour récupérer leur outil de production à caractère vital, dans le cas des hôpitaux attaqués.

Le Covid et l'utilisation massive du Cloud ont décuplé les initiatives de cybercriminels. Selon l'Anssi française (Agence nationale de la sécurité des systèmes d'information), les *ransomwares* ont été multipliés par quatre en un an. L'agence spécialisée Sophos Lab estimait dans son rapport de novembre 2020 que le montant moyen des extorsions était passé de 84 116 dollars au quatrième trimestre 2019 à 233 817 dollars au troisième trimestre 2020 !

L'augmentation massive des attaques avec demandes de rançons pendant l'année du Covid laisse penser que sont également à l'œuvre des organisations plus importantes encore, des puissances internationales, voire des États-nations ayant développé des axes d'actions prioritaires dans la cybercriminalité. Dès 2017, la destruction spectaculaire dans le monde entier par NotPetya avait interpellé. Les dommages estimés avaient été de 10 milliards de dollars. L'hypothèse la plus probable était qu'elle était l'œuvre de l'armée russe.

La fiabilité et la vulnérabilité des réseaux et des outils digitaux sont l'affaire de tous les acteurs mondiaux. Les États en tout premier lieu bien sûr, dans la mesure où il est question de facteurs clefs dans la suprématie géopolitique, mais également Interpol, Europol ou des structures de collaborations entre différentes entités publiques nationales. Les acteurs privés, et les entreprises en particulier, doivent également se mobiliser davantage sur cette différenciation concurrentielle. Même si le Covid a contribué à constituer une coalition anticyberattaque (Covid-19 Cyber Threat Coalition), la prise de conscience de cette priorité est encore insuffisante, elle n'est pas suffisamment intégrée dans la représentation des chaînes de valeur, de sorte que les censeurs et autres analystes de la performance n'en mesurent pas assez l'importance. Le rapport 2020 du CSIS (Center of Strategic and International Studies) estime que le coût de la cybercriminalité a augmenté de 50 % en deux ans, soit un coût global de 1 000 milliards de dollars, 1 % du PIB mondial. Cette tendance, sur les montants et sur la croissance, ne devrait cesser d'augmenter, voire de se démultiplier dans les années suivantes.

Changement de modèle, changement d'élites

Ce serait une révolution qui permettrait de changer les choses ; non pas une révolution politique comme en rêvent ceux qui ne jurent que par la chute des régimes et l'ascension de nouveaux dirigeants, comblés d'occuper les mêmes postes, les mêmes responsabilités que ceux qu'ils honnissaient autrefois, précisément en raison de ces attributs du pouvoir.

Ce n'est pas un changement d'apparence, en conservant le cadre d'avant, dont il est question ici, selon la fameuse phrase du *Guépard* : « Que tout change pour que rien ne change. » Le changement total est bien celui du mode de fonctionnement profond de la société humaine tout entière, avec un moteur majeur de ce changement, celui de l'explosion du système économique ancien, remplacé par une organisation radicalement différente.

Dans une telle hypothèse, le renouvellement des élites va de soi, pourrait-on dire. Ce n'est pas une lutte politique qui l'explique, mais la modification des valeurs dans le sens le plus large ; si l'on devait prendre quelques exemples dans un passé relativement récent, on pourrait évoquer la fin des grands propriétaires terriens au bénéfice des capitaines d'industrie entre les 18e et 19e siècles ; ou, de manière assez récurrente, le déclin des élites militaires dans les périodes de paix, au bénéfice des dirigeants économiques. Peut-être, pour introduire la partie qui va suivre relative aux bouleversements technologiques du passé, une telle mutation, plus réduite, moins spectaculaire, a bien eu lieu au 20e siècle dans les pays d'Occident. Les élites ont bougé, se sont transformées, parallèle du ralentissement progressif de l'innovation. Exactement comme on peut l'attendre pour la période qui vient, les profils de dirigeants ont muté au fur et à mesure que la nature de la création de richesse évoluait.

Les ingénieurs et les hommes de science détinrent le pouvoir au tournant des grandes révolutions industrielles prodigieuses, celles du pétrole et de l'électricité par exemple entre la fin du 19e siècle et le premier tiers du 20e. Quand, après la Seconde Guerre mondiale, l'innovation devint moins spectaculaire, le pouvoir passa progressivement aux mains des gestionnaires, des managers, ceux dont le rôle était moins d'inventer que de rationaliser le système qui leur était transmis. Puis, après la reconstruction et la croissance forte qui en découla, quand, finalement, les grandes bases de la modernité se stabilisaient, ce fut peu à peu l'avènement de ceux qui créaient la croissance par leur capacité à séduire les consommateurs. Les commerciaux devinrent les nouveaux aristocrates, prenant la tête des plus grandes structures de production mondiale ; nous parlons des années 1950-1960 et de l'émergence du marketing, la science de la vente. Puis dans les trois décennies suivantes vint le temps des publicitaires, ceux qui créaient le désir par les moyens les plus sophistiqués, avec ensuite la vente quasi certaine. La création de richesse, quand on y songe, devenait encore plus artificielle, fragile et fluctuante.

Les formations spécialisées par où passe la crème des décideurs mondiaux, les fameux MBA (*Master of Business Administration*) des grandes *business schools* américaines, reflètent cette évolution. Les profils d'étudiants destinés à occuper les plus hautes fonctions reflètent le changement de profil des futurs patrons qu'ils sont censés devenir. D'ailleurs, avec la fin du 20e siècle survint l'avènement des financiers qui peu à peu dominèrent tous les grands conseils d'administration. La création de valeur se liait de plus en plus fréquemment à des opérations de fusion ou d'acquisition, à des combinaisons juridiques, à des levées de fonds, pour dessiner et redessiner les profils des organisations, selon les opportunités, selon les modes. Il y avait la fureur des diversifications, la construction de groupes aux activités innombrables, cassés ensuite au nom d'une spécialisation sur les cœurs de métiers, considérée comme plus profitable. Le résultat était le même : les financiers à l'intérieur des entreprises comme à l'extérieur étaient maîtres du jeu. Ils étaient devenus les principaux vecteurs de valeur.

Quand la finance prend le pas sur tous les créateurs de valeur, dans l'histoire, le signal est sans équivoque : la société économique est à bout de souffle ; l'innovation est au point mort, ce n'est plus le nouveau produit, la nouvelle façon de produire qui crée la richesse, c'est un jeu d'assemblage à somme nulle. La finance dominant le monde des affaires est l'indice que quelque chose est pourri au royaume du *business*, pour paraphraser Shakespeare. Ce serait l'indice certain de la fin d'un cycle, d'un déclin de la création de valeur, ou, pour rappeler ce que peut signifier « valeur », la fin de propositions nouvelles correspondant aux besoins des humains.

De ce point de vue, les critiques radicales émises contre le consumérisme du système économique mondial, l'une des causes majeures de l'hystérie de production, de l'hyperconsommation d'énergie, donc du dérèglement climatique, proviennent justement de cette dérive de création de valeur. Le basculement vers le commercial, puis le marketing, visant à susciter du désir, de la fausse aspiration aux produits ou aux services, est d'abord la marque d'un épuisement d'une phase d'innovation technologique. Dès lors que les inventions s'amoindrissent pour répondre aux attentes des humains, une sorte de recyclage des idées anciennes, artificiel mais sans limites, explique une représentation de plus en plus erratique de la valeur. Nous verrons plus tard combien cette dérive a pu être dommageable au système économique mondial. Ceux qui se cantonnent à ce constat ont développé une théorie dite « de la stagnation séculaire », l'idée que les grandes croissances sont terminées parce que le souffle de l'innovation s'est tari. La démonstration scientifique s'appuie sur une perte accélérée de productivité et de rentabilité. Cette perte serait imparable si elle ne pouvait être troublée par les modes de calcul : la création de richesse nouvelle n'est pas correctement mesurée par les indicateurs anciens ; le phénomène s'est vérifié à chaque grand séisme technologique du passé. De surcroît, la notion même d'indicateurs financiers se retrouve aujourd'hui cul par-dessus tête, en raison d'une création monétaire, une émission de dette, comme jamais on en a connu dans l'histoire. Cette financiarisation de l'économie accompagne autant qu'elle suscite cette création de monnaie aberrante. Elle produit des bulles financières et une infinité de dysfonctionnements en cascade qui seront évoqués longuement plus tard.

Le vieillissement du modèle, sa stérilité vis-à-vis des aspirations profondes de l'être humain ont été longtemps compensés par le fait que le modèle en question permettait aussi aux zones les plus pauvres de la planète un rattrapage accéléré sur le plan du développement. Les deux premières décennies du 21e siècle ont été certes celles d'une montée des inégalités notamment dans les pays développés, mais également celles d'un enrichissement relatif de morceaux entiers de continents qui furent pendant des décennies les oubliés de la croissance.

Le réfrigérateur ou le ventilateur, avant d'être remplacés dans les ménages occidentaux en vertu d'une obsolescence programmée, sont d'abord, pour des populations de centaines de millions d'exclus, la découverte d'un confort minimum permettant de vivre mieux ; et surtout de vivre plus vieux. Ce n'est pas un hasard si, dans la première phase de mondialisation de tous les temps, la première réelle de l'histoire humaine, depuis les années 1990, le dynamisme de l'économie mondiale n'était plus tiré par les pays riches mais par les masses de populations de ceux que l'on dénomma alors les émergents.

Cette justification objective d'un prolongement du modèle ancien aurait pu durer plusieurs décennies au vu du retard que conservent encore une grande partie de l'Afrique ou une partie de l'Amérique latine. Seule l'impasse environnementale oblige à une remise en cause de ce modèle comme axe de développement des pays pauvres.

S'il était possible de glisser, au passage, une réflexion polémique par rapport à des affirmations devenues pour beaucoup une évidence indiscutable : cette logique de consommation à outrance, virant à l'absurde, est-elle réellement une sorte de dérive fatale du capitalisme ou plus largement du libéralisme ? Cette hypothèse paraît pouvoir être réfutée. La surconsommation pourrait être imputée davantage à l'essoufflement d'un modèle technologique, de révolutions scientifiques largement datées, et qui n'ont pas été réellement remplacées par des bouleversements de même type, permettant une évolution radicale des besoins humains. L'innovation était au point mort de sorte que la consommation est devenue le seul moteur de la croissance. Juste pour tenter d'illustrer cette idée : si par exemple le moteur à explosion a ouvert la voie à un changement radical de la logique du déplacement humain avec l'apparition de l'automobile au début du 20e siècle, il ne se voit substituer aucune révolution technologique qui puisse le rendre obsolète, modifier ou améliorer le mode de vie humain. Résultat de cette stagnation cérébrale : les humains du 21e siècle achètent fondamentalement les mêmes automobiles, à quelques détails près, que leurs aînés du siècle précédent. Leur utilisation est toujours la même, *Homo automobilus* n'a rigoureusement pas évolué ; seules les constructions de réseaux routiers plus denses, ou des destinations plus variées pour sa vie quotidienne, modifient les rythmes de production et d'achats des voitures par les consommateurs. Le capitalisme n'est qu'un outil ; si le progrès ne propose pas de nouveautés, l'outil tourne en rond, jusqu'à produire les effets de son autodestruction… Par voies naturelles, si l'on peut dire, c'est-à-dire par la dégradation rapide et irréversible des conditions de vie des gens réels, dans notre exemple, de ces automobilistes compulsifs de plus en plus nombreux et pour lesquels il faut à la fois chercher des buts d'utilisation de leur moyen de locomotion et des raisons de le remplacer au plus vite.

Nous l'avons déjà évoqué, nous y reviendrons, la marque de fin d'un cycle de développement historique a souvent été la même dans l'histoire : une montée en puissance de la finance chez les tenants de l'ancien monde, une sorte d'aboutissement stérile de la richesse. Il est frappant à la fin du 20e siècle de constater la prééminence progressive de la finance, ainsi qu'elle avait peu à peu conquis les élites anglaises à la fin du 19e siècle ou françaises à la fin du 18e, comme prélude au déclin général de ces deux grandes puissances.

Au 21e siècle, les financiers dominent le monde des affaires, puis celui de la politique, puis la planète tout court, concentrant sur eux toute la haine de ce modèle à bout de souffle. Avec la nécessité d'inventer un nouveau modèle, le financier est appelé à retrouver à brève échéance son rôle le plus positif, celui de permettre l'émergence d'un nouvel investissement et l'avènement des élites ayant conçu cette nouvelle création de valeur. La troisième décennie du 21e siècle sera pour ceux ayant eu l'intuition des technologies permettant le développement durable. La représentation de la richesse a commencé sa migration, la finance et l'ancien monde régressent peu à peu dans la hiérarchie des fortunes. Seule l'émission folle de monnaie pour juguler les crises mais aussi pour prolonger le modèle ancien permet encore aux gestionnaires de cette monnaie de maintenir une puissance en grande partie artificielle. Le Covid-19 est un moment charnière, où la folie monétaire est portée à son comble, mais où le changement de modèle entre dans une phase d'accélération inédite.

Le capitalisme pourrait ainsi retrouver un fonctionnement plus vertueux, plus logique dès lors que s'amplifie une révolution technologique susceptible de modifier totalement, et positivement, le mode de vie des êtres humains. Le conditionnel n'est plus de mise depuis le Covid : cette révolution existe, elle promet d'être d'une ampleur considérable ; ce qui vient d'être développé autour du télétravail va très exactement dans ce sens. Déjà s'en amorcent les conséquences évidentes tout autant que complexes : la représentation des nouvelles valeurs, au détriment des anciennes, pas toutes, mais certaines. Les valeurs des marchés financiers reflètent ces moments d'errements où il paraît de plus en plus compliqué de représenter la valeur future de biens ou services qui pourraient devenir dans un avenir proche le centre du système économique. À l'inverse, la valeur de ceux qui se trouveront marginalisés dépend du rythme de leur disparition ; dès lors que ce dernier est difficile à représenter, fluctuations et spéculations vont bon train.

Le modèle est en fin de cycle ; et l'opacité des valeurs économiques dans un tel moment historique est accentuée, décuplée par une création monétaire délirante causant l'une des pires situations financières de tous les temps.

Ce contexte est très improprement appelé par ses détracteurs « capitalisme » ou « ultra-libéral ». En fait, jamais le capital n'a été aussi accessoire au développement, jamais non plus la régulation naturelle du monde économique n'a été aussi réduite, autant du fait des gouvernements que des institutions internationales de tous types et en premier lieu les autorités monétaires. La crise est interdite, elle doit être évitée par tous les moyens. Les marchés financiers sont fous, bloqués en position croissance avec une interdiction absolue de baisser.

Cette situation jamais connue dans toute l'histoire voit donc sa phase ultime se raccourcir en raison d'un choc externe, d'un virus tragique, dont les conséquences en termes économiques seront gigantesques. La principale est d'accélérer le processus de mutation de la valorisation et du risque afférent. En comparant avec les époques du passé, rares en réalité, où les valeurs deviennent incertaines, certaines montant, d'autres descendant, il est difficile d'ajouter autant d'ingrédients d'instabilité qu'en cette troisième décennie du 21e siècle. Car à la rupture technologique s'ajoute un changement de la puissance dominante mondiale. Les États-Unis sont inexorablement rattrapés par la Chine, et plus largement le Covid amplifie également la migration d'une zone de domination de près de six siècles, l'Occident, vers le nouvel ensemble dominant, l'Asie.

Si la guerre n'a pas (encore ?) accompagné une période aussi incroyable dans sa perte de repères, cette sorte d'accumulation des ingrédients de déstabilisation pourrait être analysée avec une clef très noire, très négative : celle d'un risque du plus grand désordre international de tous les temps. Si ces sombres augures ne se transforment pas en un pessimisme radical, s'il est même permis d'afficher un optimisme raisonné pour le futur proche et lointain, ce serait en raison de l'origine première de tous les changements : la nature et l'ampleur de la « révolution technologique » qui commence. Peut-être est-il nécessaire de préciser que cette expression ne rend pas assez compte des progrès proprement prodigieux de la quasi-totalité des disciplines scientifiques depuis une trentaine d'années. Le Covid-19 a permis d'entrevoir ce que les progrès scientifiques pouvaient permettre dans un futur proche ; autant dans l'élaboration en un temps record d'un vaccin ARN, une technologie fascinante, que dans la montée en puissance des outils digitaux pour le travail comme pour la vie quotidienne. La science s'est mise en marche avant, de sorte qu'il est permis d'espérer que si le monde change, change de plus en plus vite, ce sera aussi pour le meilleur.

Deuxième partie

LA PLUS GRANDE RUPTURE TECHNOLOGIQUE DE TOUS LES TEMPS

Quand une révolution mérite vraiment son nom

À quoi se mesure l'importance d'une révolution technologique ? Plusieurs critères pourraient se croiser. La mesure de l'ampleur n'est pas seulement déterminée par la puissance des découvertes scientifiques mais doit être envisagée en fonction de l'onde de choc qu'elle propage en termes de vitesse, d'étendue spatiale autant que temporelle. L'imprimerie était-elle un progrès scientifique incroyable au moment où elle s'est imposée, c'est-à-dire au tournant des années 1450 ? Il est possible que, dans le monde de l'intelligence de l'époque, Gutenberg, reprenant d'ailleurs des procédés développés en Chine des siècles plus tôt, notamment par Bi Sheng, transformant l'argile et la porcelaine des caractères en plomb, n'ait pas été considéré à proprement parler comme un inventeur majuscule. Il y a même fort à parier que bien peu auraient placé l'habile technicien de Mayence sur la liste des personnalités les plus importantes de la Renaissance. Au passage, ce terme même de « Renaissance » était alors loin de s'imposer dans les esprits, tout comme celui de « Moyen Âge », que l'imprimerie allait permettre de quitter. Vivre dans une époque ne permet pas le recul nécessaire pour percevoir à quel point elle diffère des précédentes. Christophe Colomb – pour prendre un autre exemple contemporain du premier – tout comme Johannes Gutenberg auraient été bien en peine de s'intituler les plus grands perturbateurs ou innovateurs de leur temps.

Nous devons avoir par conséquent la même prudence pour représenter les grands phénomènes qui traversent notre époque. Avant le Covid, le sentiment qui prédominait plus ou moins confusément était qu'une rupture s'engageait, sur un rythme qu'il était malaisé de définir. La pandémie change la donne, et les effets de la révolution technologique sont tels qu'ils méritent une analyse approfondie, même s'il est encore beaucoup trop tôt pour caractériser à coup sûr les catalyseurs du grand chambardement, cette transformation totale de la société humaine qui commence, et dont il est certain qu'elle soit absolument nécessaire.

S'il était une autre certitude tirée des expériences passées, ce serait cette coïncidence entre le besoin de changement et la survenance d'un vaste bouleversement des repères de l'intelligence et de la connaissance. Depuis deux siècles, l'expérience des deux révolutions industrielles précédentes met en lumière un processus à peu près commun : un ou plusieurs progrès majeurs dans les sciences dures, la physique, la chimie notamment, permettent l'apparition de technologies novatrices. Celles-ci modifient fondamentalement les conditions économiques de production, donc les systèmes de valeur financière. Un bouleversement des valeurs s'accompagne aussi d'une redistribution des pouvoirs, les changements de repères financiers étant presque par définition à l'origine de modifications de la composition des élites. Les régimes politiques en sont alors éprouvés durement. Au mieux, comme en Grande-Bretagne, une substitution des élites anciennes au profit des nouvelles s'organise. En France, pays rigide et centralisateur depuis des siècles, l'avènement d'une nouvelle structure sociale survient après un craquement violent, on l'appelle aussi révolution.

De ce point de vue, 1789 n'est pas seulement politique et à ce titre peut être considéré comme beaucoup plus profond en termes de conséquences sociales ou économiques que ne le fût la Glorieuse Révolution anglaise, un siècle plus tôt. La Révolution française n'est pas seulement la conséquence de l'incapacité d'un roi ou d'une classe au pouvoir à répondre aux aspirations aux changements. Elle s'inscrit dans la fin du 18e siècle, début d'une des transformations les plus radicales de la société humaine depuis la nuit des temps : ce passage auquel il a été fait allusion d'une économie de nature agricole à une production industrielle de masse. Or la base de l'élite française, à la différence de sa cousine anglaise, est demeurée figée dans la possession de la terre, elle refuse par sa nature même d'intégrer une nouvelle définition de la richesse. Pis, la noblesse, dans la logique des trois ordres de l'Ancien Régime, détenait un rôle majeur dans la conduite de la guerre. Or ce qui s'annonce avec la grande transformation économique est aussi une transformation des ressorts de la guerre, qui suivent toujours ceux de l'économie (on l'a déjà évoqué, on y reviendra longuement concernant le modèle qui commence avec le 21e siècle ; au-delà d'une belle vision positive, il faudra s'arrêter sur la fatalité des sociétés humaines, cette logique du conflit, dont les fondements sont en passe de changer). Avec le 19e siècle, l'objet de la guerre, à l'origine, la conquête de terres, c'est-à-dire de capacité à produire de la richesse agricole, mute. Peu à peu, l'aboutissement du conflit est l'anéantissement de la capacité à produire de la richesse industrielle ; il devient plus important de détruire des usines que de conquérir de la terre, ce qui fut pendant des millénaires l'objectif premier des armes au service du pouvoir politique. L'art de la guerre change, les qualités des militaires aussi. La rigidité de la tradition peut dans ce domaine également s'avérer délétère. Les nouveaux officiers sont d'abord des ingénieurs et non plus les héritiers de traditions familiales. Notons au passage que l'imprégnation anachronique de la guerre se poursuit longtemps. Il est difficile de se dessaisir de modèles millénaires, et d'une certaine façon, ce sera sans doute par exemple la cause de la faillite monstrueuse de l'Allemagne nationale-socialiste, à la poursuite d'empires terrestres alors que ses ennemis pilonnaient consciencieusement ses usines et ses centres de production. Un pareil décalage se fait jour au 21e siècle, quand les nouveaux vecteurs de valeur que sont les datas sont largement plus importants que les productions industrielles quand bien même les investissements en armements sont encore focalisés sur les activités de l'ancien modèle.

Si l'on revient au cas tellement emblématique de la France, ce pays est le véritable emblème des nations ayant si bien intégré le système précédent qu'il éprouve les pires difficultés à en changer. La remise en cause d'un système existant ne signifie pas seulement un changement de valeur ou de mode de fonctionnement (ce qui n'est pas rien), mais aussi un bouleversement total de la pyramide française depuis ses références sociales, politiques, jusqu'à celles économiques, financières, éducatives, organisationnelles. Résultat, la France est une sorte de modèle d'inadaptation aux mutations, l'obligeant à de vastes et douloureuses ruptures. Après 1789 par exemple, il faudra deux révolutions supplémentaires pour renverser les bases d'un pouvoir passé, déclassé. La noblesse d'Ancien Régime demeura construite encore des décennies sur sa richesse ancienne, celle des possessions agraires et agricoles. Entre les deux révolutions de 1789 et 1830, les aristocrates propriétaires de forêts semblèrent composer mieux que d'autres avec les temps modernes ; et pour cause : l'industrie métallurgique fonctionna dans un premier temps au charbon de bois. Détenir le bois, le combustible, donnait la possibilité d'accompagner le début de mutation. Mais la migration vers les mines de charbon, vers une rupture complète avec les anciens vecteurs de valeur, ne fut pas anticipée par la plupart de ces rescapés et l'éjection des anciennes classes dominantes fut expéditive. Le régime du Second Empire démontrait que la nouvelle donne économique était bien le facteur déterminant de la puissance.

Ceux qui résistent envers et contre tout aux changements hypothèquent non seulement leur avenir, mais aussi celui de toute une génération. La confusion la plus dommageable est celle entre les racines d'un peuple, d'une communauté, qui fondent l'identité, et la tradition qui bloque la modernité. Les traditions figées de ces sociétés anciennes se maintinrent un peu partout dans le monde, tout au long du 19e siècle, jusqu'à la liquidation définitive de la toute-puissance agricole, avec deux soubresauts ultimes : l'abolition de l'esclavage et le triomphe des États du nord des États-Unis au détriment des États du Sud ; et presque au même moment, la marche forcée vers la modernité de la Russie tsariste et l'abolition du servage. Les deux futures grandes puissances du 20e siècle devaient elles aussi virer dans la nouvelle valeur économique pour assumer leur destin. Les dégâts collatéraux furent réels. Le plus meurtrier des conflits de toute l'histoire américaine fut la guerre de Sécession. Quant à la Russie, les réformes et les guerres n'en finirent pas de faire exploser de l'intérieur le régime tsariste. Une vraie révolution, celle de 1917, en sonna le glas, mais la déliquescence généralisée des élites de l'empire avait commencé depuis longtemps.

Bien des similitudes entre la France de 1789 et la Russie de 1917 peuvent être relevées dans le déroulement de la mécanique révolutionnaire et de la fin du régime, y compris dans la personnalité des acteurs, en comparant par exemple (parmi tant d'autres) les destins parallèles de la dernière tsarine et de Marie-Antoinette. Mais l'un des parallèles les plus frappants est le fondement terrien et agricole d'une aristocratie russe comme sa lointaine cousine française, totalement en dehors des grands enjeux industriels, économiques, donc politiques du monde qui commençait.

Un siècle plus tard, la boucle se boucle. La future grande puissance du 21e siècle, la Chine, sur laquelle nous reviendrons plus longuement dans la partie suivante, elle aussi, finit de couper ses liens avec les fondements anciens de la richesse. La révolution culturelle était centrée sur les campagnes. Les élites étaient envoyées en rééducation dans un système agricole archaïque. La finalité de cette oppression très violente était de préparer l'avènement d'une nouvelle classe dirigeante, scientifique, industrielle, économique, ayant oublié définitivement les références classiques de la Chine séculaire.

Le même phénomène mit donc plus d'un siècle et demi pour s'imposer à la planète entière. Les pionniers, les Européens, en particulier ou en premier lieu, les Britanniques, héritèrent de la puissance la plus grande de la planète à cette occasion. Une rupture technologique d'une telle ampleur est d'abord l'occasion d'une redistribution des cartes. Certains qui détenaient un jeu fort, des as et des atouts, se retrouvent soudain avec une main perdante, au profit de ceux que l'on ne voit pas monter, ceux qui bénéficient du changement de jeu pour se positionner en gagnants.

Avant de prolonger le parallèle avec la fin du 20e siècle et le début du 21e siècle, il peut être opportun de formuler une toute petite remarque au passage. Les deux immenses ruptures technologiques, celle de la vapeur et du charbon, puis celle du pétrole et de l'électricité, ont annoncé la fin de la toute-puissance millénaire de l'activité agricole. Mais alors que commence la troisième décennie du 21e siècle s'annonce de manière de plus en plus claire la fin de la prédominance de la production industrielle. Cette dernière a régné pendant deux siècles et demi ; c'est beaucoup et c'est peu à l'échelle de l'humanité. Et alors que monte au zénith l'activité de services, devenue le premier vecteur de valeur, l'agriculture sonne son retour. Pas au niveau qui fut le sien dans le passé, évidemment, néanmoins dans une perspective totalement rénovée. Le phénomène est encore amplifié par la crise du Covid, le confinement de la planète remettant au premier plan la manière dont elle se nourrit. Soudain, la qualité de la nourriture devient une préoccupation essentielle, à l'heure où la vie apparaît comme plus fragile qu'auparavant, alors que la science semble moins infaillible.

La démographie, la science, la solution

La science apparaît cependant comme la solution évidente à la difficile équation que doit résoudre l'humanité ; la solution unique.

Hors d'une pandémie historique, avec le dérèglement climatique, l'autre réalité majeure avec laquelle doit composer la population mondiale du 21e siècle est justement sa propre croissance. Chaque jour qui commence voit battu le record de la journée précédente : jamais depuis que le monde est monde les humains n'ont été aussi nombreux. Et le compteur tourne, toujours, toujours aussi vite. Le cap des 8 milliards d'habitants sur la Terre n'est qu'une étape, qui sera franchie pendant l'année 2023. La population humaine continue de croître par les deux côtés : celui des naissances, notamment dans un continent comme l'Afrique, où les données démographiques sont tout simplement vertigineuses ; mais aussi par l'autre côté : celui de l'augmentation continue de l'espérance de vie. On ne meurt plus sur Terre, si cet aphorisme convient alors qu'est revenue la peur ancestrale de la grande faucheuse, cette représentation non seulement de la mort, mais plus encore de la pandémie, à l'époque où elle était dénommée d'un même qualificatif : la peste. Le Covid, nous l'avons dit, n'a rien à voir avec les taux de létalité des grandes pestes, il n'empêche. La peur de la mort brutale, sans raison, est revenue dans l'inconscient collectif. Pourtant, il faut dire et redire qu'entre le début et la fin de l'année 2020 la population humaine aura crû de presque 100 millions d'individus ; et la croissance sera la même en 2021. Le compteur tourne à toute vitesse et cette réalité-là est à l'origine du plus grand déni de l'époque moderne. Dans toutes les projections qui suscitent un peu partout en Occident la suggestion de nouveaux modèles, de nouvelles références de développement, manque la plupart du temps l'intégration en première variable, en variable majeure : l'accroissement démographique.

Il est impossible de raisonner à partir du passé ; il est aberrant de se fonder sur le présent, dans une représentation de l'avenir qui se voudrait crédible et responsable. La Terre dans vingt ans sera totalement différente parce que le nombre d'humains aura augmenté de manière considérable, sans doute de presque 2 milliards. Toute logique prospective doit d'abord intégrer le poids des populations nouvelles pour lesquelles le minimum du raisonnable est d'intégrer leur aspiration à la satisfaction de besoins « primaires », se nourrir, se loger, se soigner, permettre le bien-être de ses enfants et de ses anciens ; la satisfaction de besoins « évolués », comme l'accès à l'éducation, à la culture, l'aspiration à trouver le sens le plus élevé à sa vie, à son existence. Tout cela remonte à la surface de toutes les nations, de tous les continents.

Le passé ne sera d'aucun secours pour l'invention du modèle nouveau. Le passé, dit autrement, les leçons de l'histoire, l'expérience acquise, notamment au gré des grandes ruptures technologiques, n'apportent des leçons que dans la manière dont se sont déroulées les mutations profondes. Ce ne sont pas les solutions retenues par nos ancêtres qui présentent un intérêt, ce sont les processus qui ont permis leur mise en œuvre ; ce sont eux qui doivent servir d'axe de réflexion lorsqu'il s'agirait d'adopter, face à la problématique contemporaine, une approche raisonnée, pragmatique, rapide (n'oublions jamais cette dimension de l'urgence) et surtout, *last but not least*, positive.

Ce rappel des données du casse-tête auquel sont confrontés tous les pays de la Terre, tous leurs dirigeants, donc plus largement l'humanité, dit bien comment parfois l'équation posée semble insoluble. Nous venons de placer l'une des difficultés majeures : le ressenti croissant par chaque être humain de la nécessité d'une réforme de son mode de vie oblige à une réponse ceux qui se trouvent chargés de responsabilités ; il est en quelque sorte une obligation à la perception immédiate, concrète, des solutions envisagées. Il est question ici du maire d'une ville de 5 000 habitants comme de celui d'une métropole de millions de personnes ou du dirigeant d'une région, d'un État, qu'il soit en Europe, en Asie, en Amérique, en Afrique, qu'il doive son poste à un vote ou à la nomination d'un régime non démocratique.

Le discours du président chinois au sommet de Davos de 2017 était de ce point de vue représentatif de cette obligation ardente de répondre vite, très vite, aux attentes des gens, des vraies gens sous son autorité. Dans le discours de Xi Jinping, il était perceptible que la seule manière pour le Parti communiste chinois de légitimer son pouvoir était de proposer de vraies solutions à court terme sur le plan environnemental ; en cela, il rejoignait l'ensemble des chefs d'État ou responsables politiques de la planète. Leurs administrés attendent des propositions innovantes de leurs dirigeants, puisqu'il n'est pas d'autre choix et demandent, sans vraiment le formuler, de ne pas être victimes de cette évolution. Impossible synthèse du conservatisme et du mouvement. En réalité, non seulement la mutation ne doit pas provoquer une onde de choc sociale, politique ou géopolitique, mais de surcroît elle doit être universelle. Il s'agit de l'une des difficultés majeures : concilier l'impossible et son contraire. Donner le sentiment à celui que vous administrez qu'il est au cœur de vos préoccupations, répondre à ses angoisses, ne pas le brusquer, lui permettre d'espérer sans lui faire craindre un bouleversement de sa vie, avec trop d'implications. Et dans le même temps, proposer une solution qui soit déclinable à d'autres, envisager un modèle qui puisse satisfaire des humains vivant à des dizaines de milliers de kilomètres de vous, n'ayant pas la même culture, n'ayant pas le même niveau de développement, n'ayant pas les mêmes aspirations, voire ayant des aspirations à l'opposé total de celles qu'expriment vos propres compatriotes.

Le défi en paraît presque insurmontable. Il est déjà très compliqué de concilier les attentes multiples au sein d'une population, au hasard, celle par exemple d'un pays comme la France ; comment espérer un consensus universel ?

Première piste de réponse, évidente : le politique n'y parviendra pas. Le terme employé, « politique », se veut ici le plus large possible, sachant que, quelle que soit son étiquette ou le pays auquel il appartient, le politique en question est confronté à un problème terrible – le dérèglement climatique –, une perspective de solution – un changement radical de modèle –, mais à une montée d'exigence telle qu'il ne lui est simplement pas possible de prendre les bonnes décisions. Soyons plus affirmatifs encore, le politique, par définition, ne peut être celui qui va suggérer la solution. Le politique est un relais de l'opinion publique, de son trouble, de son désarroi, de son angoisse. Mais la nature même de son statut ne lui permet pas plus ; il ne peut lui permettre de le conduire à définir la solution. Peut-être est-il nécessaire de marteler : aucun politique ne peut envisager une rupture totale, alors que sa mission première est d'assurer la continuité de la chose publique ; quelle que soit sa couleur, quelle que soit son honnêteté. Un changement de modèle est un changement de société, un chamboulement d'un système dont la stabilité avait précisément permis au politique d'être choisi, désigné parmi ses pairs. Le politique doit sa place au système condamné. Les leçons du passé sont formelles : jamais un politique, quel qu'il soit, n'a pu envisager une proposition qui serait synonyme, par définition, de sa propre disparition.

Est-ce une impasse ? Pour le politique oui ; pour l'humanité, non. Il faut, pour comprendre l'issue possible, s'inspirer des situations précédentes de changements de modèle dans l'histoire. L'espèce humaine ne progresse pas linéairement ; il est difficile d'expliquer pourquoi à de très longues périodes d'immobilisme, de consolidation, succèdent des périodes soudaines d'innovations débridées, imprévisibles quelques années plus tôt. L'image serait celle d'une colline paisible et verdoyante depuis des siècles, depuis des millénaires, qui soudain se transforme en volcan, en explosions d'une violence et d'une force impensables. La lave circulait en sous-sol, elle donnait peut-être quelques indices de son bouillonnement que des spécialistes pouvaient déceler, et encore. L'éruption va durer des jours, des mois, des années, et soudain ce sera fini. Les éléments se calment, les pentes de la colline redeviennent fertiles, le chaos s'efface des mémoires, et la vie redevient paisible pour un temps long, très long, bien plus long que la capacité de souvenir des individus.

Pourquoi, de la même manière, l'espèce humaine entre-t-elle soudain en éruption ? Il est difficile de l'expliquer. Le hasard peut-être d'une illumination, imaginons, dans les temps immémoriaux, la maîtrise du feu, l'invention de la roue. S'agit-il vraiment d'un moment donné ? Ou bien d'un processus lent qui soudain émerge ? Dans les temps beaucoup plus proches, comment se prépare l'arrivée de l'imprimerie évoquée précédemment ? Comment s'amorce la conquête de la machine, la maîtrise de la puissance de l'énergie ? Des indices sont là, *a posteriori* ; les mentalités changeaient, se préparaient à la grande rupture. Peut-être devenait-elle attendue. Peut-être que l'ensemble du corps social se plaçait en situation d'être prêt à recevoir l'innovation. Quand l'humanité a besoin d'un grand changement, elle s'y prépare, presque inconsciemment ; quand elle y consent vraiment, le processus commence.

Ce n'est pas un hasard total si le 18e siècle est en même temps celui des accélérations des sciences, des technologies et en même temps celui des Lumières. Une illustration parfaite de cette sorte d'ébullition générale serait Voltaire, bien sûr. Lui-même se voyait d'abord comme un tragédien, le cinéaste de l'époque. Cette dernière dimension de son talent est aujourd'hui bien oubliée. Il était aussi philosophe, penseur de la liberté et du changement de système politique ; voilà comment il entrera au Panthéon avec Jean-Jacques Rousseau, voilà comment, de fait, il est passé à la postérité. Il y avait sa troisième dimension, à laquelle il attachait beaucoup de temps et d'importance, celle pour laquelle il est finalement assez décevant : le scientifique. Il écrivit sur les mathématiques ou sur la physique, il expérimenta, il publia. Avec le recul, sa première qualité dans ce domaine fut sans doute d'avoir perçu chez une femme d'exception, Émilie du Châtelet, combien le séisme à l'œuvre dans les sciences fondamentales était d'abord porteur du bouleversement à venir. Ce bouleversement allait mettre à bas les repères de la société d'autrefois. Et Voltaire construisait certains des fondements de la société qui s'annonçait, celle qu'il contribua à constituer par ses idées philosophiques : l'importance de la femme, le recul des croyances religieuses, celui de l'ordre établi, de l'intangibilité des modèles sociaux ; mais aussi l'importance primordiale de la science comme vecteur du changement le plus profond qu'ait jamais vécu l'humanité à l'époque.

Voltaire était fasciné par le progrès dans son siècle. Il sentait devoir participer au mouvement, et, comme il ne doutait de rien, il se voulait scientifique. Pendant les quinze années qu'il passa au château de Sirey, il entra en compétition avec sa belle Émilie, pour tenter lui aussi de se donner l'illusion qu'il se plaçait dans la mouvance la plus importante de son époque. Il s'y crut vraiment, le cher grand homme s'imaginait qu'il suffisait de vouloir pour devenir mathématicien… Déjà, les avancées scientifiques qui permettraient bientôt la première révolution intellectuelle ne toléraient plus les touche-à-tout, fussent-ils géniaux, comme cela avait été le cas pendant des siècles. Les hypersurdoués, de type Léonard ou Pascal, parfois, avaient pu exprimer des fulgurances. Mais la règle qui s'imposait désormais était que seuls étaient invités au banquet des grands progrès des esprits formidables, certes, travaillant toute une vie durant sur des sujets tellement pointus qu'ils paraissent marginaux, jusqu'au moment où, par une sorte de conjonction incroyable, ils émergeaient d'un seul coup d'un seul. Cette règle est plus que jamais d'actualité. Les départs du grand feu de l'intelligence ne sont jamais à l'endroit où la majorité de l'époque tourne ses regards ; ils ne sont jamais non plus totalement le fruit du hasard.

La rupture est une évidence

Quand il est question de révolution scientifique, cette particularité doit être rappelée. L'évolution scientifique de l'humanité est singulière, dans le sens où elle n'obéit pas à des règles précises. Il est bien difficile de savoir pourquoi, pendant un temps très long, au fond, la science évolue peu ; pourquoi, soudainement, les choses s'accélèrent, pourquoi les cerveaux humains se mettent à trouver les solutions d'énigmes qui semblaient insolubles aux générations précédentes. Il n'y a pas d'explication rationnelle, sinon que la beauté ou l'horreur de l'humanité tiennent sans doute à son caractère imprévisible. L'axiome est vrai pour les individus comme pour l'espèce tout entière. Les découvertes scientifiques sont-elles seulement le résultat d'un processus aléatoire ? Hasard ou nécessité inconsciente ? Quand, pendant ce 18e siècle où débute l'époque contemporaine, où, en tout cas, l'économie moderne trouve ses racines sous l'impulsion d'une extraordinaire effervescence scientifique, il est une réalité similaire à celle de notre époque : l'expansion démographique. La population humaine explose dans les pays d'Europe, et d'abord dans ce Royaume-Uni où la révolution industrielle va commencer, donnant à ce pays la première place mondiale. Éternel débat de la poule et de l'œuf : l'augmentation des naissances, la baisse de la mortalité accompagnent-elles l'accélération du progrès ou bien est-ce l'inverse ? Le progrès crée lui-même le premier carburant dont il a besoin, celui de la multiplication des humains, considérée parfois comme la pire des calamités. Ce sentiment d'ailleurs ne date pas d'hier, puisque ce fut exactement ce qui guida par exemple une école en économie, celle fondée par Thomas Malthus, anglais et pasteur de surcroît de son état, en lien étroit avec plusieurs courants majeurs de l'économie du 18e siècle fondés sur la logique de production agricole. Le courant des physiocrates ne fut pas l'un des moindres de ce siècle des Lumières, fécondant les pensées au-delà de la science économique. Néanmoins, par leur inspiration issue des forces de la nature, les physiocrates pouvaient laisser penser que l'impasse soulignée par les malthusiens en cas d'augmentation non contrôlée de la population terrestre pouvait être une sorte de fatalité. Malthusiens et physiocrates évoquaient l'impasse d'une humanité trop nombreuse à laquelle l'économie agricole ne pourrait apporter satiété. Une ancêtre de Greta Thunberg aurait pu alors interjeter appel : il faut changer de modèle !

Les économistes sont rarement les plus prompts à imaginer une réalité fondamentalement différente de celle qui sert de base à leur raisonnement. Il y avait bel et bien impasse, donc, à moins que le progrès scientifique modifiât, bouleversât les composantes mêmes de l'équation. *Ceteris paribus*, « Toutes choses égales par ailleurs », est la locution la plus importante des énoncés insolubles dans l'histoire de l'humanité. Le progrès peut rendre soudain, c'est-à-dire en un laps de temps extrêmement réduit, à l'échelle d'un morceau de vie d'un individu, les choses inégales par ailleurs. À partir du moment où les paradigmes, sur lesquels se fondaient tous les raisonnements antérieurs, vacillent, plus aucun des modèles existants ne résiste.

La propagation des idées obéissait à des lois intangibles depuis des siècles, permettant aux pouvoirs politiques d'anticiper l'apparition de pensées séditieuses – donc dangereuses pour l'équilibre général. D'un bout à l'autre du monde, on savait se défier et modéliser la transmission orale ou par copies écrites des idées et, donc, des potentiels de déstabilisation. Puis soudain est arrivée l'imprimerie de notre Gutenberg, évoqué plus haut. Qui se souvient que le monarque associé à la Renaissance en France, à la lumière d'une époque nouvelle, François Ier, interdit purement et simplement l'invention prodigieuse ? Il estimait que le monde, son peuple n'était pas prêt. En réalité, comme toujours lors des révolutions scientifiques, celles qui n'étaient pas prêtes étaient les élites. Comme toujours, les élites sont conservatrices, car toute révolution scientifique, technologique, économique, sociale, porte en elle la remise en cause des architectures de pouvoir. Par définition, ceux qui sont le plus inquiets des révolutions sont ceux qui ont le plus à y perdre. Le terme « élite » doit être entendu de la manière la plus large. La liste est non exhaustive ; elle comprendrait les responsables politiques, bien sûr, les plus conservateurs des conservateurs, quelle que soit leur étiquette. Elle irait jusqu'aux responsables économiques qu'ils soient chinois, américains, africains, européens, en passant par les dirigeants de tous types d'organisations, y compris les ONG, ou les universités, les structures de recherche, de culture, de prétendu progrès. Elle finirait par les syndicats ou les représentants des salariés. Tous conservateurs, tous voulant arrêter le progrès sous prétexte du bien de l'humanité, l'excuse de François Ier ; le monde n'est jamais prêt selon les sages, ceux qui savent, ceux qui résistent au nom des principes anciens.

Alors inversons le raisonnement : étant donné le caractère non linéaire du progrès scientifique et de sa transmission au plus grand nombre par le biais des technologies et de l'économie, il serait possible de partir du présupposé suivant : le progrès survient non seulement quand le monde est prêt, mais surtout quand il en a besoin… Même s'il s'en trouve profondément dérangé. Une évolution scientifique peut être qualifiée de fondamentale quand elle étend son influence au fonctionnement de la société humaine, c'est-à-dire aux systèmes sociaux, politiques et économiques. En quelque sorte, cette définition permet une réconciliation – ou à tout le moins une synthèse – entre les appréciations des découvertes scientifiques du point de vue des sciences dures et des sciences molles (ou sciences humaines pour ne pas trop mécontenter la hiérarchie implicite de la dénomination précédente).

Reprenons l'exemple de l'imprimerie, moins polémique aujourd'hui que la génétique, la 5G ou l'intelligence artificielle ; il serait possible de considérer que le progrès survient au moment où les élites du monde ancien sont parvenues à un mode de gestion tellement à leur avantage qu'il en devient négatif pour la majorité silencieuse. L'imprimerie et la diffusion des idées au plus grand nombre apparaissent quand justement le système ancien a fait l'objet de tant de dérives qu'une interrogation monte de toute part quant à la légitimité de la religion, de l'Église, de la royauté qui s'y rattache. Ce n'est peut-être pas totalement fortuit que l'imprimerie et que le schisme protestant soient parfaitement contemporains. L'apparition de la technologie « imprimerie » intervient au moment d'une ébullition intellectuelle qu'il faudrait parvenir à propager ; mais cette ébullition est elle-même la conséquence d'une pratique de la religion et du pouvoir de plus en plus dévoyée. François Ier prend peur avec l'affaire des placards, l'impression sur papier d'une critique radicale de la pratique religieuse et le collage subreptice d'affiches sur les portes mêmes de sa chambre. La légitimité du pouvoir est à ce point ébranlée qu'il faut interdire l'outil moderne ayant servi de diffuseur aux idées séditieuses. Les moines copistes du monde d'avant étaient plus faciles à contrôler, de même qu'il était plus aisé de limiter leur production…

Lorsque le monde du 21e siècle est regardé avec le maximum d'objectivité, plusieurs évidences sautent aux yeux : d'abord, les technologies ouvrent la voie d'une révolution au moins aussi puissante que celle de l'imprimerie d'il y a cinq siècles ou celles ayant changé la face du monde depuis deux siècles en permettant la production industrielle d'abord et le déplacement intense des humains ensuite. Le deuxième constat objectif est que le modèle ancien actuel, celui hérité de l'après-Seconde Guerre mondiale et des précédentes révolutions scientifiques, est obsolète compte tenu de la taille de la population mondiale, des dérèglements climatiques qu'il engendre et surtout de l'essoufflement de son évolution. Enfin, troisième facteur : après un long sommeil relatif, la science est prête à repartir de l'avant.

À partir des années 1950, en effet, la science a cessé de faire les bonds qu'elle accomplissait depuis cent cinquante ans ; dès lors, elle améliore, elle optimise les progrès précédents, mais elle ne provoque plus de rupture existentielle pour l'humanité. Du coup, l'économie se structure à partir des grandes mutations antérieures, pour constituer le grand modèle d'économie de marché qui finit par s'imposer à la planète entière à la fin de la décennie 1980.

Trente ans plus tard, ce modèle ne fonctionne plus, il doit changer de fond en comble. Peut-on parler de Providence, de hasard formidable, d'intervention divine, ou plus prosaïquement de la capacité de l'espèce humaine, sans cesse démontrée, à relever ses défis vitaux ? En tout cas, au moment où l'humanité franchit le cap des 6 milliards d'individus, *grosso modo* en l'an 2000, un progrès scientifique fondamental annonce la perspective d'un modèle totalement nouveau, d'une redistribution complète des cartes.

Cette révolution scientifique est d'essence mathématique, elle est relative à la maîtrise des grands nombres. Le terme anglais *big data* est passé dans le langage universel. L'algorithme et le big data ont fait passer presque toutes les disciplines scientifiques dans une autre dimension. Le concept même de grand nombre comme fondement d'un bouleversement de l'organisation humaine interpelle quand ce bouleversement a pour justification une expansion démographique jamais connue par l'espèce humaine… Le « grand nombre » est d'abord celui des humains sur Terre, qui pose une vraie question majuscule.

Ce qui fonctionnait avant ne fonctionne plus quand la population humaine ne cesse d'augmenter par le biais d'une double mécanique : celle de la natalité dans des zones hyperjeunes, donc hyperfécondes, l'Afrique en premier lieu ; et puis, seconde mécanique formidable autant qu'implacable, celle de la baisse de la mortalité en raison du progrès des sciences médicales d'une part et d'autre part de leur accessibilité grandissante. La première des conséquences positives du développement, de l'enrichissement global d'un certain nombre de pays (quelles que soient les inégalités grandissantes qu'implique cet enrichissement) est bien l'accès aux progrès de la médecine et à sa conséquence indiscutable : l'augmentation de l'espérance de vie. Dans les débats, discussions, polémiques entraînés par la remise en cause du système économique mondial, en particulier à partir de la seconde décennie du 21e siècle, manque la plupart du temps une référence à cet absolu qui devrait être l'alpha et l'oméga de toute réflexion : l'espérance de vie. L'obsession de ceux qui se projettent dans le monde de demain doit commencer par cet indicateur incontournable. Il fonctionne d'ailleurs dans le cadre de la refonte des équilibres mondiaux comme pour les interrogations autour de modèles nationaux.

L'espérance de vie qui commence à régresser aux États-Unis, notamment en raison du fléau de l'obésité et de celui des overdoses d'opioïdes, est une source majeure d'interrogation sur la pertinence du mode de vie, donc du modèle économique. La problématique de la pauvreté et de la précarité dans une société nationale comme la société française par exemple doit être conduite d'abord sur une analyse statistique précise de l'espérance de vie. L'espérance de vie est un indicateur de nombreux facteurs, au-delà du seul accès aux soins ou à la médecine. Les conditions d'existence, de loisir, d'éducation sont également corrélées à l'accroissement de la durée de vie. En clair, on vit longtemps quand on est nourri, soigné, mais aussi quand on est bien dans sa tête. Être bien dans sa tête suppose bien en tant qu'individu et, nécessairement, bien en tant qu'individu au sein de sa communauté. La natalité, l'espérance de vie amènent donc tout droit à la question majeure posée à l'humanité du troisième millénaire : comment poursuivre l'accroissement généralisé de l'espérance de vie, incluant d'abord le rattrapage indispensable de la plus grande partie de l'humanité par rapport à la plus petite, celle des riches, majoritairement occidentaux ? C'est le défi numéro deux posé au nouveau modèle économique ; le défi numéro un est rappelé chaque fois : permettre un développement tenable à long terme ou, dit autrement, durable. Le numéro deux, donc : une uniformisation de l'espérance de vie sur le plan mondial. L'inégalité de la durée d'existence est la plus insupportable, celle qui doit être d'abord gommée avant d'envisager toute amélioration complémentaire.

Ce double impératif est clairement impossible à atteindre avec le modèle économique issu des deux grandes révolutions industrielles et de la formalisation pratique du fonctionnement économique dans la société américaine de l'après-Seconde Guerre mondiale. Le nouveau modèle pour une humanité n'ayant jamais été aussi nombreuse ne peut être issu que d'une nouvelle révolution technologique et scientifique, comparable aux plus grands séismes (positifs !) vécus par l'humanité dans le passé. Et cette révolution, en phase complète avec ce qui précède, a commencé depuis plusieurs années, voire décennies avec une racine commune, la maîtrise des grands nombres. Si l'on récapitule l'ensemble de ces affirmations, il devient évident que ce changement va intervenir ; il est possible, ce qui est d'abord une nouvelle positive et optimiste, il va se produire à très grande vitesse en raison d'un impératif de plus en plus pressant.

Là encore, la référence historique ne laisse que peu de place au doute. À partir du moment où il devient impératif à l'humanité d'évoluer, elle a prouvé qu'elle le fait, et le fait beaucoup plus vite que ne l'estiment ses propres composantes internes et anciennes. Nous autres humains allons collectivement vers un changement d'une importance inédite, et nous y allons de plus en plus rapidement. Un facteur ultra-traumatisant comme la pandémie de Covid pourrait, avec le recul, apparaître comme un moment déterminant : celui où les pays les plus riches du monde, c'est-à-dire les mieux à même de consacrer les sommes importantes aux investissements nécessaires au changement de modèle, se sont rendu compte que cette rupture était envisageable, et pouvait même se réaliser à brève échéance. Ce qui frappe lorsque ces constats sont réalisés serait le caractère providentiel des enchaînements d'événements depuis qu'il apparaît de manière évidente qu'il n'est pas d'autre alternative. Tout semble s'enclencher comme une sorte de fatalité positive, un destin tracé.

La révolution n'est pas la transition énergétique

S'il est admis que la plus extraordinaire des ruptures scientifiques des dernières décennies est le progrès formidable dans le domaine des big datas, des données massives ; s'il est admis que ce progrès irrigue toutes les disciplines scientifiques, et par extension entraîne d'immenses évolutions technologiques ; s'il est admis que ces évolutions peuvent être à l'origine d'un véritable changement de modèle... Alors, cette révolution apparaît comme radicalement différente des précédentes, au moins depuis deux siècles et demi, qui pour l'essentiel étaient des révolutions énergétiques.

Cette différence-là est capitale, elle déconcerte sans doute une grande partie des élites dirigeantes depuis plusieurs années. La mémoire lointaine se focalisait sur cette manière de décupler la capacité humaine, celle de la puissance musculaire. Le principe du moteur et de l'énergie, à la base des grands changements antérieurs, doit bien être envisagé selon cette logique comme la première clef d'analyse des grands bouleversements des derniers siècles. Moteur à vapeur, avec lequel tout démarre, puisque cette énergie permet la logique industrielle autant que la vraie naissance du capitalisme : il y aura désormais la force physique, celle de l'humain employé dans l'usine ; il y aura la puissance décuplée de la machine, celle payée par l'actionnaire et le capitaliste. La richesse provient des deux, la répartition devenant l'un des points de friction des sociétés modernes.

Au fur et à mesure que se développe la logique de production supposant à la fois beaucoup de producteurs humains, ouvriers ou cadres, et une concentration des machines, l'un des enjeux majeurs pour optimiser le système est alors le déplacement. Déplacement des humains chaque jour pour aller produire, déplacement des matières premières vers les unités de production, déplacement des produits manufacturés vers les lieux de consommation. C'est là, au tournant du 19e et du 20e siècle, qu'intervient la deuxième révolution industrielle, celle du moteur à pétrole. Elle ouvre la perspective d'une société totalement différente, celle du mouvement, celle des déplacements incessants, à très grande échelle. La déclinaison est toujours la même : la puissance apportée permet un déplacement encore plus simple, encore moins coûteux que celui utilisant jusque-là l'énergie de la vapeur. Et puis, deuxième acte de la même révolution industrielle, ou troisième, collée à la première, apparaît l'électricité. Une énergie différente, encore une, permettant à l'humanoïde d'accéder à des facultés supplémentaires. Un transport de masse plus souple, plus puissant que celui utilisant la vapeur ou le moteur à pétrole ; mais une énergie améliorant encore un peu plus les capacités physiques de l'être humain : son œil est limité par la nuit ? L'éclairage lui apporte une sorte d'équivalence entre la nuit et le jour. Sa capacité à laver du linge ou de la vaisselle, à nettoyer son intérieur, à repasser, à se raser sont limitées par sa stricte capacité ? Les machines d'électroménager répondent à la densité des actions possibles pour un humain et à sa lenteur d'exécution. La vie de chacun est bouleversée par cette énergie facile, présente du matin au soir, d'un bout à l'autre de la vie. L'électricité permet aussi le premier progrès qu'on peut considérer comme l'axe majeur de la troisième révolution industrielle, celle du 21e siècle : au lieu d'apporter une solution à la capacité physique des humains, elle vient à la rescousse de ses capacités mentales. Ce n'est pas rien, et en même temps totalement différent des progrès précédents. L'électricité, le cinéma, la musique enregistrée permettaient l'amélioration des facultés humaines disponibles pour la distraction.

Cette tendance est lourde, elle perdure et devient même l'un des axes forts du développement à venir. Le monde virtuel du jeu, par exemple, est un domaine des plus importants de valeur ajoutée dans un futur proche. Les jeux en ligne deviennent le sixième continent pour les économistes, et sa taille n'a cessé d'augmenter, voire de se décupler pendant la pandémie. Le prix de négociation des avatars est devenu énorme, les assurances, les financements associés aux jeux sont un secteur déterminant de la finance de demain. Des bataillons des nouvelles générations ne conçoivent leur vie que comme une adjonction de ce loisir, ce mode de vie que représente le jeu en ligne. Un grand nombre de progrès technologiques sont non seulement appliqués ultra-vite à l'univers du jeu, mais de plus en plus, c'est l'univers du jeu lui-même qui produit des progrès recyclés par la « vraie vie », si cette expression convient. Dans l'armée, dans le commerce, dans la finance, dans les relations humaines, des innovations provenant du jeu sont désormais banalisées.

En réalité, le jeu n'est qu'un des aspects de la nouvelle façon de vivre qui s'impose à la population planétaire. Ses caractéristiques sont celles qui se dégagent au fur et à mesure de cet ouvrage : un changement profond comparé aux habitudes issues des révolutions industrielles précédentes ; le terme « changement » est évidemment préféré à ceux de « recul » ou de « retour en arrière ». Il s'agit davantage d'une modification de ce mode de vie autrefois possible, devenu une impasse.

C'est ici sans doute qu'il convient d'insister sur la difficulté d'accompagner cette mutation d'une intensité incroyable avec une évolution aussi rapide, aussi radicale, des mentalités. Depuis des siècles, la matrice au cœur des analyses, des politiques, des grands investissements, était cette maîtrise de l'énergie permettant de multiplier la force physique. On reviendra longuement sur ce sujet, mais, par exemple, la maîtrise des approvisionnements énergétiques fut et est encore une clef majeure pour la lecture des relations internationales pendant deux siècles. Les puissances dominantes successives, la Grande-Bretagne, puis les États-Unis ont eu cette obsession qui permet dans bien des cas de comprendre la finalité des politiques menées vis-à-vis des différentes zones de la planète. Si la Chine semble elle aussi se focaliser sur cette dimension, il apparaît de plus en plus que la domination mondiale supposera surtout une prééminence d'une tout autre nature. La force physique n'est plus l'enjeu ; ce sont les capacités intellectuelles qui sont devenues le cœur du défi. Donc désormais le combat se jouera autour des techniques de datas. Elles sont d'ores et déjà au cœur de la politique chinoise pour la mainmise sur sa propre population, elles deviennent également l'une des marques majeures des grandes manœuvres militaires. En l'occurrence, une puissance sur le déclin l'a particulièrement bien compris : la Russie. Ce pays prolonge tant bien que mal son influence internationale grâce à sa gigantesque réserve d'énergie fossile ; mais ses élites ont intégré que la véritable capacité de nuisance réside dans la faculté de détruire ou de manipuler les datas. Il ne fait pas de doute que la Chine travaille sur ce compartiment du nouveau modèle. Elle pratique déjà l'agression sur la valeur data de certains de ses partenaires sur le plan mondial. Elle le fait soit directement, soit indirectement, ce qui permet une meilleure gestion de la communication médiatique, par l'intermédiaire d'un faux nez très utile : la Corée du Nord. Ce pays est souvent cité dans le péril montant déjà évoqué, celui du cyberrisque, le piratage de masse des systèmes d'information, privés ou publics. Ce sont les formes nouvelles des bombardements ou autres attentats contre les principaux facteurs de production de richesse. Autrefois, dans l'ancien monde, on envoyait un missile sur une usine ; dans le nouveau monde, on introduit un virus dans le système d'information, et c'est toute une activité qui peut être totalement paralysée.

Ce début des conflits du nouveau monde contribue aussi à tracer les contours des sociétés qui en résulteront, avec leurs atouts, leurs faiblesses, leurs logiques d'agression ou de défense ; tout cela est tellement différent des réalités anciennes, c'est-à-dire celles qui dominent encore les modes de pensée du début du 21e siècle. Comme il a été souligné plus haut, la classe politique est la première à éprouver de grandes difficultés à se positionner. Elle est en retard, pour ne pas dire en décalage avec le monde qui s'annonce.

Dans le temps présent, l'un des symptômes récurrents de cette difficulté à appréhender les enjeux montants est la focalisation sur le vecteur majeur du passé : l'énergie. Le grand discours mondial autour du dérèglement climatique et des mesures qu'il convient de prendre en urgence a comme de juste insisté sur la transition énergétique. Deux mots qui sont inadaptés mais dont on conçoit bien qu'ils aient été considérés par les communicants comme de très bons signaux envoyés aux électeurs et aux administrés. La détérioration du climat provient des gaz à effet de serre, émis principalement par le recours aux énergies fossiles. Par conséquent, il faut changer d'énergie. Les énergies renouvelables sont faciles à identifier par le grand public : si ton électricité est produite par le vent ou par le soleil, tu comprends qu'elle ne pollue plus. Donc la seule chose que tu doives changer dans ton mode de vie est de remplacer la pompe à essence par une rallonge et une prise de courant. Quand toutes les automobiles, tous les avions, tous les bateaux, tous les trains, métros et autres moyens de déplacement seront équipés de moteurs électriques et que cette électricité sera produite par des moyens propres, le problème sera résolu. CQFD.

Il est bien connu des professionnels de la communication qu'un message simple passe beaucoup mieux qu'un message compliqué, surtout s'il présente problèmes et solutions en des résumés clairs et compréhensibles. Une bonne communication vous permet d'être réélu, les spécialistes en politique le savent ; de fait, cette logique de court terme est souvent la seule véritable motivation du décideur. En l'occurrence, la tradition des grandes révolutions technologiques associées à l'énergie paraît la manière la plus responsable, la plus crédible, la plus supportable, d'envisager les trains de réponses aux questions angoissantes que pose le réchauffement climatique.

Pendant des années, les effets de ce réchauffement furent moqués voire contestés. Puis les populations de la plupart des pays du monde ont commencé à comprendre qu'il ne s'agissait pas simplement d'un jeu sur l'angoisse, très bon ressort pour passionner les foules. Cette logique de transition énergétique était reprise un peu partout, elle fit l'affaire de tous.

Sauf que l'énergie cette fois n'était ni le problème principal, ni la solution évidente, et encore moins le théâtre des plus gros progrès scientifiques de l'époque. Il s'agissait bien de la première méprise, une sorte d'erreur historique, jouant sur les réflexes acquis dans le subconscient collectif issu des ruptures technologiques précédentes. Cette fois, il est nécessaire de se positionner sur un terrain totalement différent, l'énergie ne viendra qu'au second plan. Il est nécessaire d'inventer un véritable autre modèle, et non simplement de perfectionner l'ancien avec des énergies différentes. Jusqu'au Covid, une telle affirmation semblait vide de sens concret et se trouvait rejetée par tous les bords politiques, y compris les écologistes les plus radicaux. La radicalité en l'occurrence s'appliquait davantage à la critique politique du système, message présentant l'avantage d'être audible par une part non négligeable de l'électorat, nostalgique ou désireux d'un processus révolutionnaire comparable à ceux du passé.

Avec le Covid, l'importance d'un changement apparaît, et devient de fait envisageable en un temps très court. Et c'est là que peut être exprimée la deuxième faiblesse majeure de l'expression « transition énergétique ». Elle provient de ce terme, « transition ». Les tenants de la nécessité d'un changement, voulant apparaître depuis plusieurs années comme aptes à exercer des responsabilités au plus haut niveau, avaient privilégié ce discours : « Nous sommes convaincus de la nécessité d'un changement [basé sur l'énergie utilisée, n'y revenons pas], mais nous ne sommes pas fous : nous savons qu'un tel changement prendra beaucoup de temps ; il est nécessaire de s'engager aussi vite que possible dans un processus qui sera long et prendra des années, voire des décennies. » Le terme « transition » est adapté au concept : une évolution douce, à peine perceptible, permettant sans souffrir, sans presque s'en rendre compte, de gérer le problème au fond et, à la fin, de déboucher sur une magnifique société de développement durable. Dormez tranquilles, ayez confiance, il se passe des choses positives durant votre sommeil, dont vous n'avez même pas conscience.

L'exemple de la voiture électrique en est la meilleure illustration. Les véhicules ont la même apparence qu'autrefois, ils sont d'ailleurs de plus en plus nombreux au fur et à mesure que les milliards de gens autrefois pauvres s'équipent pour partir au travail, amener les enfants à l'école, se rendre sur les lieux de vacances… Mais les moteurs ne sont plus polluants. Ils se taisent aux feux rouges, ils ne font plus aucun bruit. Ce silence est *la* solution, ne cherchez pas plus loin… Personne ne tient à aborder les questions embarrassantes : la production des batteries, celle des automobiles et de toutes les infrastructures nécessaires, sans parler du volume d'électricité nécessaire à l'échelle planétaire.

Très beau cas d'école, en vérité, d'un discours responsable en apparence. Il en est d'autres, aussi populaires dans la logique de transition – pêle-mêle : trier ses ordures, manger moins de viande ou plus du tout, isoler sa maison. Suivre le chemin de la transition en se lamentant seulement que tout le monde n'ait pas la même sagesse. Ce raisonnement est très confortable, il permet de séduire la jeunesse, notamment, cible numéro un du politique souhaitant récupérer le segment porteur du dérèglement climatique, en rassurant ceux qui suivent à la lettre le catéchisme de la transition. Si la dégradation se poursuit, c'est à cause des incroyants, de ceux qui autour de nous continuent de fonctionner comme avant ; enfin comme avant, sans transition… Vous suivez ?

Comme souvent dans l'histoire, les catéchismes classant ce qui est bon et ce qui est mauvais peuvent, s'ils sont mal compris, conduire tout droit à l'inquisition et au totalitarisme, au sens propre. Les archiprêtres, souvent les plus jeunes, de la transition deviennent de manière consciente ou inconsciente des adversaires potentiels de la démocratie. Ceux qui ne savent pas ou, pis, savent mais refusent de se conformer au message doivent être convertis de force. La dictature est légitime (comme toujours) puisqu'elle est instaurée pour le bien des récalcitrants et pour celui de la communauté tout entière. Les messages simplificateurs et les schémas faciles à comprendre ont, de tout temps, permis d'enrôler des foules et de les transformer en fanatiques. Le 20e siècle est une illustration continue de ces tragédies humaines dont on se demande *a posteriori* comment tant de haine et de violence ont pu séduire tant de gens normaux. L'explication tient en un processus simple, le consensus sur un problème provoquant des propositions de solutions simplistes et entraînant une répression de tous ceux qui refuseraient le raisonnement.

Le dérèglement climatique est devenu si angoissant que, déjà, de par le monde, des actions violentes apparaissent à l'encontre de ceux qui sembleraient demeurer sourds à l'angoissant défi collectif d'une part, à la solution unique préconisée d'autre part. Mais les solutions simples d'apparence se heurtent vite aux difficultés croisées de distorsions de développement entre riches et pauvres. Elles souffrent surtout d'une application à très grande échelle, quand les pays à démographie géante remettent en cause les propositions de vieux pays industrialisés, très polluants mais peu peuplés. Les grands nombres sont toujours la faille du raisonnement, les 1,4 milliard de Chinois, 1,3 milliard d'Indiens, 2 milliards d'Africains (en croissance accélérée). Certes, ils peuvent être stigmatisés, ils sont moins engagés dans la transition, mais en admettant qu'ils s'y soumettent, est-on vraiment sûrs que le modèle sera alors durable ? Il est quasi certain que non ; et il est vrai que quoi qu'il en soit, l'hypothèse ne sera jamais vérifiée, car il existe tant de pays et de populations qui sont d'abord à la recherche de développement, d'une espérance de vie comparable à celle des pays développés. Pour mémoire, la réalité glaciale : l'espérance de vie en 2019 est de 86 ans pour les femmes japonaises, et de… 53 ans en République centrafricaine. Cet écart de trente-trois années est intolérable. En 1950, l'écart le plus fort était de quarante-cinq ans entre le Mali (27 ans d'espérance de vie) et l'Islande (72 ans). La fameuse transition énergétique semble réservée à la portion congrue et la plus riche de l'humanité, les rapports sur le dérèglement n'en finissent pas d'alarmer, le monde est dans l'impasse.

Le plus difficile : changer de référence

Ces constats incitent à la plus grande prudence quant au procès rapide qui pourrait être instruit à l'encontre des mauvais élèves des accords de Paris. Non seulement montent les tentations totalitaires autour du catéchisme de la transition, mais ses caractères très contestables, très inefficaces à grande échelle, et très inégalitaires entre pays riches et pauvres, peuvent tout droit déboucher sur des conflits militaires. Le 20e siècle est là encore une référence à ne pas suivre, indiquant néanmoins comment de tels mécaniques implacables peuvent se mettre en œuvre : montée des incompréhensions, fermeture des frontières, ostracisme, xénophobie, racisme, et pour finir conflit armé. Le Covid adresse un autre avertissement sur lequel on reviendra plus loin : la recherche d'un bouc émissaire peut rapidement se transformer en chasse à l'étranger (en Occident, le Chinois) et en escalade potentielle, légitime, approuvée… Et désastreuse au final.

Ces rappels à de tristes réalités souvent répétées conduisent à se défier de cette fameuse transition en tant que programme, message politique, ne correspondant pas à la réalité du problème posé. Il ne s'agit pas de penser transition, il s'agit de proposer une bascule totale, radicale, ayant du sens pour la planète entière. Elle ne séduit pas le politique en place, ni celui qui détient une partie du pouvoir attachée au modèle d'avant ; en revanche, elle devient crédible pour la plus grande part de l'humanité qui doit se convaincre que le développement tel que l'ont connu les pays riches ne sera pas forcément la destinée universelle. Cette affirmation n'est pas forcément dramatique. Pour aller vite, le développement africain ne passe pas par la bancarisation à l'occidentale, chèques, cartes bancaires et distributeurs de billets. Les Africains sont allés directement au paiement par téléphone mobile, avant le reste du monde, notamment les pays les plus avancés. Même sur le terrain, les acteurs et les investisseurs ont été médusés par la rapidité d'adaptation de la quasi-totalité de la population, y compris la moins éduquée. Il en résulte d'autres défis, dont le premier, le plus important, est celui de la formation. Mais la démonstration est faite que le développement n'est pas linéaire et que les chemins d'hier peuvent être abandonnés pour d'autres, mieux adaptés au contexte nouveau.

D'accord, l'exemple des moyens de paiement est réducteur, il manque d'ambition. En revanche, il représente une illustration concrète d'une autre voie par rapport à celles qui jusqu'ici semblaient les seules possibles. Le processus de changement d'un seul coup, ultra-rapide, à l'échelle du monde ? Jusqu'au printemps 2020, cette perspective semblait une utopie dangereuse ; jusqu'à ce confinement généralisé. La démonstration est faite qu'il est envisageable d'aller très vite, pourvu qu'il y ait urgence et obligation. Sans préparation, sans anticipation, la bascule peut être assumée non pas au sommet du système, mais, c'est le plus important, par l'ensemble de ses acteurs. Le terrain donne la meilleure des réponses. S'il le faut, il invente à toute vitesse, il s'adapte, il réalise l'irréalisable. Cette leçon impressionnante est la plus optimiste qui soit. Preuve est faite à grande, à très grande échelle qu'un bouleversement total du mode de fonctionnement traditionnel de l'économie peut être lancé et assumé. Si la transition pouvait susciter la critique, la grande transformation, immédiate et rapide devient une perspective plausible et surtout la vraie réponse au défi gigantesque du dérèglement climatique sur le plan mondial.

Avec l'expérience du confinement, évidemment, le refrain n'est pas le même. Pas question de transition ou d'évolution douce. Le changement est radical, tous les paramètres sont différents.

Premier élément majeur de ce changement : beaucoup moins de déplacements, des marchandises, des biens comme des personnes. Après le Covid, la notion de circuit court, de proximité commence à s'imposer ; le Covid a également mis en lumière la diminution drastique des déplacements humains pour le quotidien professionnel comme pour les loisirs. L'énergie permettant le déplacement pourrait peu à peu diminuer comme facteur de création de richesse. L'ancien monde résiste vigoureusement de ce point de vue, les forces en place sont encore très puissantes et l'une des réactions à l'œuvre consiste en un positionnement des grands groupes d'énergie fossile sur les énergies de remplacement, solaire, éolienne, hydrogène.

Deuxième caractéristique forte, celle du cantonnement des individus dans un environnement restreint, incluant voire se centrant sur le logement. Le confinement a poussé à l'extrême de cette option alors qu'elle pourrait être envisagée hors situation de pandémie, de manière plus souple. Les espaces de coworking déjà évoqués plus haut laissent augurer un univers proche du logement (proche signifiant qu'il peut être atteint à pied ou par les moyens mécaniques doux de type vélo ou trottinette). De surcroît, il s'agit d'inventer un accompagnement du quotidien pour créer un lien social différent avec des personnes lointaines, un lien social à distance, moins fait de proximité physique. L'énergie du déplacement peut être remplacée par l'invention d'outils nouveaux rendant poreuses les frontières du monde virtuel et du monde physique. Le continent des jeux en ligne se rapproche de celui du travail ou de la vie familiale. Cette mixité d'une proximité physique à laquelle s'ajoute une proximité virtuelle est envisageable pour toutes les dimensions de la vie, travail, vie privée, enseignement…

Troisième dimension du changement : la réduction de la consommation. La performance économique devait être obtenue en mettant en avant le comportement d'achat du consommateur. La consommation demeure cruciale quand elle permet l'amélioration de facteurs objectifs, avec le premier d'entre d'eux, l'allongement de la durée de vie dans les meilleures conditions psychologiques possible. Ensuite, le superflu tout comme l'obsolescence artificielle sont traqués. Une logique complète fondée sur la production puis sur les *stimuli* de consommation, en particulier grâce à la publicité consciente ou inconsciente, est remise en cause. La logique sous-jacente est toujours la même : une telle approche était envisageable pour un nombre élevé mais limité de consommateurs. Elle est intenable au vu des conséquences écologiques qu'elle implique sur une population égale ou supérieure à 7 milliards d'humains. De manière non négligeable, elle paraît également de plus en plus contestable si sa contrepartie qualitative n'est pas évidente. En résumant très vite, le bonheur d'un être humain, pour autant qu'il soit mesurable de manière universelle, n'augmente pas ou très peu quand il obtient un réfrigérateur, une télévision, une automobile, un téléphone mobile dernier cri. Alors que le remplacement des biens physiques coûte très cher en termes environnementaux, il ne procure pas assez de satisfaction aux consommateurs pour être légitime. La conclusion est simple et sans appel : le temps des productions et consommations physiques illimitées est terminé. Une certaine frugalité, et encore, le terme est sans doute trop fort, s'impose comme une évidence.

L'énergie, l'innovation pour la production physique est moins prioritaire qu'elle ne le fut tout au long des deux siècles précédents. L'humanité a moins besoin d'un prolongement de la force physique que d'une amélioration de ses capacités intellectuelles. Répétons-le, cette tendance est amorcée depuis de nombreuses années, et les groupes les plus puissants de la planète en termes financiers, GAFAM américains (Google, Apple, Facebook, Amazon, Microsoft), BATX chinois (Baidu, Alibaba, Tencent, Xiaomi) ont été créés au tournant des deux siècles, 20e et 21e. D'ores et déjà, ils remplacent au sommet du pouvoir économique les grands groupes énergétiques qui depuis la Seconde Guerre mondiale dominaient le monde ; les Sinopec (Groupe énergétique chinois souvent méconnu, mais numéro un en chiffres d'affaires), Shell, Saudi Aramco (compagnie saoudienne, ayant réalisé en 2019 la plus grande introduction boursière de tous les temps), PetroChina, ExxonMobil, BP.

Ce qui pouvait être pressenti comme une évolution à long terme devient une évidence à court terme. L'humanité est appelée à consommer moins de produits physiques et à compenser par plus de productions immatérielles que l'on a résumées de manière un peu simplificatrice en « services ». Cette logique est une évidence du fait du dérèglement climatique et de la nécessité de restreindre les conséquences de productions de masse pour une population immense ; elle peut être aussi comprise en se fondant sur l'évolution des besoins de chaque individu : plus un humain vieillit, moins la consommation de produits physiques est importante dans ses achats quotidiens ; en revanche, son besoin de services ne cesse d'augmenter, voire d'exploser au moment de sa grande vieillesse, quand l'assistance et la santé deviennent, de très loin, ses principales dépenses. Le vieillissement de la population mondiale provoquera une explosion des marchés de services. À la fin de la deuxième décennie du 21e siècle, les personnes âgées de plus de soixante-cinq ans sont devenues plus nombreuses sur la planète que les enfants de moins de cinq ans. Les projections réalisées par les Nations unies permettent d'envisager dans un horizon proche, c'est-à-dire en 2050, une population de plus de soixante-cinq ans pour la première fois supérieure à celle des jeunes de 15-24 ans. Quant au grand âge, il ne cessera d'augmenter : les octogénaires sont 145 millions au début des années 2020, ils devraient tripler en 2050 pour atteindre 425 millions. Autant dire que l'expansion des demandes de services ne fera que s'accélérer au niveau mondial. Cette expansion ne sera pas uniforme, puisqu'elle concernera d'abord les pays vieux, donc riches, et moins les pays très jeunes, donc pauvres… Lesdits pays jeunes auront néanmoins la possibilité de fournir des services, surtout si ceux-ci peuvent être distanciels, et rétablir ainsi progressivement l'équilibre financier, et surtout celui de l'espérance de vie.

En effet, les services élaborés ont des coûts croissants. De manière générale, on peut considérer que le coût des services augmente au fur et à mesure du rapprochement de la fin de vie, d'autant plus quand cette fin de vie survient tard. En France, par exemple, les dépenses de santé d'un individu dans sa dernière année de vie (quel que soit l'âge et les raisons de son décès) équivalent en moyenne à près de 25 000 euros, dont le tiers est dépensé pendant le dernier mois. Mais la santé n'est pas le seul service de plus en plus important pour le quotidien de l'humain vieillissant. La distraction de son cerveau ou le maintien de liens sociaux sont souvent des facteurs cruciaux pour le rallongement de la durée de vie. Dit autrement, l'être humain meurt aussi parce qu'il n'a plus envie de vivre, et notamment parce que son cerveau « lâche », ne ressent plus l'intérêt de poursuivre son existence. Par conséquent, tous les services permettant de maintenir la flamme du désir de vivre sont appelés à prendre une importance grandissante dans la constitution du PIB mondial. S'il fallait résumer cette réalité, on pourrait dire que le lait infantile et la production de poussettes devraient perdre en valeur, comparés à tous les services dédiés à la personne âgée, y compris sa distraction.

Corrélation entre valeur et datas

La notion de valeur économique ou financière est toujours relative. Il peut être observé que d'ores et déjà les migrations de valeur ont commencé. Les GAFAM, NATU (Netflix, Airbnb, Tesla, Uber) les BATX représentent en capitalisation boursière des montants astronomiques comparés aux anciens maîtres des marchés, les fabricants d'automobiles, d'avions ou les producteurs de pétrole évoqués plus haut. En novembre 2020, par exemple, les GAFAM représentent 7 300 milliards de dollars, c'est-à-dire autant que toutes les sociétés cotées dans la zone euro, 20 % de toutes les entreprises cotées américaines. Leur capitalisation a augmenté de 2 300 % en quinze ans. Leurs contempteurs doivent aussi intégrer qu'un effondrement des GAFAM serait une catastrophe pour la pyramide financière mondiale, depuis les équilibres monétaires jusqu'aux financements des retraites, des services de santé, ou des grandes structures d'épargne.

Les grandes valeurs de la tech sont dans l'esprit des nouvelles consommations, elles proposent des services, toujours plus élaborés, consommés par un nombre croissant d'individus. Les tenants de l'ancien monde sont toujours focalisés sur des propositions de consommation physique. Parfois, pour l'observateur primaire, ces écarts semblent aberrants. La véritable production demeure, dans beaucoup d'esprits, la production physique. Le reste, c'est du vent, entend-on souvent. Sauf la médecine, l'éducation, etc., qui ne devraient pas demeurer dans la sphère de l'économie de marché. Pourtant cette dernière formalise l'évolution inéluctable de la demande des consommateurs. Alors que la production automobile est toujours plus forte dans le monde, comment expliquer que le leader mondial dans le secteur, Toyota, ne soit valorisé qu'à hauteur de 192 milliards de dollars (au 1er janvier 2021), contre 2 200 milliards pour Apple ou 1 600 milliards pour Amazon ? Pis encore : Tesla, qui n'a produit que 380 000 voitures en 2019 contre plus de 10 millions pour Toyota, atteint le 22 janvier 2021 la somme astronomique de 800 milliards de dollars… L'explication est simple : certes, la surliquidité des marchés provoquée par les banques centrales entraîne des valorisations aberrantes, mais la différence énorme entre l'ancien et le nouveau monde traduit le fait que, pour la finance, la mutation profonde de la société mondiale est largement commencée. La pandémie de Covid accélère encore le processus, démontrant non seulement que le mouvement quotidien des personnes est sans doute engagé dans un déclin aussi irrémédiable qu'accéléré, mais encore que ce déclin est gérable à relativement court terme… Du confinement comme révélateur des grands changements structurels.

En accompagnement de ce constat, l'amplification du phénomène peut être associée à cette montée en puissance des valeurs économiques attachées aux jeux par Internet. Les générations futures consommeront aussi plus de services et donc moins de produits physiques, y compris quand elles sont jeunes. Au début de la vie, des jeux ; à la fin, des soins. Les éléments sont tous réunis pour confirmer cette affirmation : le 21e siècle est bien celui du développement, comme jamais dans le passé, des activités de services, quelles qu'elles soient. Les valorisations financières n'ont sans doute qu'entamé le processus de transfert de valeur des productions physiques vers les productions intellectuelles.

Parmi les conséquences de ce constat, il en est une capitale : l'actif déterminant du monde qui vient n'est plus ainsi qu'elle le fût, la matière première et la maîtrise de l'énergie. Il est évident que l'énergie ne disparaît pas pour autant du cœur du modèle nouveau ; les activités du digital, nous l'avons déjà évoqué, surtout par les tenants les plus acharnés de l'ancien modèle et détracteurs du nouveau, consomment de l'énergie, beaucoup d'énergie. Derrière la montée en puissance de la gestion des données massives, l'un des axes les plus stratégiques de l'économie montante, se trouve un défi majeur : parvenir à relier l'activité de gestion de données, en particulier par l'intelligence artificielle, et des ressources d'énergie durable créées à cette intention. Les grandes entreprises en pointe sur cette valeur infinie d'un point de vue économique et financier (la data science) associent presque toutes leurs stratégies avec des développements de solutions énergétiques leur permettant une autonomie totale dans leur activité, autant qu'une réputation positive auprès de l'opinion publique.

Ce sujet sensible entre tous mérite néanmoins une double remarque importante : la consommation énergétique est envisagée à la fin du modèle ancien, c'est-à-dire jusqu'à la pandémie de Covid, comme une consommation supplémentaire, accentuant encore l'aspect intenable du modèle de développement contemporain ; en réalité, à la lumière des différents constats tirés du confinement, il est indispensable de tempérer le jugement définitif souvent dicté par la haine ou, à tout le moins, la méfiance profonde des mouvements citoyens à l'égard des compagnies géantes de la data. Le modèle qui commence est celui d'une substitution et non d'une adjonction. Les entreprises du digital et de la data ouvrent la possibilité de réduire le mouvement, en particulier les déplacements quotidiens pour se rendre dans les « usines à services ». L'énergie consommée par les outils digitaux permet dans le même temps de supprimer celle utilisée par les moyens de transport et l'ensemble des modes de fonctionnement basés sur une concentration des industries de services d'avant la grande rupture du Covid.

Remarque également importante : la révolution scientifique étant concentrée sur l'approche de la data, dans laquelle les découvertes marquantes ne cessent de se multiplier, les performances des outils utilisés franchissent à bonds de géant des évolutions qui semblaient improbables quelques années, voire quelques mois auparavant. À titre d'exemple pour le grand public, et sans entrer dans les protocoles d'innovations qui se développent à toute allure, on peut évoquer l'apparition de l'informatique quantique et les perspectives prodigieuses qu'elle permet d'espérer. Un ordinateur quantique est 100 000 milliards de fois plus puissant qu'un mégacalculateur du début du 21e siècle. Cent mille milliards de fois, c'est-à-dire une puissance impossible à concevoir pour le commun des mortels. Certes, son inconvénient majeur aujourd'hui est que cette technologie est tellement pointue qu'elle entraîne la fusion en quelques instants de tous les matériaux terrestres, y compris les plus purs des alliages utilisés pour la construction de la machine en question. Résultat, les ordinateurs quantiques doivent fonctionner en caisson sous vide et cryogénique, c'est-à-dire quasiment dans le froid absolu. La course internationale est lancée, et la Chine veut rapidement contester la supériorité américaine dans ce domaine. En termes d'énergie, comment se projeter dans un futur relativement proche, quand le quantique se sera développé ? La consommation sera-t-elle 100 000 milliards de fois moins importante qu'aujourd'hui pour l'utilisation du digital ? Sans doute pas, car le quantique est encore trop complexe pour remplacer le digital de base grand public. Mais tout de même ; l'extrapolation de notre présent n'est plus possible quand la science évolue dans de pareilles proportions. Ces dernières peuvent faire peur, elles peuvent surtout faire rêver. Il est vrai aussi que ces nouveaux outils incroyables feront naître de nouveaux besoins. Ainsi, il n'est pas assez souligné combien les technologies de la 5G sont beaucoup moins consommatrices d'énergie que leurs prédécesseurs. Pourtant cet argument est utilisé *a contrario* par ses adversaires : la 5G permet des utilisations nouvelles, de sorte qu'elle devrait entraîner une hausse de la consommation énergétique. Si l'on est honnête, le problème exprimé de cette manière n'est-il pas envisagé à l'envers ? Et ces nouvelles utilisations ne seront-elles pas justement l'occasion d'économies massives d'énergies reliées à des pratiques obsolètes ?

Dans des espaces-temps très réduits, les perspectives sont totalement bouleversées par des innovations qui n'étaient pas, pour la plupart, anticipées peu d'années, peu de mois auparavant. Dans le domaine mathématique, dans celui du digital, de la gestion de data, les progrès semblent incommensurablement plus rapides que dans les autres grands domaines d'activité scientifiques et, à plus forte raison, économiques. Les comparaisons sont toujours compliquées et sujettes à critiques ; néanmoins, on peut considérer que les progrès dans le domaine de la data sont plus importants, au moins en termes d'impacts à court et moyen terme, que ceux accomplis dans l'énergie ou dans ses dérivés, le stockage de l'électricité par batterie en particulier. Quel chercheur pourrait parler d'un changement à 100 000 milliards dans la construction des batteries ou des éoliennes ? Encore une fois, ce constat, loin d'être déprimant, est un message en lui-même : le grand enjeu de l'humanité à venir n'est plus l'énergie, il est bien celui de la gestion de la data, le pilier majeur sur lequel s'appuient les grandes activités de services consommés de manière exponentielle par l'humain.

Nous avons, dans les pages qui précèdent, abondamment développé l'intérêt de l'expérience du confinement, du mode de fonctionnement alternatif mis en place à l'échelle mondiale, en faisant notamment massivement appel au télétravail. Nous avons insisté sur le résultat incontournable et validant l'expérience en grande partie involontaire : l'énorme et ultra-rapide diminution des gaz à effet de serre partout où le confinement avait été obligatoire, où le mouvement quotidien associé au fonctionnement économique avait été arrêté. Au-delà de ce constat empirique, il est intéressant de remettre en perspective ces informations parfois disparates, parfois semblant sans grand lien l'une avec l'autre.

Le télétravail, plus largement le fonctionnement à distance, incluant au premier chef le commerce en ligne, la consommation nouvelle de tous types de produits, y compris culturels, procèdent en fait de la même tendance globale : la réduction du mouvement est permise grâce aux outils multiples du monde digital. Ces outils peuvent être utilisés par les acteurs économiques directement, ou bien sont l'origine indirecte de l'essor brutal des nouvelles pratiques. Par exemple, les outils d'intelligence artificielle développés par les entreprises en pointe sur cette question du fonctionnement à distance, Amazon, Google ou la messagerie Zoom, ont non seulement proposé des solutions immédiatement accessibles mais amélioré, optimisé et modifié en temps réel les pratiques des utilisateurs. Soudain, les capacités d'innovation de l'esprit humain semblent concentrées dans une logique commune, correspondant à une sorte de cahier des charges global, relativement vague, qu'il s'agissait de décliner à l'infini.

Fonctionnement à distance signifie besoin de réunion, capacité de transmettre des informations de manière sûre, lien avec des outils classiques de livraison ou de production physique. Mais fonctionnement à distance est également synonyme d'achat, de consommation sans rencontre du marchand, sans contact réel du produit en un lieu physique. Les outils mobilisés pour les réunions à distance sont recyclés en magasins virtuels où le vendeur va de l'un à l'autre. L'expérience du Covid a montré combien ces outils pouvaient voir leur champ d'utilisation étendu au-delà des activités économiques ou marchandes. Ils ont été immédiatement récupérés par exemple dans l'enseignement, pour les cours d'universités, les soutenances de mémoires, ou les préparations d'exposés pour les élèves du primaire ou du secondaire. Et le même outil est resté branché en dehors des périodes de travail pour des apéritifs distanciels de fin de journée entre amis, pour des échanges entre membres de la famille éloignés, pour des rendez-vous amoureux. En deux mois de confinement, une nouvelle structure est apparue, obligeant à une réglementation minimale, au recours à une protection policière, et aussi, comme dans la vie physique (on évite l'expression réductrice « comme dans la vraie vie »), pouvant produire des dérives délictuelles voire criminelles, fraudes, vols, actions violentes, harcèlements, intrusions sauvages.

La société humaine se recrée dans l'outil distanciel, pour le meilleur et pour le pire, exactement à l'image des humains qui l'utilisent de par le monde, avec cette seule caractéristique différente : l'absence de mouvement quasi totale et, par ricochet positif, la réduction drastique des gaz à effet de serre.

Réduction drastique des gaz à effet de serre, comme dans le refrain entêtant d'un rap, il convient de marteler, de marteler encore ce constat incontournable et fondamental. Ça y est, la solution est là, à portée de main. Elle ne suppose pas, au préalable, un changement total de philosophie de l'économie ou de la politique mondiale ; en quelque sorte, elle est facile à lancer. Et en même temps, à la différence de la transition énergétique, elle produit une réaction en chaîne d'une ampleur inouïe. Elle ouvre tranquillement la révolution, sans qu'il soit nécessaire de légitimer des privations de libertés ou de mettre en place des contraintes d'État, des exigences policières, les mécaniques broyeuses des régimes totalitaires. Ce que démontre l'expérience réussie est que la plus formidable, la plus douce des évolutions est toujours celle lancée par la base, par le plus grand nombre, on y revient.

Le Covid a produit cette évolution brutale, sans interrogation préalable, sans période d'essai, sans référendum ou sondages multiples. S'il n'y avait pas eu la pression de la pandémie, serons-nous encore prêts au grand saut, à ce changement de vie ? Quelles seront les contreparties négatives ? N'y aura-t-il pas trop de danger à ce changement brutal ? En réalité, le Covid et son confinement ont promu des solutions qui objectivement étaient prêtes. La révolution scientifique avait déjà fait le travail en amont, il manquait seulement la révolution des comportements. Les outils avaient été développés. Avant le Covid, les entreprises les plus importantes du monde étaient déjà celles se projetant dans la production de services associés à ces nouveaux outils. Si Apple caracole en tête des valorisations les plus élevées du globe, c'est que la firme de Cupertino fait, en quelque sorte, la jonction entre les créations de valeur du monde d'avant et celui qui vient. Pour accéder aux services à distance, il est nécessaire de disposer d'appareils permettant au plus grand nombre de se connecter. Steve Jobs, le mythique fondateur d'Apple, avait intégré cette exigence avant ses concurrents. Il ne recherchait pas nécessairement les innovations technologiques les plus élaborées ; les améliorations de la production physique n'étaient déjà plus la quintessence du progrès. Ce dernier était désormais dirigé vers l'optimisation des outils du service en lui-même et non en ses vecteurs. La spécificité des appareils produits par Apple, depuis des décennies, était d'abord de permettre un accès le plus aisé à l'univers des services à distance nouveaux. Le produit physique lui-même était certes esthétique, mais a toujours eu comme caractéristique première d'être le moins coûteux possible.

L'innovation de l'iPhone, le premier smartphone, fut en même temps un bouleversement des habitudes et une proposition finalement assez basique : téléphoner et accéder à Internet n'importe où et sans autre outil. Le design le plus simple privilégié depuis toujours par la société à la pomme, associé à un fonctionnement intuitif, n'avait d'autre vocation que d'ouvrir cette ère nouvelle de la communication tous azimuts en la rendant évidente, naturelle au plus grand nombre. Pas besoin de formation ou d'une forme spéciale d'éducation, de culture ou d'intelligence ; l'accès à l'univers virtuel devient aussi naturel que la marche à pied ou la parole. Projet universel, dont on a oublié à quel point il était une rupture fondamentale.

D'ailleurs l'entreprise ayant adopté la même philosophie est comme par hasard celle qui représente l'autre valorisation extraordinaire de la troisième décennie du 21e siècle : Microsoft. Cet accès naturel à toutes les dimensions des services virtuels est une tendance qui n'a cessé de prendre de l'ampleur sur le plan mondial ; le Covid-19 a permis de franchir en quasi instantané le pas qu'il fallait pour que, de cette tendance lourde, on passe à un bouleversement des modes de vie.

Le moteur sous-jacent est évident : ce sont les mathématiques des grands nombres.

La data science au cœur du réacteur

À ce stade, il peut être nécessaire de préciser à quel point les big datas, les données massives, sont véritablement l'alpha et l'oméga de l'époque qui vient. Le terme apparaît tardivement, à la fin du 20e siècle, sans doute en 1997. Il peut paraître surprenant au grand public d'associer cette partie des mathématiques, liée à la gestion de données, aux plus grands bouleversements à venir de notre temps. En réalité, il s'agit bien d'un progrès de la science utilisé dans de multiples domaines, rendant possibles des évolutions incroyables et ouvrant des perspectives comme rarement l'humanité en a connu.

Avant de revenir à des usages aux prolongements économiques évidents, attardons-nous un instant sur un cas d'école typique des big datas et de leur rôle sous-jacent dans le progrès. Cet exemple serait celui du décryptage du génome humain. Le projet génome humain (HGP en anglais) est une aventure scientifique ayant débuté en 1988. Elle aboutit en 2003 au séquençage complet de l'ADN du génome humain. Les perspectives ouvertes par ce progrès de la science ont d'abord donné le vertige, avant d'être relativisées. Non qu'il ne s'agisse d'un progrès substantiel, mais son exploitation prendra sans doute plus de temps qu'on ne l'imaginait en 2003. Les conséquences en matière de lutte contre le cancer ou contre les maladies génétiques seront néanmoins remarquables. Tous les scientifiques sont d'accord sur ce point, y compris sur celui qui peut inquiéter : la capacité de reproduire des gènes humains, l'intrusion de la volonté de l'homme dans la création du vivant. Quant à savoir si de tels progrès se produiront dans vingt ans ou dans quelques mois, impossible de se prononcer. Pour une raison simple : les big datas ont permis le décryptage, les progrès réalisés par la science dans ce domaine semblent sans limites.

S'il a fallu près de quinze ans pour traiter les données permettant le séquençage de 2003, on considère qu'en partant en 2020 du même point et en utilisant les mêmes informations on parviendrait au même résultat en… dix jours.

Le progrès à l'œuvre en l'occurrence est un progrès comme jamais l'humanité n'en a connu auparavant. Les big datas et leur traitement mathématique, les algorithmes, sont dans une phase d'accélération proprement prodigieuse. Ce sont les collectes de données qui se multiplient dans tous les domaines scientifiques, à commencer par le premier d'entre eux, l'astrophysique. Chaque fois, la maîtrise des données ouvre des perspectives insensées, comme si, des connaissances qui semblaient interdites à l'esprit humain se trouvaient désormais accessibles. L'application de l'algorithmie dans des domaines aussi variés que la lutte contre le dérèglement climatique ou l'analyse des comportements à des fins marketing, politiques ou médicales, représentent des champs d'expériences nouvelles où les perspectives sont infinies.

S'il est un terrain d'élection de ces sciences mathématiques, ce serait celui dont elles sont issues : les données produites par les systèmes d'information, les logiciels et les matériels digitaux, décuplant leurs capacités à des fréquences de plus en plus élevées. Le traitement de données massives se heurte parfois à la capacité physique des appareils, des câbles ou des solutions technologiques. Mais ce type de frein ne dure pas ; très vite, des propositions affluent ; on évoquait la 5G, qui rend l'utilisation de la fibre digne d'une époque ancienne ; d'autres améliorations sont déjà dans le tuyau et verront le jour avant même que les innovations considérées comme remarquables aujourd'hui ne soient déclassées et même disponibles pour la population mondiale tout entière.

La data science travaille actuellement dans une direction majeure, celle de la collecte de datas. Elles doivent être immédiatement accessibles quand une problématique semble importante, soit pour des raisons fondamentales, de santé publique, en cas de virus à titre d'exemple, ou quand elles deviennent stratégiques d'un point de vue économique, politique. Les capteurs de datas dans tous les domaines déversent celles-ci dans des réservoirs aux capacités presque sans limites, ce nuage, ce cloud au cœur d'ores et déjà de l'une des plus grandes batailles de domination stratégique du futur. Le cloud où aboutissent les données d'un vol spatial ou les photos de week-end de chaque citoyen du monde. Les maîtres du cloud, Amazon ou Google, sont des acteurs incontournables de la répartition des pouvoirs du futur et surtout de la création de valeur. Les valorisations de ces entreprises après la crise du Covid s'expliquent d'abord par leur domination sur le cloud, cette base de la réserve de datas, facteur incontournable de la valeur économique.

L'un des axes les plus prometteurs pour des exploitations de connaissance et d'anticipation des comportements est celui associé à ces datas aussi fondamentales que celles relatives aux paiements ou aux encaissements. La quasi-totalité des actes d'un humain, quel que soit l'endroit dans le monde où il vit, se traduit à un moment ou à un autre par un acte monétaire. Cet acte autrefois pouvait donner lieu à un échange physique, d'un billet, d'une pièce de monnaie. Désormais, dans la plupart des cas, cet acte est dématérialisé, il donne lieu à des datas qu'il est possible d'exploiter.

Une bonne illustration de cette puissance potentielle attachée à ce type de datas et des réserves quant à son utilisation est donnée avec le cas européen. Les entreprises privées qui détiennent ce flux d'informations à la base, les banques, ne parviennent pas à totalement se projeter dans leur utilisation et la rentabilité qui leur serait associée. Leurs autorités de tutelle et, plus largement, les dirigeants politiques redoutent les réticences de la population à voir exploiter ses datas personnelles sans le moindre contrôle. De fait, les banques comme les compagnies d'assurances s'interdisent ces utilisations, et ne lancent pas de recherches dans ce sens. Or, si l'exploitation des datas est extraordinairement rentable, l'investissement préalable, notamment dans la constitution d'équipes, est très élevé. Les entreprises européennes de banque ou d'assurance constatent que le risque monte de voir très vite les spécialistes non pas du paiement mais de la data les remplacer dans la chaîne. À la différence des entreprises financières, le paiement et plus largement le service financier sont accessoires, ils ne sont intéressants que pour la data qu'ils produisent ; ils peuvent être proposés à des prix très bas ultra-concurrentiels et pouvant de fait tuer les entreprises centrées sur la finance. Google, Amazon ou Facebook, qui travaillent sur le lancement d'une cryptomonnaie, proposent un modèle dont la valeur est d'abord issue de ces datas. Leurs investissements technologiques faramineux, y compris pour anonymiser les données, associés à leurs énormes capacités d'investissements menacent d'ores et déjà le secteur des services financiers.

Ce cas particulier, particulièrement significatif, n'en est qu'un parmi beaucoup d'autres. L'univers de la data explose un peu partout, et son expansion déborde tellement toutes les projections qu'en de multiples cas ces datas deviennent d'accès libre (*open data*). Le droit cherche à suivre ces séismes sans les comprendre et en opposant des barrières souvent dérisoires et dont le seul effet est de paralyser le développement d'entreprises locales, incapables de rivaliser à court terme avec les géants de la tech, nord-américains ou asiatiques. Combien de fois dans sa journée un citoyen de France, l'un de ces pays, comme la plupart des grands européens, en retard total sur la mutation en marche, autorise-t-il sur son smartphone l'utilisation des datas associées à son comportement ? La touche « OK » sur une application pour l'entrée dans le monde de l'open data autorisée est de loin celle la plus utilisée.

La révolution technologique issue des mathématiques permet de résoudre les problèmes posés par la production physique, sa livraison, sa consommation à l'échelle terrestre dans les grands secteurs traditionnels : production industrielle et agricole. Mais elle a un rôle encore plus important dans le secteur clef de l'époque qui vient, celui des services. L'importance de ces derniers est telle qu'ils seront de plus en plus dissociés des productions physiques, y compris quand les deux activités pourraient apparaître comme très imbriquées. D'ores et déjà, en agriculture, par exemple, la création de valeur principale est associée davantage au service, la réflexion en amont, les pratiques mises en œuvre et les formations nécessaires en lien avec les objectifs de développement durable, plutôt que dans la production elle-même. En clair, la valeur de la tonne de blé produite ne proviendra plus de la qualité du blé lui-même mais de la manière dont aura été obtenue la tonne en question. Le consommateur achète de plus en plus autant le processus irréprochable que le produit lui-même.

La même approche est déjà mise en application dans l'industrie. L'exemple d'un appareil digital produit par une compagnie comme Apple illustrant parfaitement cette dichotomie. La production strictement physique ne vaut pas grand-chose, elle est d'ailleurs souvent délocalisée dans des pays à faible coût, avec des salariés faiblement qualifiés. En revanche, la véritable création de valeur est conservée sous le contrôle strict de l'entreprise : la réflexion qui accompagne la réalisation du produit pour lui permettre de se trouver en adéquation exacte avec les attentes du marché, la captation des données des utilisateurs, leur traitement, leur commercialisation. Ce n'est pas en tant que fabricant de téléphones ou d'ordinateurs qu'Apple est valorisée par les investisseurs, mais bien en tant qu'exploitant de la data produite grâce à l'utilisation de ses produits.

Reste alors dans cette industrie en prise directe avec l'univers de la data, la part longtemps considérée comme négligeable, des semi-conducteurs, les pièces physiques constituant le cœur de tous les appareils digitaux, mais également de la quasi-totalité des machines industrielles, depuis les avions jusqu'aux automobiles, en passant par les lave-linges ou les télévisions. Le séisme

Covid a frappé également dans ce secteur crucial. La consommation d'ordinateurs a explosé pendant le confinement, le redémarrage de la croissance a fait le reste : à partir du début de l'année 2021 s'annonce une pénurie durable mettant en exergue la dépendance du monde entier à l'égard de l'Asie dans ce domaine considéré soudain comme hyperstratégique. Les pays les plus importants sur cette activité longtemps négligée sont Taïwan (avec l'entreprise TSMC), suivie de la Corée du Sud (avec le groupe Samsung) ; les États-Unis sont loin derrière à la 3e place, les Japonais suivent. La Chine, à la 5e place, est depuis très longtemps inquiète de cette vulnérabilité capitale. En 2019, les Chinois ont importé plus de 300 milliards de dollars de puces, soit une facture supérieure à celle de leurs achats pétroliers. La production locale ne permet de satisfaire que 15 % de ses propres besoins, et encore, pour les produits les moins élaborés. Seuls au monde, TSMC et Samsung ont la capacité de produire des semi-conducteurs dans lesquels l'écart entre deux transistors serait inférieur à… 5 nanomètres (un nanomètre est un milliardième de mètre). Or ces éléments sont cruciaux pour les outils digitaux de nouvelle génération qui accompagneront le changement de modèle.

Les puces électroniques deviennent un enjeu tellement important que leur production est considérée désormais comme aussi vitale que la production énergétique. Le plan quinquennal chinois en a fait l'un des axes prioritaires du développement national ; l'administration de Joe Biden cherche quant à elle à « unir les technodémocraties contre les régimes techno-autoritaires » autour de cette question. Quant aux Européens totalement exclus du marché, ils songent (enfin) à une grande initiative pour retrouver les compétences et les capacités de production qu'ils ont négligé depuis vingt-cinq ans ; intéressante initiative politique, sachant cependant que TSMC estime l'investissement nécessaire au développement de la technologie 5 nanomètres à… 700 milliards de dollars.

Le Covid est un révélateur impitoyable des incroyables impréparations de la plupart des anciens pays riches face à la transformation radicale de leurs économies. Pour rattraper le retard, pour anticiper les prochains défis, toutes les dimensions doivent être intégrées, les montants engagés devront être proprement gigantesques,

La data, valeur centrale de l'économie qui s'annonce, ne supporte pas l'improvisation.

Le robot, industries de proximité et services à distance

La concurrence entre les valeurs du monde d'avant et celui d'après s'accélère : la valorisation des services ne cesse de croître quand celle de la production industrielle diminue très vite, notamment grâce aux apports des technologies issues des big datas. La robotisation grandissante, de plus en plus intelligente, permet une production à la fois d'un coût faible et d'une qualité en amélioration constante. L'application des progrès de l'intelligence artificielle et de la rationalisation par les algorithmes bouleverse les manières d'envisager la production, par exemple en diminuant les pannes ou en optimisant les utilisations des matières premières. Mais pour la production physique s'ouvre aussi une ère nouvelle. À partir du moment où il n'est plus nécessaire d'utiliser des ressources humaines élevées, à partir du moment où la production de masse ne permet ni de réduire les coûts ni d'améliorer la qualité du résultat, il est possible alors d'envisager des unités plus petites et plus proches des consommateurs.

Au fur et à mesure du recul du poids de l'industrie dans les sociétés contemporaines, y compris celles dans lesquelles cette part demeure importante comparée à celle des pays développés (on pense à la Chine évidemment), la réalité des effets négatifs associés à ces unité géantes n'est plus assez mesurée par l'opinion publique. Outre les pollutions associées à l'usine elle-même, nombre de conséquences indirectes apparaissent : celles provenant de l'acheminement des matières premières dans un sens et de l'expédition des produits finis dans l'autre sens. Mais doivent être pris en compte les contre-coups de la concentration de population autour des zones de production, et des structures urbaines qui en découlent. Qui connaît par exemple les effets réels de la destruction des ordures d'une ville, les conséquences sur l'environnement et les conditions de travail des quelques employés d'une industrie comme celle-là ? Personne, la plupart du temps.

Dès lors que les unités de production ne sont plus obligatoirement de grande taille, dès lors qu'une grande partie des services peut être prodiguée à distance, l'évolution souhaitable devient évidente : un étalement de l'habitat, un étalement comparable des usines de retraitement des déchets dans de mini-unités totalement robotisées. Le Covid a provoqué ce mouvement soudain, il peut s'organiser et se rationaliser après la pandémie. Le cœur de cette évolution est simple : il consiste en un développement d'un habitat aplati, non concentré, avec des types d'emplois permettant aux habitants de ne pas avoir à se regrouper ou à bouger chaque jour vers le même endroit. Le Covid a joué le rôle de démonstration en taille réelle.

Il suffit maintenant d'une décision collective, ce qui n'est pas le plus évident ; le premier déconfinement de l'été 2020 permet d'anticiper l'après-Covid, et la force conservatrice du système ancien. Le premier réflexe est de pousser au retour au fonctionnement antérieur, surtout quand il s'agit du logement dont les enjeux financiers sont incommensurables.

Il est vrai que l'organisation de vie étalée a d'innombrables implications positives, négatives ou neutres, mais toutes productrices de gros investissements, dont l'un des plus sensibles est celui relatif à la livraison des biens physiques aux consommateurs.

La réduction des gaz à effet de serre associée à une refonte des mises à disposition physique des consommateurs des biens produits partout dans le monde est devenue l'un des enjeux majeurs du modèle qui s'annonce. Pour commencer, et dans cette optique environnementale, la production doit être la plus proche possible de la consommation. Attention, si, dans les pays d'Occident, la mode politique est à la relocalisation, la perspective pourrait s'avérer redoutable à moyen terme. Si la croissance mondiale migre de plus en plus vite vers l'Asie et ses 4,5 milliards d'habitants, le processus de rapprochement des zones de production et de consommation pourrait donc fortement pénaliser les entreprises des anciens dominants planétaires. Leur population est faible, vieillissante et peu dynamique. N'oublions pas que la croissance est la clef pour rendre notamment supportable les niveaux de dette astronomiques émis avant et après le Covid-19. La dette n'est supportable que par la croissance, et cette dernière sera asiatique avant d'être occidentale. Le risque pour l'Occident est immédiat, car produire à proximité n'est plus un problème dès lors que la robotisation devient intensive. La robotisation porte en elle tous les effets positifs dans la recherche de solution : grâce à elle, la concentration de la population n'est plus une exigence ni pour la production ni pour la consommation. Elle est en phase avec les aspirations dans un mode de vie plus apaisé qui, on y reviendra, n'ont fait que croître avec le Covid et le confinement. Ce qui est sûr est que la robotisation bouleverse l'ensemble des principes de management sur lesquels s'établissaient jusqu'ici les sociétés humaines, depuis plus de deux siècles de révolution industrielle en tout cas. Rien que cette évolution est absolument capitale, elle permet d'ouvrir une ère nouvelle dans la façon dont les humains demain pourront envisager de peupler la planète.

De ce point de vue, l'avance de certains et le retard d'autres sont significatifs de la capacité de s'intégrer ou non dans les nouvelles règles du jeu économique. L'état des forces sur le plan mondial est mis en évidence quand sont comptabilisés les robots pour 10 000 employés, la première place revenant à la Corée, suivie par Singapour, par l'Allemagne et le Japon. Les États-Unis ne sont que 7e, la France est à une pauvre 18e place (on se souvient que, pendant la campagne présidentielle de 2017, le candidat d'un parti majeur de gouvernement portait dans son programme… la dérobotisation !). En 2020, quand l'analyse se porte sur les efforts récents dans les quinze plus grands pays, la Chine est devenue numéro 1 de très loin (140 000 nouveaux robots installés dans l'année, contre 50 000 pour le Japon, numéro 2). Les États-Unis sont numéro 3, la Corée numéro 4 et l'Allemagne numéro 5. La France arrive en 7e position, après l'Italie et juste avant Taïwan (source : *World Robotics Report*).

En réalité, l'une des grandes questions qui montent, peut-être davantage politique qu'économique, concerne l'équilibre du modèle qui s'annonce entre l'industrie et les services. La crise du Covid a donné lieu, un peu partout dans le monde, à un certain nombre de polémiques autour de la nécessité de relocaliser des activités industrielles en raison de pénuries ou de risques de pénurie. Ce débat a deux origines : la première, mise en avant par la politique de manière quasi systématique, est la dépendance des économies nationales aux approvisionnements divers en provenance de l'étranger, nous avons évoqué celle des semi-conducteurs et des puces électroniques. La deuxième raison, beaucoup moins citée, et pour cause, tient aux défauts et négligences des décideurs nationaux vis-à-vis de leurs approvisionnements, dont l'illustration presque caricaturale a été l'achat de masques sanitaires dans un pays comme la France, ayant laissé périmer ses stocks par impéritie. Le confinement généralisé a provoqué la stupeur en raison de l'arrêt jamais vu des livraisons physiques, par air, mer et terre. Ce dernier mode a été le moins affecté, que ce soit par voie ferroviaire ou par voie routière. La reprise des livraisons par mer a d'ailleurs donné lieu à une incroyable envolée des prix des containers, en particulier en provenance d'Asie.

Pour le modèle de l'avenir, il est difficile d'extrapoler le risque de retour de cette situation totalement inédite. L'hypothèse ne peut être écartée dans la mesure où d'autres pandémies peuvent apparaître puisque les coronavirus par exemple ont été récurrents depuis le début du 21e siècle. Le Covid a été le premier, pas forcément le dernier, à se répandre sur la totalité de la planète.

Une autre éventualité, provoquant une situation identique d'arrêt des livraisons, serait celle associée à des tensions géopolitiques, en particulier des risques de conflits majeurs entre grandes puissances. La mondialisation, c'est-à-dire l'interdépendance des économies entre elles, a volontairement comme objectif de revêtir un caractère dissuasif de montée des tensions militaires. Si toutefois ces dernières augmentaient, elles pourraient alors remettre en cause l'imbrication des productions nationales entre elles. Attention cependant à ne pas nourrir de la sorte un autre type de tensions, celles entre pays riches et pays pauvres.

En effet, l'autre enjeu majeur de la mondialisation des productions est de permettre le développement de pays défavorisés en les associant au commerce mondial et leur assurer des flux de ressources durables. Les pays à faibles coûts de main-d'œuvre ne sont pas destinés à le rester éternellement, mais à profiter de cet avantage concurrentiel pour se développer plus rapidement que leurs clients riches. Ainsi, la nécessité de proposer un développement sur le long terme après 1989, Tian'anmen et la chute du mur de Berlin, avait justifié sur le plan politique l'utilisation des ressources humaines de la Chine pour lui permettre une croissance forte et sa réintégration dans le jeu économique mondial, après cinquante années de mise volontaire à l'écart.

Ces deux objectifs politiques de la mondialisation, l'interdépendance dissuasive et la sortie de la spirale de la pauvreté pour les zones défavorisées, sont toujours largement d'actualité. La seule hypothèse qui n'avait pas été prise en compte jusqu'ici était cette fermeture de l'économie et des transports pour une raison autre qu'économique ou géopolitique. Le choc externe lié à une catastrophe naturelle mondiale, ou à une pandémie, pour prendre les deux exemples les plus évidents, pose en effet une vraie question de gestion internationale des approvisionnements physiques. Exprimé de la sorte, on comprend que ce type de situation extraordinaire devrait provoquer l'opposé des réactions constatées lors de la crise du Covid en accentuant la coopération plutôt que les réactions de repli national.

Lorsque le bilan des dysfonctionnements ou des problèmes rencontrés à l'occasion de cette crise est dressé demeurent donc deux conclusions importantes. La première est qu'une part non négligeable des problèmes constatés à cette occasion proviennent de défaillances des décideurs nationaux qui, profitant de l'« alibi », se sont défaussés de leurs manquements sur les méfaits de l'économie mondialisée. La seconde renvoie à la réflexion qu'il conviendrait de mener s'il advenait qu'une situation similaire se reproduise, de manière à réellement coordonner la production physique sur la surface du globe. Cet impératif insuffisamment intégré par la communauté internationale devrait être compatible avec le maintien de la production physique la plus forte dans les pays défavorisés. Elle devrait alors déboucher sur une diversification des zones de production pour à la fois réduire les temps de transport et offrir la possibilité de reports rapides en cas de paralysies affectant un pays ou un continent. Pour reprendre le cas réel ayant frappé les esprits : les masques sanitaires doivent toujours être produits dans des pays à faibles revenus, mais il faut que leur production soit répartie plus intelligemment sur toute la surface terrestre.

Ces remarques signifient bien que la production physique ne disparaît pas du nouveau modèle, ni la production industrielle ni moins encore la production agricole. Cette dernière redevenant sans doute plus importante qu'elle ne l'a été dans un passé récent, se pose la question d'une répartition des cultures sur le plan mondial, en utilisant des technologies qui atténuent ou fassent disparaître les impacts négatifs sur le plan environnemental et permettent enfin une nourriture de proximité et de qualité pour le plus grand nombre. Quant à la production industrielle, sa valeur est appelée à décroître en raison des conséquences de la révolution technologique liée aux datas et la digitalisation, même si l'industrie directement nécessaire à l'exploitation de la data sera sans doute celle concentrant le maximum de valeur. Dans la production de puces électroniques évoquées plus haut, l'usine taïwanaise Fab 18 du groupe TSMC est à ce jour la plus chère du monde, avec un coût de 17 milliards de dollars.

La robotisation de plus en plus intelligente qui peut être mise en œuvre à des coûts en réduction constante permet d'envisager des unités de production plus petites, plus proches des consommateurs.

La conséquence de cette redistribution des cartes déjà sensible dans toutes les activités industrielles est de réduire fortement leur capacité à créer de la richesse comparée aux activités de services, tout en diminuant également la rentabilité des activités qui leur sont associées. L'entretien par exemple des sites de production, ou les transports des sites de production vers ceux de consommation, pourraient voir leurs chaînes de valeur bouleversées. L'évolution à laquelle il est permis de s'attendre est donc là encore à comparer à celle des grandes révolutions des siècles précédents : elles n'ont pas fait disparaître l'agriculture, la création de richesse dominante des systèmes précédents, elles l'ont transformée en une création de valeur réduite, laissant le poids le plus élevé à l'industrie. Toutes proportions gardées, ce serait le même phénomène auquel on pourrait s'attendre entre une industrie de plus en plus marginalisée dans sa valeur économique, au profit d'un service à la valeur montant en flèche.

Exactement comme l'agriculture était toujours nécessaire alors que commençait la première révolution industrielle, il était toujours nécessaire de nourrir les êtres humains, le même type d'évolution peut être attendu et se manifeste déjà pour l'industrie. Dans l'économie mondiale, les produits physiques continueront d'être consommés par une population toujours plus riche et toujours plus nombreuse. En outre, si l'obsolescence programmée, à vocation de création artificielle de PIB, est sans doute appelée à disparaître pour des raisons de développement durable, il n'en demeure pas moins que le renouvellement des objets physiques en raison de leur usure et de leur usage intensif suppose une production continue si on l'envisage d'un point de vue mondial.

En revanche, la forme de cette production et la manière de représenter sa création de valeur vont changer considérablement. L'industrie tend à se rapprocher le plus possible de la consommation et doit donc être davantage éclatée en petites unités de proximité. Les économies d'échelle ont été pendant des décennies (et sont encore souvent) la justification d'usines géantes, permettant des productions physiques au moindre coût. Certes, ce type d'entité peut continuer d'exister dans certains cas spécifiques. Néanmoins, on peut considérer qu'une prise en compte du coût réel de productions centralisées, supposant des acheminements très longs et très lourds sur toute la surface du globe, devrait faire l'objet de remises en question d'un strict point de vue économique. Trop souvent, le coût environnemental du transport maritime ou aérien n'a pas été modélisé. Plus la représentation des impacts environnementaux et les compensations à mettre en œuvre pour en corriger les effets de long terme peuvent être représentées monétairement, plus le présupposé de faible coût des unités géantes peut être remis en question.

En outre, la révolution technologique des big datas et l'un de ses prolongements les plus évidents, l'algorithmie au service de la robotisation, permettent aussi une énorme réduction des coûts de petites unités de production, robotisées et multipliées sur de vastes territoires. L'industrie, la production physique de masse apparaissent ainsi comme des secteurs dans lesquels l'un des changements majeurs est la diminution drastique de l'intervention humaine au stade de la production elle-même. Il n'en va pas tout à fait de même pour les productions de toutes petites séries ou de prototypes. Cela étant, les conséquences de cette automatisation comme solution à la constitution de petites unités pour une réduction des conséquences environnementales négatives doit se traduire aussi par une réalité de plus en plus vérifiée un peu partout dans le monde : si l'industrie ne disparaît évidemment pas, sa valeur économique décroît fortement, et les emplois qu'elle suscite sont de plus en plus faibles du point de vue strict de la production elle-même. Plus d'ouvriers sur les chaînes, plus de grandes populations mobilisées pour faire fonctionner des usines de grande taille. Là encore, dans des pays ayant de très faibles coûts de main-d'œuvre, la tentation demeure de fonctionner « à l'ancienne » avec des masses de personnes postées dans des chaînes de fabrication, de montage ou d'emballage. Mais cette solution ne résiste pas à un vrai bilan d'impact de l'ensemble du processus. Au-delà de l'expédition vers les marchés de consommation, c'est aussi le coût environnemental des grandes structures urbaines associées à ces usines qui pose un problème, dès lors que sont réellement mesurées les contreparties en termes de pollutions diverses et de gaz à effet de serre.

En revanche, dans la catégorie générale de l'industrie, on doit évoquer, comme on le fait aussi pour l'agriculture, la partie « services » que crée cette activité. Cette partie services, elle, n'est que partiellement robotisée, et l'objet d'innovations digitales. L'humain y est très présent, avec des niveaux de qualifications variés. Le nouveau modèle mondial, focalisé sur le service, en quelque sorte, se retrouve aussi au sein de ces activités traditionnelles à l'intérieur des filières industrielles. Là encore, l'expérience du Covid a été riche d'enseignements. Les dirigeants de grandes unités de production traditionnelles ont par exemple souvent souligné la difficulté de différencier les types de personnel au sein de mêmes entités : certains, ceux chargés d'activités de services, pouvaient sans problème être placés en télétravail et ouvrir la perspective d'un fonctionnement totalement différent d'une organisation éclatée et beaucoup plus autonome. La vraie difficulté provenait en fait de la dichotomie qu'il convenait alors d'instituer, au sein du personnel, entre les employés obligés d'être présents parce que associés à la production physique, et ceux qui pouvaient exercer les missions qui leur étaient assignées à distance. Au-delà de la différence de traitement dans le cas spécifique de la pandémie surgissent de manière plus structurelle des problématiques juridiques : le droit du travail, les contrats de travail doivent distinguer la présence obligatoire au sein d'une structure et la mission assignée à distance, susceptible d'être réalisée d'un domicile ou d'un lieu éloigné. La notion même de temps de travail peut disparaître pour les seconds, tant elle est difficile à représenter, alors qu'elle est mesurable beaucoup plus aisément dans le cas de figure traditionnel.

Avec une robotisation quasi totale de la production, un contrôle à distance et de simples tâches de surveillance comme uniques recours aux compétences humaines, on s'aperçoit qu'assez vite l'industrie en tant que telle peut être découpée en une partie production, automatique, et une partie services, en phase avec les différents aspects du bouleversement de modèle évoqué dans ces pages.

Destruction et création en termes d'emplois

La description qui vient d'être faite entraîne une préoccupation immédiate, celle des effets d'un tel modèle sur l'emploi. Ce problème a été finalement assez peu évoqué dans les pages qui précèdent, il a été dans les périodes antérieures au Covid l'une des angoisses premières, sinon la première, des électorats des grandes démocraties, en particulier concernant l'avenir de la jeunesse.

Au préalable, une précision s'impose. Le chômage, qui fut au début des années 1970 l'un des fléaux les plus importants des sociétés modernes, avait fortement reculé dans la deuxième décennie du 21e siècle. Dans beaucoup de pays, et non des moindres, États-Unis, Allemagne, Royaume-Uni, Japon, Suisse, Pays-Bas, Autriche entre autres, la situation de l'emploi revint à des niveaux inconnus depuis la fin de la Seconde Guerre mondiale. Le plein emploi était atteint dans la grande majorité des pays du monde développé, à l'exception notable des pays n'ayant pu, n'ayant su gérer les causes de la grande crise financière de 2008. Hormis dans ces pays (dont la France, l'Espagne ou l'Italie dans une moindre mesure), la nouvelle préoccupation qui se faisait jour était celle de trouver des ressources humaines qualifiées, dans un contexte de baisse structurelle de la natalité depuis plusieurs décennies. La robotisation pouvait apparaître aussi en de telles circonstances comme une évolution bienvenue et dans le sens de l'histoire.

L'énorme crise – d'une nature toute différente de celle de 2008 – liée au confinement et à l'arrêt de l'économie mondiale pour cause de Covid modifie quelque peu la donne. Un chômage massif réapparaît dans tous les pays du monde, accompagnant l'énorme trou de croissance provoqué par le confinement. La nécessité d'atténuer les tensions sociales provoquées par cet appauvrissement généralisé peut déboucher sur une première étape de recherche d'emplois sans discernement.

En urgence, si le défi est de redonner un travail de subsistance, la facilité ou l'évidence pourrait être de relancer le travail d'autrefois, celui des industries d'avant en réduisant par conséquent la robotisation. Dans certains slogans, notamment ceux réclamant la relocalisation de pans entiers d'activité, souffle souvent une sorte de nostalgie assez étrange des usines de jadis, de cet autre temps du plein emploi, du travail à la chaîne et du monde ouvrier, avec un substrat romantique en décalage avec la réalité des souffrances et de la pénibilité de ceux que l'on appelait jadis « les cols bleus ».

En fait, si relocalisation il devait y avoir, elle ne saurait se faire qu'au prix d'une robotisation à outrance, de manière à maintenir des coûts relativement bas. Dans le cas contraire, le risque serait une augmentation intenable des prix pour l'acheteur. L'autre risque est d'échanger une importation des produits contre une importation des robots, et surtout de positionner sa production sur des facteurs de valeur ajoutée faible (le produit fini en tant que tel, par exemple les masques sanitaires), en rentabilité décroissante, tout en ayant peu d'impact sur le chômage.

Le Covid a surtout mis en évidence les secteurs dynamiques qui créaient des emplois non pas au détriment de ceux qui en détruiraient symétriquement, mais en reflet des changements profonds dans les habitudes des consommateurs. Amazon a embauché à tour de bras, comme Facebook ou Alibaba, tandis que l'aéronautique ou l'automobile dans une moindre mesure dégraissaient tout aussi massivement.

En l'occurrence, le rappel historique est important. Au cours des grandes révolutions industrielles, les mêmes craintes quant au chômage s'accompagnent des mêmes bonnes surprises. Inattendues, elles provoquent d'abord la défiance. Il s'agit des fameux processus de destruction-création mis en évidence par l'économiste Joseph Schumpeter et l'école de Vienne dans les années 1910-1920 pour la première grande révolution industrielle, en particulier à l'époque autour du textile et de la machine à vapeur, ou du chemin de fer et de la métallurgie. Les soldes de destruction-création sont toujours très largement positifs, et beaucoup plus rapides qu'anticipé lorsque l'innovation s'installe.

À l'époque moderne, d'ailleurs, le niveau d'emploi tendait à devenir exceptionnel sur le plan mondial, juste avant la pandémie, quand bien même le message est peu audible dans l'opinion publique d'une (mauvaise) exception comme peut l'être la France. Ce chômage historiquement faible de la fin des années 2010 était déjà le résultat de la rupture technologique tout autant que du dynamisme du commerce mondial. Cette source de croissance naturelle est liée bien sûr à la démographie et à l'enrichissement de l'Asie notamment. La révolution à l'œuvre peut s'entendre selon toutes les acceptions : dans l'optimisation des prestations physiques de production ou de mouvement, dans le développement de plus en plus accéléré des services. Les créations d'emplois nettes déjà enregistrées avant le Covid (dès 2017) ne sont rien auprès de celles qui apparaîtront en raison de la mutation totale du mode de vie. Attention, cependant, il apparaît que le grand ralentissement du chômage s'accompagne aussi d'une forte création d'emplois peu qualifiés et peu sûrs (CDD), tout autant que d'emplois fortement qualifiés et très rémunérés. Comme avec les précédentes révolutions industrielles, notamment la première, la classe moyenne peut voir sa position détériorée, un peu comme lors de la disparition des paysans aisés et de la montée d'un prolétariat ouvrier.

La transition entre modèles est donc délicate : elle est génératrice de quantités et quantités d'emplois mais peut également s'accompagner de tensions sociales. Celles-ci peuvent être atténuées par un lourd investissement de formation tout au long de la vie. L'emploi à faible qualification n'est tolérable par une large part de la population que lorsqu'il n'est qu'une étape relativement courte d'une carrière professionnelle. La perspective d'une évolution et d'une ascension sociale est un facteur déterminant de la réussite d'une mutation de modèle.

En outre, les tensions sociales peuvent être contrebalancées par l'émergence d'un mode de vie différent et plus satisfaisant (de type post-Covid), suscitant au passage des masses de nouveaux emplois. L'étalement des populations en activité de services entraîne la multiplication d'un grand nombre de services de proximité et donc d'emplois classiques.

Ce rappel est important. Si les mathématiques des grands nombres, traduites en technologies, apportent exactement les réponses qu'il s'agit de mettre en œuvre dans le nouveau modèle économique qui pourrait fonctionner à l'échelle planétaire, cela ne signifie pas bien sûr que la qualification en mathématiques doive augmenter pour toute la population ; comme l'apparition du moteur n'a pas supposé que tous les citoyens deviennent des mécaniciens !

En revanche, la création de valeur se fera, se constitue déjà, autour des capacités à développer et à utiliser les outils algorithmiques. Les évolutions d'algorithmes, les capacités à en proposer de nouveaux, seront les soubassements de toutes les grandes évolutions qui se poursuivront à grande vitesse dans les années qui suivront le début du grand bouleversement entamé avec le Covid. Les grands pays se sont déjà projetés dans cette logique. Les cerveaux susceptibles d'être poussés vers les mathématiques sont la matière première la plus importante de l'économie de la phase des services, celle de la fin de la prééminence de l'énergie et du mouvement. Les structures universitaires ou de formation plus légère dans l'optique de l'utilisation des big datas deviennent les premiers marqueurs de la puissance d'une entreprise ou d'un pays. La capacité de produire des innovations mathématiques doit devenir l'axe majeur, devant tous les autres, priorité absolue de tout système éducatif. La formation des jeunes et des moins jeunes est un enjeu stratégique. De ce point de vue, il est intéressant de noter les stratégies différenciées des deux géants asiatiques sur lesquels nous reviendrons plus loin. La Chine a d'abord misé sur son rôle dans l'industrie pour dynamiser ses exportations. Le calcul s'est révélé excellent pendant vingt-cinq ans. Il peut devenir redoutable pour les vingt-cinq ans qui viennent. L'Inde a décidé voici plusieurs années de jouer la carte du codage, qui rappelons-le n'est pas celle des mathématiques mais celle de pouvoir constituer ou nourrir des modèles algorithmiques de big datas. Le codage ne suppose pas nécessairement des études longues et complexes ; néanmoins le cerveau humain est encore, et d'assez loin, bien meilleur, bien plus performant que les robots pour le nettoyage des datas puis pour leur utilisation. Résultat ? L'Inde est devenue la première puissance du monde en matière de codage. Sa main-d'œuvre est recherchée par toutes les entreprises souhaitant développer des départements de data scientists.

Le premier manque en termes de qualifications au début de la troisième décennie du 21e siècle est celui-là : codeurs, data scientists, depuis les petites mains jusqu'aux ingénieurs ou spécialistes les plus évolués. Encore une fois, si le travail peut s'effectuer au bout d'un terminal relié à Internet et ne supposant pas, par conséquent, l'existence de grands buildings ou de bureaux gigantesques comme ceux qu'a mis en scène le cinéma coréen par exemple, il en va de même pour la formation. Cette dernière doit de plus en plus être envisagée de manière distancielle, ce qui signifie que l'accélération foudroyante des utilisations de datas, dans tous les domaines, devra donner lieu, partout où les connexions seront correctes, à des formations accélérées de toutes les personnes intéressées par le principe, par le mode de vie induit, par l'idée que, de la sorte, elles se trouveront dans le courant majeur de l'économie.

Des continents comme l'Afrique, comme l'Amérique du Sud doivent s'interroger. Ce qu'ont fait de manière exploratoire les Indiens en matière de codage est transposable sans aucun doute dans les démographies galopantes de la planète. Si l'âge n'a pas d'importance pour être formé en matière algorithmique, il est cependant certain que les cerveaux jeunes sont la pierre angulaire des créations de valeur du futur. Si l'on pense au monde francophone, par exemple, il semblerait très urgent d'envisager la mise en œuvre de programmes de formations de masse en mathématiques dans toute l'Afrique francophone, l'une des zones mondiales les plus jeunes, les plus dynamiques, mais également confrontée à l'interrogation substantielle de son avenir économique. Cette formation de masse doit s'accompagner d'un développement de la recherche, par exemple sous la forme d'une grande école mathématique ou d'un réseau de grandes écoles connectées sur la zone. Lorsque l'on évoque des centaines de millions de jeunes gens à l'horizon de la fin du siècle, le lien avec le nouveau modèle économique se pose incontestablement.

L'Afrique dispose de réserves en matières premières exceptionnelles, tout comme des territoires vierges potentiellement stratégiques pour des mises en culture à échéance des trente prochaines décennies. Néanmoins, le positionnement sur la création de valeur du monde futur ne peut, ne doit pas se cantonner à ces constats, à la fois incontestables, mais aussi datés. Les matières premières sont le type même de ressources pour les productions physiques dont on peut considérer que la valeur relative devrait décroître comparée à celle croissante des activités de services. L'Afrique n'a pas les capacités d'investissement pour espérer créer un géant de type Google ou Amazon ; en revanche, la stratégie de rupture peut être jouée avec succès. Les bouleversements dans la création de valeur vont se poursuivre, et il ne fait aucun doute que d'autres changements très importants mais encore inconnus se produiront dans les années à venir. La révolution associée aux big datas, animée par les activités de services et commençant à bouleverser l'ordre mondial, n'en est qu'à ses débuts.

L'éducation, premier enjeu des nouvelles valeurs

Les expériences des révolutions précédentes démontrent que les ruptures de valeurs sont incessantes tant qu'un modèle n'est pas totalement établi. Les vérités économiques d'un jour peuvent être renversées en un laps de temps très court. La capitalisation boursière des nouvelles vedettes des indices et ses variations foudroyantes sont la meilleure illustration de cette tendance qui ne fait que commencer. Comme au début du 20e siècle, l'apparition de nouvelles habitudes des humains balaie d'un seul coup les hiérarchies très fragiles des entreprises entre elles. Les marchés naissants puis en développement accéléré de l'automobile par exemple ont dans un premier temps poussé la réputation et la valeur d'entreprises aux noms presque oubliés. Ces dernières se sont trouvées brutalement déclassées quand soudain une innovation qu'elles n'avaient su adopter les discréditait immédiatement. Qui se souvient, des premiers grands constructeurs qui disparurent du jour au lendemain parce qu'un concurrent minuscule avait eu l'idée d'inventer… le volant ? Des cas identiques sont légion, dans le domaine des arts ménagers entre autres, où la machine à laver, le fer à repasser électrique, le réfrigérateur, l'aspirateur sont autant de produits ayant permis à leurs inventeurs de réaliser des croissances extraordinaires, tout en ruinant les concurrents n'ayant su croire au potentiel de l'innovation.

Ce contexte, le 21e siècle commence à le connaître avec les différences de moyens financiers entre les entreprises en phase avec le nouveau modèle, aspirées par l'afflux de liquidités des dernières années, et celles aux moyens limités qui poursuivent le sillon d'un succès vieux de plusieurs décennies. Les anciens riches sont toujours perdants dans les périodes de rupture. La capitalisation des sociétés californiennes fait d'elles les arbitres de toutes les grandes restructurations industrielles du futur. Mais leur position n'est pas définitive, nous ne sommes qu'à la deuxième jeune génération des entreprises innovantes. Étant donné les conséquences du changement de modèle, ce sont des opportunités énormes qui se développeront et continueront à brouiller les cartes.

Trois clefs sont donc capitales non pas pour se raccrocher au wagon de la croissance, mais pour en devenir la locomotive : une capacité d'innovation ayant pour racine obligée une approche mathématique des grands nombres (dans la plomberie, l'agriculture ou le digital !) ; une capacité d'adaptation hyper-rapide ; un hinterland puissant en termes de ressources et de potentialités de cerveaux. Si nous revenons par conséquent à ce continent africain évoqué plus haut, il ne fait aucun doute qu'il dispose des deux dernières caractéristiques. Reste à constituer sa capacité d'innovation. Et là, il est question de formation, sur des populations très nombreuses, et ne disposant pas des moyens pour accéder aux écoles traditionnelles. Peut-être ce dernier point n'a-t-il pas été suffisamment souligné : s'il est un secteur qui sera au cœur du grand basculement, c'est bien celui de l'éducation. L'éducation est le type même du service qui doit être pensé différemment. Les traumatismes possibles d'un changement de modèle auprès d'une population large peuvent être atténués, voire sublimés quand le système éducatif est pensé pour accompagner ce changement. Encore une fois, il est capital de préparer les jeunes générations au plus vite à cette modification fondamentale qu'ils connaîtront pendant la majeure partie de leur vie active ; ce serait le premier impératif ; le second est associé à la formation continue des personnes en fonction, sans aucune limite d'âge. L'expérience acquise a une valeur importante, quel que soit l'emploi exercé, le secteur d'activité, ou le nombre d'années d'activité restantes. La mutation vers une valorisation des activités de services signifie bien, on y reviendra du point de vue financier, que la main-d'œuvre devient l'actif principal, sachant que l'autre est constitué des datas. C'est un changement total dans la hiérarchie des valeurs économiques par rapport à ce qui a été la règle du passé « mémoriel » de tous les acteurs économiques contemporains. Le fait de parvenir au plein emploi pendant quelques semestres avant la pandémie avait laissé entrevoir ce changement : quand la main-d'œuvre se fait rare, elle devient précieuse ; son expérience n'est jamais perdue, elle permet les recyclages pourvu qu'une formation bien pensée l'autorise. On doit noter au passage que, dans les pays de plein emploi, l'âge de la retraite recule pour frôler voire dépasser les soixante-dix ans. L'idée est aussi de perdre le plus tard possible les acquis de la mémoire humaine, l'investissement désormais le plus coûteux et le plus valorisable.

Si nous revenons au quasi-cas d'école de l'Afrique, on se rend compte, selon cette approche, que ce continent jeune doit capitaliser sur ses jeunes cerveaux, en s'inspirant sans doute de la politique indienne, et en la poussant bien au-delà ; le premier enjeu est donc celui d'un système éducatif léger, distanciel, conçu dans la perspective du temps qui vient et non sur les exigences et les modes de performance du présent ou du passé. Il est nécessaire de gérer le handicap évident d'un continent jeune, celui du faible niveau d'expérience. Si l'on devait user d'une image, on dirait qu'il pourrait être nécessaire à la société africaine d'importer des personnes âgées pour l'équilibre social. Dans ces pays où précisément la cellule familiale élargie est importante pour l'éducation et la stabilité des jeunes générations, le déséquilibre démographique croissant pose un problème structurel grave. Les jeunes générations sont si nombreuses qu'elles n'ont plus d'encadrements de personnes plus âgées dans leur environnement familial. Le système éducatif sur une zone de ce type doit être conçu aussi en fonction de cette exigence.

Plus largement, la mutation du système éducatif autour du nouveau modèle ne doit certes pas être pensée seulement en fonction d'une opérationnalité immédiate. Néanmoins cette dernière est essentielle, elle est souvent dramatiquement absente de logiques éducatives refusant de muter autant dans leurs formes que dans leurs contenus. Le taux de capacité de codage dans une société nationale est aujourd'hui un bon indicateur de la prise en compte des contraintes et exigences du monde de demain. Encore une fois, cet indicateur aujourd'hui pertinent ne le sera sans doute plus à une échéance de dix ans, ou de cinq voire de deux. La mutation du modèle entraîne aussi l'obsolescence des matières enseignées.

À l'inverse, quand l'univers social, économique est à ce point en bouleversement, il est important de conserver des repères fixes. Le système éducatif doit, en même temps qu'il ne cesse de se repositionner sur les matières nouvelles, poursuivre, voire accentuer l'apprentissage des racines culturelles de la zone dans laquelle travaille ou travaillera la personne en processus éducatif. Au passage, cette exigence n'est pas nécessairement contraire à un principe d'opérationnalité, elle peut même la stimuler. Nous allons revenir plus loin sur l'une des autres mutations importantes à l'œuvre du point de vue mondial, celle des influences internationales, elle aura d'importantes conséquences sur la mise en œuvre du nouveau modèle. On reviendra en détail sur cette question, mais il est certain que la montée en puissance de la référence asiatique, après six ou sept siècles de domination de la pensée occidentale, aura de multiples prolongements sur la formation et l'ancrage des futures générations sur un système de valeurs. Si l'on doit résumer très vite, il sera très nécessaire dans la période qui vient par exemple pour les jeunes Européens de comprendre bien plus qu'auparavant les racines européennes de leur philosophie régionale, Platon, Socrate, Aristote, pour ne pas aborder encore le point épineux de la religion, tandis que les jeunes Chinois devront relire et se réapproprier plus qu'avant Confucius, Lao-tseu ou Sun Tse.

L'apparition d'un nouveau modèle est une rupture avec le présent immédiat ; elle a toujours été dans l'histoire l'occasion d'un replacement dans un passé plus large et plus lointain. La fin du modèle précédent est précisément l'occasion de le situer dans la succession du passé, de manière à se projeter dans un avenir différent de l'extrapolation pure et simple des références actuelles. Le même processus est celui qu'ont dû pratiquer nos ancêtres au début du 20e siècle, quand il leur a fallu s'extraire de la référence au cheval, présent dans toute la société, dans toutes les villes, dans tous les souvenirs sociaux, depuis des millénaires. Ce moment précis est perceptible dans les œuvres d'art, fixes comme les photographies, les peintures, ou vivantes comme le cinéma de l'époque. Le même choc, encore plus fort, est celui de la transformation d'une société agricole en une société urbaine et industrielle. La mutation a duré plus longtemps que dans le cas du passage du cheval au moteur, elle était aussi plus violente, plus déstabilisante, plus proche sans doute de ce que les humains du début du 21e siècle ont commencé à intégrer et qu'ils vont avoir la charge (ou la chance) d'installer définitivement. Ce sont les souvenirs d'innombrables générations précédentes, la façon dont on a pensé, dont on a rêvé le futur, qui soudain sont rendus caducs. Le traumatisme est non négligeable, et là encore les artistes jouent le rôle capital de témoins, mais aussi de thérapeutes, fixant le temps d'avant et celui du changement, permettant de faire cohabiter l'un et l'autre. La littérature, et également la musique ou le cinéma constituent un écho riche et multiple de ces préventions du plus grand nombre, de leurs inquiétudes, de leurs angoisses, de leurs espoirs. L'inconnu par définition suscite la crainte, les facteurs positifs se combinent avec d'autres très négatifs. La grande spécificité de ce changement de modèle-là est d'être une obligation en raison du dérèglement climatique et de la poussée démographique. Son autre particularité qui en découle est le rythme de ce changement, hyperrapide. Quelles que soient les contreparties négatives, la seule exigence est que le modèle nouveau soit de développement durable, à l'inverse de celui qu'il remplace. C'est la raison pour laquelle la science le permettant est archiprioritaire par rapport à toutes les autres.

Pour tous les pays, pour toutes les zones économiques, il est indispensable de se positionner dans cet axe premier de la création de valeur.

Chasse aux vraies et fausses valeurs

Cette notion même de valeur est l'axe autour duquel tourne le changement de modèle. Une valeur nouvelle apparaît et se multiplie, tandis qu'une valeur ancienne se détruit et finit par disparaître. À la différence des grandes révolutions industrielles précédentes, une partie de la valeur ancienne était déjà sujette à caution, sans qu'il soit nécessaire d'un nouveau modèle pour la remettre en cause. Dans le PIB mondial, une partie est du faux produit, un gonflement de croissance artificiel. Un exemple frappant est celui de l'obsolescence programmée évoquée déjà à plusieurs reprises ; un autre exemple marquant est associé à l'intelligence artificielle : il s'agit du traitement automatique d'une grande partie du courrier électronique à l'échelle mondiale ; 300 milliards de mails sont échangés quotidiennement dans le monde, si l'on ne prend pas en compte les spams, qui sont invisibles pour la plupart des utilisateurs. En ajoutant les spams, ces messages commerciaux non ciblés envoyés sans le consentement du destinataire, on aboutirait à un total quotidien sans doute plus proche des 500 milliards de courriels. De manière très concrète, les concevoir, les émettre, en prendre connaissance est une part non négligeable de l'activité humaine rémunérée, donc de la création de PIB. Des quantités de personnes, des millions, des centaines de millions de gens sont payés dans le monde pour alimenter et utiliser le flux incessant de messages, d'informations, à caractère générique ou ciblé.

Combien d'entreprises, grandes ou petites, se piquent de ne jamais laisser des mails sans réponse, et ce dans les délais les plus brefs ? Les processus d'intelligence artificielle ont commencé à se pencher sur cette question sachant que des pourcentages gigantesques de mails peuvent en fait être considérés comme inutiles.

Il y aurait d'abord ces fameux spams, leur évaluation est compliquée, la réalité de leur intérêt pour les émetteurs est plus que contestable. La plupart du temps, ce type de pratique provient d'un mimétisme concurrentiel de sociétés réputées efficaces dans ces messages s'adressant au subconscient, voire permettant d'ouvrir des brèches dans les systèmes de sécurité à des fins de publicité au mieux ou d'actions répréhensibles au pis. Mais même en se cantonnant aux messages volontaires, chaque utilisateur fait l'expérience de l'intérêt faible de l'immense majorité des courriels qu'il reçoit ou qu'il envoie. Pis, dans des proportions énormes, la lecture ou l'écriture de messages par chaque utilisateur dans le monde constituent une régression par rapport à sa qualification. En clair, une personne moins qualifiée pourrait traiter sans problème les questions posées. La messagerie permet une sorte d'assurance minimale ; s'adressant à une personne surqualifiée par rapport à la demande, elle doit permettre l'élimination des risques d'erreurs dans la réponse. Le principe est rassurant, mais il devient une catastrophe quand il est répété à l'échelle mondiale : 4 milliards d'humains échangent des mails en 2020, soit la moitié de la population mondiale, avec une proportion poursuivant son expansion. Si les différentes assertions précédentes sont récapitulées, cela signifie qu'à l'échelle planétaire, sur les 300 milliards de mails quotidiens échangés, une proportion gigantesque pourrait être supprimée ; sur la part utile et restante, il serait rationnel d'en rediriger une proportion tout aussi gigantesque vers des personnes ayant une qualification plus faible, et mieux adaptée aux questions posées. Les effets d'optimisation seraient tout simplement vertigineux. S'il fallait les traduire en notions classiques de mesure de la performance économique, on pourrait donc envisager une suppression d'une part très importante de la production de ce PIB inutile et irrationnel. Dans le même temps, il serait envisageable de développer de manière quasi symétrique une capacité de PIB potentiel, seulement en utilisant mieux les compétences existantes.

Nous sommes loin de la destruction-création de Schumpeter, tout comme sont ténues les régressions associées à la décroissance : dans une certaine mesure, c'en serait une, mais indolore et profitable : les effets en matière de gaz à effet de serre seraient non négligeables. Les émissions de mails consomment une énergie considérable ; d'autant qu'ils sont l'un des encombrements les plus volumineux des data centers, ces structures développées un peu partout dans le monde. Ce sont des aspirateurs énergétiques, dans leur mode de fonctionnement tout autant que dans leurs besoins de refroidissement.

Une chose est certaine ; le monde fonctionnerait mieux sans les mails inutiles tout en faisant gérer les autres par les personnes plus pertinentes. La réaffectation des messages à des destinataires mieux adaptés pour les traiter quand ils sont importants, est favorable y compris pour la psychologie des personnes au travail. L'une des causes majeures de malaises voire de maladies psychologiques associées au travail, en particulier dans l'univers du bureau, c'est-à-dire du service, est le sentiment de n'être pas sollicité pour son vrai niveau de compétences. Soudain, l'utilisation des algorithmes et de l'intelligence artificielle apporte des progrès potentiels : la recherche mathématique d'attribution des demandes aux personnes idoines améliore le quotidien professionnel de tous. Les personnes déchargées de la gestion de messages inadaptés à leurs compétences sont libres pour d'autres tâches, tout en leur procurant, par cette réattribution, l'idée que leurs compétences sont utilisées de manière optimale. L'intelligence artificielle et l'ensemble des data sciences sont un processus se nourrissant sans cesse de sa propre expérience, en cherchant à l'étendre, à la croiser au maximum. Cette réattribution optimale des messages sera d'autant plus rapide et satisfaisante qu'elle pourra par exemple comparer ses résultats dans des activités parallèles ou différentes, ou encore croiser les mêmes expériences à d'autres endroits de la planète.

S'il était nécessaire d'illustrer un peu mieux ces sortes d'améliorations que l'intelligence artificielle (IA) permet d'envisager, il suffirait d'appliquer ce processus d'écrémage massif puis de réattribution rationnelle à un domaine aussi sensible que celui de la santé. Dans cet univers professionnel comme ailleurs, des quantités de messages sont émis, ou traités alors qu'ils peuvent être considérés comme n'ayant aucun intérêt. De même, le principe de traitement par des personnes disposant d'une surqualification par rapport à la question posée se retrouve tout autant qu'ailleurs. Mais dans ce secteur spécifique, les dommages, les pertes de PIB de qualité apparaissent immédiatement de manière aiguë ; imaginons que la personne sollicitée à mauvais escient soit un spécialiste important. La perte de sa compétence est un dysfonctionnement majeur qui lorsqu'il est corrigé permettra de lui libérer du temps pour soigner ses patients. Les retombées de l'IA dans le domaine pourraient donc être représentées en améliorations de la qualité des traitements par une utilisation plus optimale des ressources en matière grise.

On imagine ce que peut signifier au niveau mondial l'application de pratiques nouvelles issues de l'IA et du traitement massif de la data. Si l'on élargit la problématique de la qualité du PIB, la gestion de données et l'IA doivent permettre de resserrer la création de valeur autour de la plus grande compétence de chaque personne, de chaque agent économique. L'un des champs les plus importants de ce point de vue réside dans les obligations administratives, la paperasserie que chacun se doit de remplir tout au long de sa vie. L'agriculteur le soir après son travail, le salarié du grand groupe, quel que soit son niveau hiérarchique, au travers de ces processus de « reporting » de plus en plus complexe, l'artisan devant remplir des imprimés de comptabilité sur chacune de ses interventions, le médecin, pour reprendre le domaine de la santé, qui auprès de son statut de soignant est aussi l'un des maillons des paiements, assurances, remboursements qu'entraînent partout dans le monde les actes médicaux ; et l'on pourrait multiplier les exemples à l'envi, jusqu'aux particuliers qui, de retour du travail ou à la retraite depuis longtemps, continuent de nourrir des obligations procédurales, qui au passage sont les premières sources de data massives qu'il serait possible de faire parler davantage ou d'exploiter avec plus d'acuité. Pourtant la révolution de l'algorithme peut avoir un effet direct bien plus bénéfique, en introduisant la logique du robot dans cette partie des tâches, donc de la constitution du PIB de l'ensemble des pays, et en particulier des plus avancés. PIB inutile, même si les procédures de renseignements sont toujours justifiées par principe. Cette logique d'automatisation d'une part des temps de travail de toutes les catégories de personnes dans le monde entier n'est encore qu'à ses balbutiements. On la qualifie du terme générique, recouvrant des réalités très différentes, de regtechs. Il existe depuis plusieurs années les fintechs, dans le domaine de la finance, il y sera fait référence un peu plus loin dans cet ouvrage. Sur la même base d'une automatisation et d'une robotisation des procédures, le principe simple est de considérer que, dès lors qu'il est demandé à un humain d'aller chercher de la donnée pour nourrir le système, ce temps-là est du temps de perdu. Il est possible d'aller chercher la data, l'information existante, pour l'intégrer à la base de données, sans passer par une procédure active, rébarbative. Cette dernière est génératrice de malaise au travail et, surtout, provoque la perte d'un temps qui pourrait être utilisé à solliciter la compétence la plus forte de l'agent économique.

Dans cette optique, les procédures de recherche automatique des données ne cessent de s'améliorer. La capture des données se fait par des modèles intelligents recherchant les données quantitatives où elles se trouvent, mais aussi les données qualitatives. Ces dernières deviennent le théâtre de formidables progrès technologiques. En particulier, le fait que l'image devienne un axe fort de la communication et une saisie massive d'information par le biais des téléphones portables ont permis des évolutions très fortes dans la remontée des données. Par exemple, les compagnies d'assurances, secteur d'activité en première ligne dans la révolution des big datas, ont bouleversé leur approche de la collecte des données, pour identifier des sinistres ou les anticiper. À ce titre, les plus grandes sociétés d'assurances mondiales désormais conçoivent, affrètent et utilisent des satellites spatiaux, générateurs de datas par images, traitées en temps réel.

Dans un domaine comme celui de l'agriculture, de plus en plus en proie à des situations difficiles associées à des accidents climatiques, l'utilisation des images satellite est également un progrès considérable. Avec ces dernières, il est possible d'aider l'assuré à anticiper les difficultés qui pourraient survenir, par exemple associées à une sécheresse ou à une montée des eaux ; ensuite l'évaluation des dommages peut être extrêmement précise et donner lieu à indemnisation, parfois avant même que le client n'ait encore constaté son sinistre. Cette logique est tout à fait typique d'une mutation fondamentale que connaît le métier de l'assurance, un service plus que jamais recherché par la population, surtout en période de changements donc d'interrogations sur le futur, doublés désormais de risques sanitaires. Alors que, dans le passé, l'assurance consistait en une mutualisation des risques, elle entre dans une logique totalement différente d'individualisation. Autrefois, les statistiques servaient de modèle : chacun s'assurait, payait une somme forfaitaire, espérant ne jamais avoir à bénéficier de l'indemnisation correspondant à la survenance du sinistre. En revanche, l'assuré qui se trouvait dans ce cas pouvait percevoir une somme grâce à l'ensemble des cotisations perçues auprès de tous ceux n'ayant pas connu de problème, et donc ayant payé « à perte ». Ce système est important dans l'équilibre économique mondial, nous y reviendrons dans la dimension financière du changement de modèle, car l'énorme quantité des sommes perçues à des fins d'assurance dans le monde alimente des fonds géants que les compagnies d'assurances placent sur les marchés. L'argent collecté joue donc un rôle important dans le financement général de l'économie et de l'investissement.

L'équation n'est plus la même à partir du moment où les big datas permettent de déterminer le profil précis de chaque assuré et d'individualiser de la sorte son risque personnel. Ainsi, par exemple, un assuré n'aurait pas intérêt à la mutualisation d'un risque de cancer du poumon alors que sa probabilité d'être frappé par cette maladie serait beaucoup plus faible que chez d'autres individus ; en revanche, il pourrait être sensible à une pathologie rare sur laquelle ou contre laquelle si peu de personnes seraient concernées qu'il serait difficile d'envisager une mutualisation. Le secteur de l'assurance concentre ainsi de multiples dimensions des grands changements de modèles qui commencent un peu partout. Lié aux recherches statistiques, il a été l'un des premiers touchés par toutes les applications des logiques de big datas.

Dans ces domaines et dans beaucoup d'autres, les regtechs et la robotisation du prélèvement de la data posent une vraie question de morale et de défense des droits individuels. La Chine, puissance non démocratique, démontre à quel point les datas peuvent aussi avoir un contenu oppressif, liberticide et de contrôle des populations. Le nouveau modèle n'est qu'un outil, il ne garantit en rien les dérives dans la pratique du pouvoir inhérente à l'espèce humaine. Il est donc nécessaire de réguler, de contrôler les structures prélevant la data, et aussi d'utiliser les technologies dressant elles-mêmes des barrières. La blockchain est de celles-là, permettant justement une anonymisation de la data et l'impossibilité de retrouver celui qui l'aurait émise, au moins s'il n'y consent pas. Nous y reviendrons plus loin.

Inégalités et modèle social

Après la transition énergétique, les politiques de l'ancien monde fondées sur l'écologie se sont également focalisées sur la dimension sociale, en particulier sur la lourde problématique de montée des inégalités. À l'échelle planétaire, le nouveau modèle doit répondre aux aspirations d'homogénéisation par le haut d'une population humaine marquée par un phénomène de distorsion flagrante entre une minorité riche et une multitude pauvre. Néanmoins, là encore, l'indicateur finit par primer sur le résultat à atteindre. Il ne s'agit pas de se focaliser sur la réduction des inégalités, au pis dans un système ancien. Dans ce cas, et la confusion est de plus en plus fréquente dans les pays démocratiques, l'écologie se confond avec les propositions des partis traditionnels de gauche, et finit par les supplanter en ajoutant aux revendications traditionnelles la préoccupation environnementale, sans pour autant se focaliser sur une transformation trop compliquée à assumer. Le risque de déception de l'électorat est plus que fort ; il est certain. Car, confrontés à la réalité quotidienne, les partis de gauche (comme les partis de droite) finissent par décevoir leurs électeurs en ne parvenant pas à concrétiser leurs promesses et les espoirs qu'ils ont pu susciter.

Mais, beaucoup plus grave, les engagements écologiques seront par nature impossibles à tenir dès lors que la remise en cause du modèle n'est pas engagée. Et là, bien sûr, la remise en cause du système politique est de loin la plus audible aux oreilles des citoyens. Les révolutions marxistes ou nationalistes demeurent les repères classiques des extrêmes, dans un décor général identique : celui des sociétés issues des grandes révolutions industrielles lancées depuis deux cent cinquante ans. Le repère est toujours là, toujours parlant, donc il peut être utile sur le plan politique. Les partis d'extrême gauche comme d'extrême droite se fondent d'abord sur des bases immédiatement compréhensibles de ceux qu'ils pourraient séduire. En revanche, aucun n'envisage même une refondation totale. On retrouve encore et toujours le problème des élites réactionnaires par nature. L'histoire de ces révolutions industrielles l'atteste : ce ne sont pas les dirigeants anciens, quels qu'ils soient (y compris quand ils sont tenants de thèses extrémistes), qui peuvent gérer des changements de modèle. Ils en sont incapables, puisqu'il leur faudrait alors perdre l'identité sur laquelle ils se sont construits et qui légitime leur recherche de pouvoir.

Un exemple très fort de cette sorte d'aphasie, de cette impossibilité de conceptualiser le bouleversement est donné par la réduction drastique du mouvement quotidien auquel serait rattachée la notion de liberté. Depuis deux siècles et demi, la liberté individuelle est associée à la possibilité de se déplacer comme on l'entend. Être privé de liberté, c'est être enfermé ; par conséquent le mouvement des individus est considéré comme l'une des conquêtes politiques associées aux révolutions technologiques. Le fait de restreindre le mouvement revient à toucher aux libertés fondamentales de l'être humain. La publicité a beaucoup joué sur cette aspiration. Les automobiles, les voyages en train, en bateau, en avion sont presque toujours vendus avec cette idée de pouvoir dépasser l'horizon, son horizon ; d'accéder à l'univers. L'ultime avatar de cette représentation d'un désir d'absolu est le tourisme spatial, qui ouvrirait à des humains sans capacité particulière une porte sur l'infiniment grand de l'espace. Il s'agit là encore d'une construction du subconscient depuis des siècles, depuis la domination occidentale du 15e siècle, et le début des grands voyages maritimes d'exploration mais aussi d'appropriation des richesses lointaines, voire de colonisation ou pis encore, d'extermination. L'idéal de mouvement incessant n'est pas forcément associé à la nature humaine. L'idée que ce mouvement est une des causes du dérèglement climatique est importante.

La préoccupation sociale associée au nouveau modèle doit donc intégrer les trois dimensions fortes du nouveau modèle : outre la réduction de la mobilité, il faut lui ajouter la fin de la concentration dans des centres urbains et la réduction de l'hyperconsommation.

Ces trois caractéristiques du modèle ancien, mouvement, concentration, hyperconsommation, qui sont appelées à disparaître avec le modèle nouveau, sont aussi considérées comme l'origine d'une tension sociale de plus en plus forte dans les sociétés occidentales : le coût de la mobilité associé à celui de la concentration en grands centres urbains est élevé et vécu comme une contrainte lourde sur le plan du pouvoir d'achat. Il est difficile d'échapper à un habitat concentré dans les zones d'emploi tertiaire ; ces zones sont également celles où le prix de l'habitat ne cesse de s'élever, d'autant plus vite que les liquidités injectées par les banques centrales depuis trois décennies se portent notamment sur l'immobilier. Pour parvenir à se loger, les populations les moins aisées s'éloignent de leur lieu de travail et subissent des temps de transport toujours plus longs, dans des conditions pénibles. L'inflation en apparence affecte peu l'économie ; mais le coût du logement auquel s'ajoute celui du transport et de l'éloignement (garde d'enfants, temps perdu) affecte le revenu réel. Quand la stimulation de l'hyperconsommation s'intensifie, il en résulte des frustrations croissantes et le sentiment d'une dégradation du niveau de vie.

Or, mouvement, concentration, hyperconsommation sont aussi les premières causes d'une économie ne permettant pas un développement durable à grande échelle, c'est-à-dire dans l'hypothèse où une population mondiale de 8 milliards d'humains et plus adopterait les standards de la population occidentale riche. Autant pour des raisons sociales qu'environnementales, il est prioritaire de réduire ces trois caractéristiques… Ce qui a été précisément le cas dans l'expérimentation involontaire d'un nouveau modèle lors du confinement. Une proposition d'apparence nouvelle mais qui ne réduirait pas ces caractéristiques peut être considérée comme sans intérêt réel à long terme. Tout comme, nous allons y revenir longuement, toute proposition qui n'intégrerait pas comme facteur central de sa réflexion l'homogénéisation de la qualité de vie, en particulier autour de l'indicateur central de l'espérance de vie en bonne santé, du point de vue mondial, est par définition à côté du sujet.

Beaucoup de programmes exprimés par la classe politique occidentale au début des années 20 du 21e siècle apparaissent ainsi comme faussement révolutionnaires. Peuvent entrer dans cette catégorie les propositions de décroissance ou de retour à des modes de consommation volontairement frugaux. Ces types d'injonctions ne peuvent être entendus par la plus grande partie de la population pauvre mondiale, majoritaire et avide d'une amélioration de sa qualité de vie. L'adjectif « avide » doit être ici entendu comme une légitime revendication, dès lors que chacun peut espérer le même mode de consommation que celle de la population d'Occident. Cette dernière ne se contente pas d'avoir un niveau de vie extraordinairement plus élevé que la majorité de la population mondiale, mais, de surcroît, elle en fait une promotion incessante. La promotion en question passe non seulement par le biais de publicités, mais aussi, plus insidieux, par des modèles diffusés dans des produits culturels de type films, séries, littératures, jeux électroniques, revues, presse, réseaux d'influenceurs. Ces constats peuvent déboucher sur un sentiment d'amertume face à une évidente inégalité massive, voire sur une motivation d'émigration, comme nous l'évoquerons plus tard.

Avec le confinement, brutalement, bien des présupposés se sont avérés périmés. Le principe d'un changement ultra-rapide est devenu soudain une réalité tangible ; de même que l'amélioration de toutes les données environnementales dès lors que le fonctionnement économique de la planète n'est plus le même.

Le vrai questionnement concerne le rythme envisageable à l'échelle mondiale, après la pandémie. La crise économique issue du confinement est beaucoup plus dure dans les pays pauvres et pourrait augmenter encore les inégalités entre nations, et à l'intérieur des populations. Si toutefois la sortie de crise est gérée par la communauté internationale, si les effets de la crise peuvent être corrigés relativement vite, il est possible d'envisager alors l'extension du modèle nouveau à grande vitesse, sur l'ensemble de la planète, en intégrant ces aspects forts en opposition avec les grandes orientations de développement prises par les pays pauvres.

L'impact de la crise pour les populations les plus défavorisées est difficile à mesurer, il est certain qu'à long terme les conséquences pourraient être préoccupantes. L'une des dimensions les plus importantes pour une sortie par le haut serait une vaste réflexion autour de l'éducation et de la formation. Dans ces domaines spécifiques, nous l'avons évoqué, le distanciel obligé du confinement ouvre la perspective d'une nouvelle ère. Les cours à distance obligent à une refonte totale du processus éducatif, il est certain cependant que les potentialités sont importantes pour tous les pays pauvres, à forte démographie, et à besoin rapide de formations. Il leur serait possible d'envisager eux aussi d'accentuer le développement d'un modèle dans lequel la population ne migrerait pas structurellement pour éviter les graves déséquilibres dans l'aménagement des territoires constatés dans nombre d'environnements défavorisés. Cette migration massive se traduit par la désertification des zones rurales, et la constitution de mégalopoles urbaines, au développement sauvage et non géré, dont la triste caractéristique commune est celle d'embouteillages monstres matins et soirs.

Ainsi, dans tous les pays, y compris les plus pauvres, la réduction voire l'arrêt du mouvement perpétuel est validé comme l'une des améliorations les plus radicales, les plus fortes que l'on puisse envisager. Les prémices d'un modèle vraiment différent, non seulement de production, mais aussi et surtout de mode de vie, apparaissent presque spontanément. Les activités de services sont encore plus primordiales dans la période de la pandémie, où les soins, la médecine passent au premier plan ; mais où l'accompagnement psychologique d'une part de la population devient un enjeu presque vital. Toutes les générations sont concernées, et de multiples activités de services sont sollicitées : pour venir en aide aux personnes âgées, isolées, menacées plus que toutes les autres par le virus insidieux ; pour les jeunes gens, déprimant de voir une partie de leurs formations, de leurs loisirs, de leurs contacts sociaux, repoussés à des échéances incertaines. La formule « dur d'avoir vingt ans en 2020 » résume à quel point un changement aussi brutal de référence, entre mouvement et immobilisme, n'est pas évident pour les générations montantes qui sont conditionnées à se projeter dans un univers, social autant que professionnel, se dérobant comme jamais. La difficulté est d'autant plus forte que le modèle alternatif, supposant un très fort encadrement de proximité autant que la constitution de petites communautés organisées autour des outils digitaux, n'a pas été préparé, pas plus qu'il n'a été l'une des priorités du confinement. Pourtant l'adhésion des jeunes générations à un modèle différent est primordiale, et suppose un investissement massif, notamment humain.

Mais le nouveau modèle bouleverse aussi les adultes ni jeunes ni âgés, confrontés comme leurs aînés et leurs enfants à une perte de repères. Ils sont en attente de mille et une solutions du quotidien pour échanger avec leurs proches, pour se rassurer et bien sûr pour continuer à travailler si possible, prêts à expérimenter toutes les inventions. Le changement de modèle est devenu concret ; soudain, les retombées positives en termes environnementaux sont sensibles, mesurables. Les effets de l'amélioration sont immédiatement visibles, sans doute plus vite que prévu. Il s'agit d'un point important, car si la population planétaire ressent plus ou moins confusément le caractère impérieux d'un changement, mieux vaut qu'elle perçoive aussi que l'effort consenti en vaut la peine. Et derrière le changement de modèle économique apparaît le bouleversement dans le mode de vie. Oui, la fin de la production physique coïncide avec la fin du mouvement. Oui, ne plus bouger chaque jour pour se rendre au travail signifie travailler de chez soi ou, à tout le moins, non loin de chez soi. La réorganisation qui en découle est immense, mais là encore, le confinement permet de la toucher du doigt, de comprendre comment la décliner. Cela signifie un rapport radicalement différent avec l'organisation qui vous emploie. D'ailleurs, l'organisation a-t-elle vocation à continuer d'exister telle qu'on la connaissait auparavant ? L'entreprise a-t-elle encore une réalité quand elle n'est qu'un réseau sans lieu physique attitré ? Quand il n'y a plus de locaux où se rassembleraient ses salariés, quand elle ne se traduit plus par un lieu identifiable, contraignant autant que rassurant ? Quel type de contrainte, quel type de hiérarchie existe-t-il quand le rapport physique n'est plus là ? Nous l'avons évoqué, la liberté a été pendant deux siècles synonyme de circulation, de mouvement. Et si la liberté était, désormais, la capacité d'isolement, la possibilité de préserver tout le temps, y compris pendant le temps de travail, son intimité, son cocon, son environnement personnel ? Les solutions digitales pour permettre des réunions à distance autorisent le floutage de l'environnement. L'employé ne laisse voir qu'une partie de son corps, son visage presque exclusivement, et rien de ce qui l'entoure.

Partout, le modèle nouveau est un facteur de déstabilisation autant que d'espoir. Pays pauvres comme pays riches se trouvent devant les mêmes défis. Il sera difficile d'avancer les uns sans les autres. Le nouveau modèle oblige à la collaboration mondiale ; il oblige à une stratégie « monde ».

Comme un paradoxe ultime, la crise du Covid, celle-là même qui conduit à l'expérience d'un nouveau fonctionnement, a également produit un rejet massif de la mondialisation dans un certain nombre de pays développés. Ce réflexe était appelé de leurs vœux par les partis nationalistes mais aussi par les partis anticapitalistes qui ne cessent, les uns comme les autres, de progresser dans les élections démocratiques, un peu partout en Occident, notamment depuis la grande crise financière des années d'après 2008. Le Covid a été parfois perçu comme une sorte de châtiment, de juste retour des choses ; la conséquence d'une ouverture à outrance, d'échanges trop nombreux et sans retenue ; une vengeance de la nature contre un humain qui la néglige. Et le Covid de devenir une justification à la fermeture des frontières, au resserrement sur soi, à une logique égoïste tout autant que xénophobe.

Ces réflexes se retrouvent trait pour trait dans l'histoire, notamment dans les cas de grandes calamités ou de fléaux incompris, injustifiés. Les humains du 21e siècle réagissent comme leurs ancêtres. Pourtant l'épreuve du Covid pourrait être lue de manière exactement inversée. Ce qu'elle porte de positif est précisément qu'il s'agit d'une crise planétaire, une crise dans laquelle les fermetures de frontière ou les interruptions de coopération n'ont d'autres effets que négatifs. Il s'agit d'un défi supposant la mobilisation de toutes les énergies de conserve ; même si le confinement est un repli, une fermeture obligée sur le monde proche et le monde lointain, il a été vécu de manière identique et au même moment par des milliards d'humains. La similitude d'expérience, de détresse autant que d'apaisement, d'inquiétude, d'ennui, d'espoir, de calme retrouvé, a donné lieu à de multiples expressions dans toutes les langues, dans tous les pays, qui frappent d'abord par leur similitude. Le Covid est la première épreuve commune pour tous les êtres humains d'une planète n'en ayant jamais compté autant. « Covid » est un mot que tous ont appris à prononcer, la maladie propagée par un virus que tous cherchent à contenir et à vaincre. Il n'est pas envisageable qu'un peuple seul triomphe ; d'ailleurs, vaincre le Covid n'est possible que s'il est vaincu pour tous et partout. Ceux qui se croiraient protégés grâce à un vaccin local savent maintenant qu'un variant finira par apparaître ailleurs, chez les pauvres, et que ce variant sera capable un jour ou l'autre de traverser les frontières les mieux barricadées.

Le Covid marque en même temps la fin des échanges frénétiques entre les continents, les pays, et en même temps la première expérience commune d'une épreuve, de la recherche de solution, des conséquences à long terme que cette crise provoquera.

Comme nous ne cessons de le répéter dans cet ouvrage, la clef de lecture majeure de la crise du Covid est celle du dérèglement climatique. En tous points, Covid et réchauffement désastreux entraînent les mêmes analyses. L'épreuve provient en grande partie d'un refus de collaboration, d'une logique égocentrique des peuples, des pays et de leurs gouvernants. Mais, au-delà des causes, le plus important est la manifestation de la catastrophe. Elle suppose une réponse rapide et efficace. Il n'est pas possible de tergiverser ; il est totalement illusoire d'imaginer un retour en arrière vers une planète cloisonnée ; l'expression « retour en arrière » sur ce point également ne convient pas : la démographie humaine, pour ne se concentrer que sur ce facteur très développé dans les lignes qui précèdent, exprime une situation inédite. Ce n'est pas en arrière qu'il faut regarder, c'est en avant. Les solutions à mettre en œuvre n'existaient pas dans le passé, il s'agit de les inventer. Les temps du Covid resteront peut-être en mémoire pour avoir vu, sous la contrainte et en improvisant, une autre manière de vivre commencer d'émerger. La mondialisation est la seule certitude positive de ce futur qui commence. Le modèle qu'il convient de créer doit être mondial, et s'appliquer à l'échelle planétaire.

Au fond, la mondialisation commence peut-être réellement avec le Covid. Depuis trente ans, ce n'était qu'un prélude, une préfiguration de ce qui attend l'espèce humaine dans les décennies qui viennent. Encore une fois, il ne s'agit ni de s'en féliciter, ni de le déplorer. C'est une évidence qui monte face à un défi immense pour lequel les réponses doivent être fournies de manière universelle et dans un laps de temps très court. Or cette mondialisation qui commence sera différente de ce que les générations d'avant le Covid auront connu ; pour une raison importante qui s'affirme avec vigueur, et pour laquelle le Covid a joué, comme en tant d'autres points, un rôle d'accélérateur : cette mondialisation sera celle d'une nouvelle puissance dominante, la Chine, issue d'une partie du monde accédant elle aussi à ce statut de zone majeure, l'Asie.

Troisième partie

LES DÉFIS D'UN CHANGEMENT DE PUISSANCE DOMINANTE

La fin du temps américain

L'accélération du temps est aussi celle de cet événement rare, il se produit à peine une fois par siècle, celle d'un changement de numéro un au sommet de la hiérarchie des pays. Un événement couplé à un autre, encore plus rare, cet avènement de l'Asie tout entière, au détriment de l'Occident. L'événement est d'une portée historique considérable, il se combine, hasard ou non, peu importe, avec celui du plus important changement de modèle de production économique, de mode de vie, de mode de consommation de tous les temps. C'est bien l'un des croisements de l'histoire les plus importants qu'il convient d'évoquer lorsque l'on utilise cette expression de basculement séculaire. Oui, le système économique est à la veille du plus grand bouleversement jamais vu ; oui, le système social va s'en trouver chamboulé comme il l'avait été seulement en des temps depuis longtemps révolus, comme celui du tout début de la révolution industrielle et du changement de l'ordre ancien des monarchies ; oui, les références du pouvoir, de la propriété, des idéaux sont en train d'être modifiés dans le subconscient des êtres humains. Mais, par-dessus tout cela, s'il est une autre réalité capitale, c'est la fin d'un cycle ; fin du cycle des États-Unis et, avec le déclin de l'empire américain, la fin du cycle de l'Occident, celui commencé il y a presque six siècles.

Le Covid dit aussi tout cela. Le Covid met en lumière le rôle de la puissance qui va remplacer les États-Unis, la Chine.

Le Covid et l'après-Covid renforcent la position de la zone planétaire qui supplante d'ores et déjà l'Occident, l'Asie. Le virus est né en Chine, il a infesté ensuite le reste du monde ; le virus a été géré d'abord par la Chine, avant tous les autres, par un confinement drastique que regardaient, mi-éberluées, mi-goguenardes, les grandes puissances du globe ; un confinement que tous, finalement, se sont résolus à appliquer. Le virus a entraîné un séisme économique, social et politique en Chine, avant de contaminer aussi, sur ces terrains, l'ensemble des pays du monde, les uns après les autres. Dans cette manière de cas d'école, la Chine, l'Asie démontrent que le 21e siècle sera celui où les modes, les tendances, s'écriront d'abord sur le continent asiatique, pour le meilleur et pour le pire. Le passage de témoin a commencé depuis des années, il s'accélère, quand bien même les États-Unis et leur maigre population de 330 millions d'habitants cherchent à préserver leur avantage sur les 1,4 milliard de Chinois, sur les 4,3 milliards d'Asiatiques. Barack Obama, 44e président des États-Unis, dans son second mandat notamment, s'était positionné dans cette réaction contre la montée inéluctable de l'Asie. Lui, le natif d'Honolulu, avait tourné le dos à l'Atlantique, le cordon ombilical américain d'avec ses cousins d'Europe ; ses militaires avaient utilisé l'expression du « grand pivot » pour imager la concentration des forces états-uniennes dans le Pacifique où il était indispensable de contenir, tant qu'il était encore temps, la puissance montante et hégémonique de la Chine. Le 45e président, Donald Trump, a été beaucoup plus loin ; peut-être parce que l'accélération du temps de l'histoire échappe à son pays. Un septuagénaire, comme la plupart de ses adversaires locaux lors des deux dernières élections présidentielles, semble chercher à stopper le cours d'une évolution. Cette dernière ne laisse pourtant que peu de place au doute, ni pour les élites, ni pour l'homme de la rue. La domination américaine vit ses derniers feux, elle qui régnait presque sans partage depuis l'effondrement du mur de Berlin en 1989.

Depuis la victoire de 1945 sur le national-socialisme en Europe et sur le Japon en Asie, le monde fut sous la double influence des deux superpuissances, soviétique et américaine. Après 1989, il n'en reste qu'une, au point que l'on parla alors de la « fin de l'histoire », c'est-à-dire la fin des conflits de suprématie sur la planète, désormais régie par un seul pays. C'était oublier que 1989 est aussi la date symbolique des événements de Tian'anmen, le début de l'éveil d'une Chine moins communiste et plus productrice. Sans bruit mais de manière foudroyante, l'empire du Milieu reconquit peu à peu sa place pendant toute la dernière décennie du millénaire. En l'an 2000, la Chine est devenue l'égale du Japon en PIB, seconde puissance économique du monde de l'époque. Vingt ans plus tard, elle représente quasiment le triple de la production japonaise et plus de 70 % de la richesse américaine. Le rouleau compresseur est en marche, rien ne semble pouvoir l'arrêter. Pourtant, quand, en 2019, le Parti communiste chinois célébra les soixante-dix ans de la révolution de Mao par un impressionnant défilé militaire, toujours sur la place Tian'anmen, le président Xi Jinping, le nouveau timonier à la main de fer, exprima dans un discours-fleuve ce que proclamaient les membres des instances les plus élevées du Parti : la Chine était sur la voie qui la conduirait à devenir le numéro un mondial, certes… Mais cette voie serait longue. Elle n'aboutirait que dans trente ans, et permettrait de célébrer en grande pompe les cent ans de la révolution maoïste ; le triomphe de l'idéologie communiste telle qu'elle avait été pensée en Asie, sur tous les autres régimes. Trente ans, c'est beaucoup. Le différentiel de croissance d'avec les États-Unis (au moins le double) devait normalement permettre de doubler les Yankees bien avant. Mais le parti communiste ne mésestimait pas les difficultés et les résistances du prédécesseur au sommet de l'humanité. Évidemment, tout cela était avant le Covid et le coup d'accélérateur dans ce domaine dont la pandémie a été le corollaire.

Une chose est sûre : une telle phase de changement nécessite un intervalle long, et a toujours été synonyme de profonds tangages dans les relations internationales. Cette fois ne fera pas exception. La suprématie géopolitique ne se donne pas, ne se transmet pas. Elle se prend, très souvent au travers de conflits militaires sanglants, entérinant l'émergence de la nouvelle puissance victorieuse, au détriment de la précédente, défaite.

Est-ce à dire que le monde entre dans une guerre de Trente Ans, comme au 17e siècle ? Peut-être pas. Mais ces trente ans ne sont pas non plus une allusion lancée à la légère par les Chinois. Ils font référence de manière quasi explicite au précédent grand passage de témoin, celui du Royaume-Uni, numéro un mondial du 19e siècle, aux États-Unis, numéro un mondial du 20e siècle.

La fin de la domination anglaise tourne autour de 1915, quand ce conflit que l'on n'appelle pas encore Première Guerre mondiale se transforme en un interminable suicide collectif européen et dans lequel toutes les puissances anciennes s'épuisent de manière tragique. Dans cette guerre (presque 20 millions de morts si l'on ajoute aux 9 millions de victimes militaires les victimes civiles), la place est laissée par le vide à la jeune puissance américaine, une puissance âgée d'un peu plus d'un siècle. Cette dernière se relève à peine de ce qui reste toujours, et de loin, le plus éprouvant conflit de sa courte histoire, la guerre de Sécession des États esclavagistes agricoles contre les non-esclavagistes industriels, entre 1861 et 1865. La saignée terrible (620 000 morts, soit plus de la moitié de tous les militaires tués depuis la naissance des États-Unis d'Amérique) a ralenti la montée en puissance du jeune État fédéral. La guerre de 14 est d'abord une fin, avant d'être le début d'une nouvelle ère.

L'élection du président Harding en 1920, puis celle de 1924 avec Coolidge et celle de 1928 avec Hoover, tous républicains, consacrèrent des politiques nationales répondant au traumatisme de la « boucherie » de 14-18. Les États-Unis ne voulaient plus rien avoir à faire avec ce monde fou ; le protectionnisme ne suffisait pas, c'était un véritable isolationnisme qui devenait la doctrine dominante. Dans le même temps était mise en place la prohibition de l'alcool, c'est-à-dire la recherche éperdue, vaine et finalement dangereuse d'une vie idéale, dénuée de toute corruption extérieure ou intérieure. Les États-Unis refusaient en quelque sorte leur statut de puissance dominante. Ils n'étaient pas les seuls, la nouvelle Union soviétique, issue de la révolution d'octobre 1917, se développait, elle, dans une logique carrément d'autarcie et de fermeture quasi totale au monde extérieur ; il en alla de même de l'Italie fasciste au mitan de ces mêmes années 1920, concept repris par les nazis allemands quand ils arrivent au pouvoir en 1933, alors que les effets de la terrible crise de 1929 se faisaient sentir en Europe, entraînant cohorte de chômage, pauvreté et inégalités.

Quand la Seconde Guerre mondiale éclata, quand elle devint le conflit le plus meurtrier de tous les temps (60 millions de morts, jusqu'à 80 millions pour certains historiens), les États-Unis comprirent qu'ils ne pouvaient demeurer dans leur splendide isolement. La position paradoxale de 1920 et ce désintérêt de la paix par horreur de la guerre apparurent comme une erreur historique à l'origine de tous les dysfonctionnements qui allaient suivre, économiques, politiques, monétaires, financiers pour finalement déboucher sur le second conflit mondial.

L'organisation du monde sous pouvoir américain devint une préoccupation majeure, au point qu'en 1944, bien avant la fin de la guerre sur ses différents théâtres (elle s'achèvera en mai 1945 en Europe, en septembre 1945 dans le Pacifique après l'explosion des deux bombes atomiques à Hiroshima et Nagasaki), une conférence internationale fut organisée à Bretton Woods. Son objet était de définir la manière dont allait s'organiser le système économique et financier d'après guerre. Cette préoccupation était devenue prioritaire, avant celle des cessez-le-feu dont les grandes lignes seraient définies plus tard (en février 45 à Yalta). À Bretton Woods, trente ans après la fin de la domination anglaise, les États-Unis s'affirmaient enfin comme les maîtres du monde libre, ils l'assumaient, ils se préparaient aux grands plans de relance, Marshall en Europe, MacArthur au Japon. Il ne fut pas neutre d'ailleurs que la délégation américaine refusât en grande partie les propositions de la délégation britannique, menée par un vieil économiste génial, John Maynard Keynes. Alors que ce dernier préconisait l'invention d'un nouveau modèle universel, notamment dans sa dimension monétaire et de coopération internationale, la logique américaine fut de remettre ses pas dans les grands principes qui dominaient dans toute la période ayant précédé la Première Guerre mondiale précédente, quand l'économie était dominée par la Grande-Bretagne, et que s'achevait le siècle de la reine Victoria, de l'Empire britannique, sur lequel le soleil ne se couchait jamais.

Les États-Unis reprenaient les grands symboles de leurs cousins anglais, remplaçant notamment la livre sterling par le dollar comme monnaie dominante du système financier, remplaçant les réserves d'or de la Bank of England par celles de Fort Knox (sans oublier toutefois l'innovation consistant à regrouper des réserves internationales dans la Fed de New York pour assurer une sorte de domination consentie du billet vert sur toutes les autres monnaies de la planète) ; la City de Londres était supplantée par le Wall Street de New York. Ainsi se trouvaient réunis les ingrédients ayant conduit à la croissance du 19e siècle, un prolongement d'âge d'or grâce au relais assuré par la première puissance économique, financière, politique et militaire de la fin du 20e siècle.

La domination passe par l'économie

Les frontières chronologiques sont toujours sujettes à caution ; néanmoins, si la fin de la domination britannique peut être sans grand-peine confondue avec la guerre de 14-18, son commencement peut aussi être résumé par une date, le 18 juin 1815, la bataille de Waterloo, le succès anglais sur la puissance dominante du 18ᵉ siècle finissant, la France. La Grande-Bretagne défait l'ultime avatar de la puissance française, Napoléon, qui après une révolution politique avait succédé aux rois conquérants. Nous l'avons évoqué pour d'autres raisons, la défaite de Napoléon coïncide aussi avec la montée du nouveau modèle associé aux révolutions industrielles. En réalité, il faut être plus exact : la défaite napoléonienne correspond à la fin du modèle ancien centré sur la production agricole comme premier facteur de création de richesse, et par conséquent comme la fin de la logique militaire correspondante. Pendant des siècles, le but des conquêtes était d'augmenter ses terres pour accroître sa capacité de production de richesse, c'est-à-dire de production agricole. Les États les plus puissants étaient aussi ceux disposant des plus larges terres cultivables. Napoléon est l'héritier d'une idée ancienne de la suprématie, une idée tout autant dépassée que sa manière d'asseoir sa puissance. Napoléon, à l'ancienne, pourrait-on dire, cherche à gagner des terres. Il prolonge ses victoires en administrant les territoires passés sous sa domination, à la manière de l'Empire romain (ou de celui de Charlemagne), référence qu'il assume pleinement y compris dans le style des bâtiments qu'il commande, des objets qu'il produit, voire de l'habillement qu'il choisit. L'inscription dans une tradition millénaire était une fausse bonne idée pour asseoir une aristocratie créée de toutes pièces. L'Empire français est d'abord un énorme contresens historique.

L'Angleterre, son vainqueur moderne, domina le monde dans une logique nouvelle, à moins qu'elle n'eût recyclé le modèle établi par Alexandre le Grand vingt siècles plus tôt. S'il s'agit d'abord de vaincre en bataille fermée, en mobilisant le maximum de puissance militaire, ensuite, le but n'est pas d'occuper le pays conquis. Les Anglais sont traditionnellement peu portés sur l'expansion territoriale en elle-même, en raison évidente de leur caractère insulaire. L'annexion de nouvelles terres est non seulement compliquée mais surtout difficile à assumer ensuite à distance. Ce qu'ils recherchèrent, dans une logique nouvelle de production industrielle, fut donc d'abord un accès privilégié aux matières premières dont pouvait avoir besoin leur industrie naissante certes, mais clairement facteur des nouvelles créations de richesse. Ensuite, ce qui les intéressait était l'ouverture de marchés nouveaux, des clients pour leurs produits. Au minimum, les Anglais souhaitaient promouvoir auprès de clients potentiels leurs navires et leurs compagnies d'acheminement maritime.

Au fil du temps et du 19e siècle l'Angleterre ne fut plus au centre de la production de richesse industrielle, elle parvint cependant à obtenir un intéressement au développement du commerce par le transport, puis, au fur et à mesure de l'accélération de la révolution industrielle, un intéressement par un biais beaucoup plus original : celui des opérations financières associées à la production. La City de Londres devint un outil de domination, visant à ponctionner d'un montant infime l'ensemble des productions et des échanges mondiaux. Ce prélèvement supposait que les acteurs économiques non britanniques, où qu'ils soient dans le monde, utilisent la City pour leurs transactions financières. La manière la plus habile de sécuriser cette dépendance fut de les pousser vers un fonctionnement du commerce en livre sterling. Le pound, monnaie universelle du 19e siècle, devint ainsi le premier vecteur de l'avantage anglais. Nul besoin d'occuper ou d'administrer de fond en comble. Il s'agissait juste d'organiser dans les territoires sous contrôle, notamment dans ces colonies gigantesques, l'Inde ou la Chine, battues par la modernité de l'armée anglaise, un acheminement de matières premières et une conversion maximale de l'épargne en livre sterling. Le représentant du roi, qualifié de « vice-roi », disait bien par sa dénomination qu'il représentait un vainqueur, non un tyran ; et en aucun cas une structure pérenne à caractère héréditaire, comme Napoléon avait voulu en imposer une, en transformant sa ribambelle de frères et sœurs en nouveaux rois et reines des territoires occupés. Tous ces principes furent retenus, et réutilisés par les États-Unis. Il ne fait aucun doute que la Chine du 21e siècle prépare leur actualisation bien plus que leur suppression.

Les Anglais dominèrent le monde parce qu'ils étaient les pionniers dans la création d'une richesse nouvelle, parce qu'ils avaient pensé le système politique interne et international autour de cette nouvelle conception des rapports de force, parce qu'ils développaient une stratégie cohérente en phase avec ces objectifs et les vecteurs de puissance qui leur étaient associés. Le terme de cynisme pourrait qualifier cette logique implacable ; mieux vaudrait insister sur leur cohérence, sur la parfaite anticipation du futur de ses codes par l'ensemble des élites du pays et de l'adéquation avec les décisions politiques du gouvernement britannique pendant plus d'un siècle.

Telle pourrait donc être la clef de lecture de l'action des numéros un mondiaux. Mais plusieurs autres conditions doivent être réunies pour prétendre à pareil statut.

La première est sans doute la vulnérabilité du numéro un précédent. La place doit d'abord se libérer.

Ensuite, l'ensemble des facteurs objectifs de puissance doit être tendu vers le modèle dominant la période à venir. La pertinence du positionnement britannique sur la nouvelle économie de l'époque peut être rapprochée de deux échecs patents pendant la même période. Le premier cas est celui de la France, précédent numéro un, s'adaptant pourtant vite aux conditions du développement futur. La France en tant que nation intégra les éléments technologiques de la puissance à venir. Non seulement au cours de la fin du 19e siècle les Français rattrapèrent leur retard dans les industries fortes, de type sidérurgie, mines, construction de chemins de fer, mais ils se placèrent en avant-garde sur les grands secteurs d'avenir du 20e siècle. Ils furent les premiers à parier sur le futur de l'automobile, de l'aéronautique, des nouvelles énergies de l'époque, pétrole, électricité, et même avant tous les autres sur l'énergie nucléaire. En quoi la France continua-t-elle pourtant de regarder dans son rétroviseur ? Dans son mode d'approche de la puissance politique. L'Empire colonial français était une sorte de prolongement de l'Empire napoléonien. À la différence de la logique très fonctionnaliste anglaise, les Français continuaient de vouloir transformer les territoires conquis en parties nouvelles du territoire national. La République française était l'héritière des réflexes ancestraux de ses familles monarchiques, annexant les terres et les populations, voulant les intégrer à tout prix au sein de la Couronne. La conquête de l'Algérie se traduisit par exemple par la création de départements nouveaux, à l'imitation exacte de l'expansion napoléonienne. Repousser les frontières de la nation, augmenter la population par des extensions externes, les recettes millénaires étaient mises en application. On cherchait à produire du vin en Afrique ou du blé en Indochine. Vision totalement décalée du futur.

Il est vrai qu'un autre exemple encore plus criant d'erreur manifeste sur la représentation de la puissance peut être trouvé avec le cas de l'Allemagne. La création très tardive d'un État allemand moderne, en 1871, dans la galerie des Glaces du Versailles de Louis XIV, dit encore plus explicitement le décalage du Premier Reich allemand (et des deux suivants) avec les nouvelles représentations de la puissance. Les élites allemandes poussèrent jusqu'à l'absurde, jusqu'à l'horreur la plus barbare les conquêtes d'une autre époque. Alors que l'industrie était bien au cœur de leur puissance, alors que la capacité à créer des machines de mouvement avait été intégrée comme le grand enjeu de ceux qui veulent dominer le monde, l'Allemagne ne considéra cette logique que comme un moyen et non comme une finalité.

Certes l'État-major se convertit à la *Blitzkrieg* fondée sur les chars et les avions légers, mais au final l'industrie fut mise au service d'une stratégie d'expansion traditionnelle, ce qui s'avéra à la fois aberrant et mortifère. Pis encore, la logique industrielle fut appliquée à la Shoah, l'extermination massive d'humains. L'Allemagne, en plus de se tromper de siècle, de se tromper d'avenir, de se tromper d'idéal, basculait du côté le plus sombre de l'humanité, plombant pour des siècles la mémoire de ses enfants.

L'Allemagne ne fut jamais numéro un mondial, elle vit sa puissance cisaillée par une stratégie rationnelle anglo-américaine de destruction de ses usines, de ses capacités de production, par la confiscation de ses ingénieurs les plus brillants. Elle n'avait rien compris des manières d'envisager le pouvoir et la puissance au 20e siècle. Faut-il rappeler combien France et Allemagne sont au 21e siècle, en retard de nouveau, sur la nouvelle économie de la *data* ?

Les États-Unis, qui remplacèrent les Britanniques, avaient, eux, bien assimilé la façon dont serait créée la puissance dans les décennies suivantes. L'intérêt de la finance avait été également intégré et cette compétence typiquement britannique fut reproduite à l'identique, comme nous l'avons évoqué, autour du jeune dollar, en remplacement de la vieille livre sterling. Quant à l'évolution du modèle de création de richesse, il se traduisit pour les élites américaines par la nécessité impérieuse désormais de se focaliser sur l'énergie. La civilisation du mouvement issue des grandes révolutions industrielles était maintenant totalement dépendante de l'énergie. Le pétrole fut pendant plus de huit décennies l'axe principal et presque unique de la politique extérieure américaine. Sur le déclin, les Anglais et les Français l'avaient anticipé. Au début du 20e siècle, la mise en coupe réglée du Moyen-Orient par les deux futurs ex-numéros un mondiaux (les fameux accords de 1916 entre l'Anglais Sykes et le Français Georges-Picot) avait bien pour objectif de se répartir les réserves de pétrole. La légende en technicolor de Lawrence d'Arabie cache sous les beaux sentiments la stratégie froide d'accaparement du sous-sol d'abord, des voies d'acheminement notamment maritimes ensuite, pour récupérer l'énergie extraite.

Les États-Unis se réapproprièrent cette logique. L'énergie fossile fut le symbole majeur du siècle américain. Il est d'ailleurs troublant de constater que le début du grand déclin de l'Oncle Sam se produisit pendant les mandats de Barack Obama. Pendant cette période, le gaz et le pétrole de schiste trouvés en quantités astronomiques dans le sous-sol nord-américain participèrent grandement à la destruction des boussoles anciennes.

Le début du 21e siècle aura été celui de tous les séismes pour la grande puissance américaine. Le 11 septembre 2001 et les attentats du World Trade Center de New York avaient été le premier coup de tocsin adressé à la population la plus riche du monde. Pour la première fois de sa jeune histoire, elle était attaquée sur son sol, en direct sur les chaînes d'information en continu, comme pour faire pendant aux films catastrophe qui avaient fait la fortune de Hollywood, sa plus somptueuse chambre de propagande. Et le pire, si l'on peut dire, fut que cette attaque meurtrière autant que spectaculaire n'était même pas le fait d'une puissance ennemie, d'une technologie sophistiquée ou de moyens humains considérables. Des pirates de l'air, pilotes amateurs, moins de trente, suffirent à faire douter la seule superpuissance de l'époque.

Six ans plus tard commençait une crise bancaire, financière, économique parmi les plus graves de l'histoire contemporaine. Elle débuta elle aussi dans le secteur au fond le plus inattendu : l'immobilier. L'immobilier, premier support du mal qui ronge un Occident en déclin, la dette, une dette de plus en plus gigantesque, de plus en plus irréelle. De 1989 à 2008 et la faillite de Lehman Brothers, la dette ne cessa d'augmenter, dans des proportions toujours plus folles. Elle était devenue le signe d'une course éperdue, un déséquilibre, une fuite en avant qui laissait présager de grands effondrements.

La dette sera également la réponse immédiate au dérèglement majeur issu du confinement associé au Covid-19. De la dette pour contrecarrer l'arrêt total d'activité, de production de richesse ; un symbole, encore une fois ; les banquiers centraux devenus les augures du personnel politique. Lorsque la machine cesse de produire de la richesse réelle, elle sauve l'apparence en inondant les acteurs économiques d'une liquidité fictive, sans contrepartie réelle. Fin d'époque, fin de système, non pas capitaliste, mais de la production de richesse issue d'un modèle et dominée par des pays, des systèmes constatant depuis des années que la fin de leur logique s'annonce, qu'une autre est à l'œuvre et que le changement fatal se produira tôt ou tard.

Entre 2008 et 2020, les États-Unis perdirent donc l'un des ressorts fondamentaux de leur réflexion, de leur stratégie depuis des décennies, depuis leur accession au rôle de numéro un. L'événement put sembler d'abord positif : la fin d'une dépendance étrangère pour l'approvisionnement en énergie fossile. Dans le début des années 2010, un bouleversement était intervenu dans l'économie énergétique avec l'apparition et l'exploitation du gaz d'abord puis du pétrole de schiste. En une poignée de semestres, les réserves mondiales d'énergies fossiles furent décuplées ; là où les perspectives amenaient à un épuisement en quelques décennies, cent ans tout au plus, l'horizon était chamboulé. Avec le schiste, il était possible d'utiliser encore pendant des siècles, pour le monde entier, le gaz ou le pétrole. Les conséquences de ces découvertes étaient multiples, elles modifiaient totalement la stratégie américaine ; comme nous l'avons dit, elles furent l'événement majeur des deux mandats de Barack Obama.

À court terme, l'effondrement des prix de l'énergie en raison de cette nouvelle production produisit un coup de fouet terrible à l'économie américaine d'abord, dans les années 2012-2015, puis au reste du monde ensuite quand l'ensemble des producteurs de pétrole maintint sa production alors que, désormais, le leader mondial dans le domaine devenait les États-Unis eux-mêmes. Non seulement les Américains avaient la perspective raisonnée de devenir autonomes sur le plan énergétique, mais ils pouvaient de surcroît envisager d'exporter du gaz et du pétrole, ce que le Congrès autorisa en décembre 2015 après quarante ans d'embargo. La date était à marquer d'une pierre blanche (ou noire), puisqu'elle annonçait un moment différent du rapport des États-Unis au reste du monde.

Depuis plus d'un siècle, l'obsession de Washington était de trouver partout sur la planète les ressources pour faire tourner son économie. C'est pourquoi, après la première crise pétrolière, en 1975, il fut interdit d'exporter les précieuses ressources quel que soit le cours mondial. Avec le schiste la pénurie n'était plus d'actualité. La balance extérieure du géant aux pieds d'argile était tellement déficitaire qu'il n'était pas négligeable de la rééquilibrer un peu en devenant fournisseur d'énergie. Au passage, quel recul ! L'exportation de matière première, matière première énergétique certes, mais matière première quand même, était jusque-là l'apanage de pays n'ayant pas la capacité de vendre des produits manufacturés à haute valeur ajoutée. Désormais, la création de valeur avait lieu ailleurs qu'aux États-Unis, et la marque du déclin était bien de rechercher à en profiter au début de la chaîne, avec l'énergie, et à la fin, avec la finance. À la différence des prédécesseurs britanniques, le déséquilibre d'un numéro un attaqué de toute part était si grand que les gains issus de la finance étaient de plus en plus anticipés par la création d'une dette en dollar toujours plus volumineuse. Il s'agissait ni plus ni moins d'une sorte de lettre de crédit sans limites, obtenue de gré ou de force sur le reste du monde.

Un monde dont on comprend alors qu'il est possible de s'en détacher tant il est difficile d'être et d'avoir été. L'histoire se répète : les années 1920 du 20e siècle trouvent un écho cent ans plus tard avec l'élection d'un Donald Trump, caricaturalement isolationniste.

Le peuple américain a commencé d'abandonner dans son subconscient son statut d'arbitre des relations internationales. Il n'est plus de raisons suffisantes pour exiger des Boys qu'ils se fassent tuer loin de la mère patrie. Obama déjà avait joué des symboles : en se retirant de manière spectaculaire du Proche-

Orient, ou du moins en annonçant qu'il allait le faire, il entérinait la perte d'intérêt pour les États-Unis de se trouver au cœur d'un théâtre de conflits, un désert dont la caractéristique principale était de regorger de pétrole. Le pétrole avait perdu son caractère incontournable, mais le Proche-Orient était depuis la Seconde Guerre mondiale le centre majeur des rapports de force et de domination. Les accords obtenus par le charismatique président démocrate, à la fin de son second mandat, envoyaient déjà le message que son successeur histrion allait traduire à sa façon : peu importent les concessions, cette partie du monde devenait secondaire pour les États-Unis, bien plus préoccupés par la montée en puissance de ces Chinois dont les rapports de la CIA répétaient année après année qu'ils devenaient la vraie menace pour sa suprématie.

La structure, la direction de la politique américaine étaient perdues. Les équipes républicaines comme démocrates n'avaient plus réellement de colonne vertébrale à leurs stratégies. Les prises de position parfois déconcertantes du président Donald Trump étaient surtout frappantes par une seule obsession : réduire la puissance chinoise, ou plutôt la brider autant qu'il serait possible de retarder l'irrémédiable. Le slogan de campagne trumpiste, « *Make America great again* », fut révélateur d'une sorte de constat de déclin (*America* n'était déjà plus *great*). Il se traduisit pendant quatre ans par des actions défensives : tenter de ramener des activités de l'étranger, juguler autant que faire se peut la croissance des concurrents, l'Europe dans une moindre part, mais d'abord et avant tout la Chine. Et l'attaque de l'intérieur des institutions mêmes des États-Unis avec les émeutes du 6 janvier 2021 contre le Capitole sonnait comme un étrange chant du cygne.

Au sommet du monde, les transitions sont longues

Faudrait-il donc vraiment trente ans pour que le témoin soit ramassé par Pékin comme le proclamaient les officiels chinois lors de la parade de 2019 ? Et si la période intermédiaire de ces trente années avait commencé depuis longtemps ? Si le mandat de George W. Bush avait été le point de départ de la décadence, avec le 11 septembre 2001, neuf mois après sa prise de fonction, suivi de la crise d'Enron, puis du séisme financier qui se cristallisa dans la faillite de Lehman Brothers en septembre 2008, deux mois avant l'élection d'Obama ? Quoi qu'il en soit, là encore, avec le Covid, le temps s'accélère. Le Covid est peut-être le facteur déterminant pour la bascule généralisée, autant dans la répartition des rôles entre puissances mondiales que dans l'essor des nouvelles activités, annonçant un nouveau modèle économique.

Depuis le Covid, il est quasiment certain que ces trente années ne seront pas nécessaires pour la passation de pouvoir. Il est temps de s'interroger : quelle puissance mondiale sera la Chine ? Comment va-t-elle prendre la tête du changement de modèle ?

À la différence des États-Unis ou de la Grande-Bretagne, les Chinois disent ne pas avoir de velléités de construction d'un empire universel. La philosophie chinoise est ainsi faite que, en effet, l'intégration de populations étrangères n'est pas dans la génétique de ses politiques immémoriales. Il ne sera jamais proposé à des Africains ou à des Européens d'être naturalisés chinois. Si expansion il y a, elle sera limitée, un peu à l'image d'une Grande-Bretagne d'abord soucieuse d'assurer avant tout ses approvisionnements ; à l'image aussi du numéro un mondial que fut le prédécesseur de cette Angleterre triomphante du Waterloo de 1815, la France. La France ravit le titre de première puissance à l'Espagne, ou, à tout le moins, à la dynastie des Habsbourg, en 1715, si l'on veut là aussi rechercher une marque symbolique, après 1915 et 1815. Le regard sur le passé, comme pour l'histoire des révolutions industrielles, est riche d'enseignements, tout particulièrement concernant la fin de domination américaine que connaît le monde à l'heure actuelle.

Le 1er septembre 1715, c'était la mort de Louis XIV, qui s'était voulu, que l'on a considéré comme le plus grand roi du monde. Il pouvait prétendre à l'appellation depuis qu'il avait réussi à placer sur le trône de Madrid, sur le trône de Charles Quint, son propre petit-fils. Les Bourbons régnaient en Espagne et en France. Ils avaient supplanté les descendants de Charles Quint, celui qui (le premier) régna sur un empire sur lequel le soleil ne se couchait jamais. L'expression est bien celle d'un numéro un mondial ; elle fut donc reprise à plus de deux siècles de distance par la reine Victoria et son Commonwealth le bien nommé (la « richesse commune »).

Au 18e siècle, la France était à son apogée, et si son pouvoir politique perdit de vue sa stratégie à la fin de la monarchie des Bourbons, il fut remplacé par l'empire et Napoléon fut une sorte de point d'orgue à la toute-puissance française, comme une sorte de fracas tragique d'un rêve encore vivace d'être maître du monde. L'agonie d'une superpuissance est longue, le constat vaut pour toutes les périodes.

Après l'apogée de Louis XIV, l'éclat des feux du Grand Siècle se prolongea et le 18e siècle fut bien le siècle français, le siècle où la langue française unifiait l'Europe, où les idées et la science passaient ou étaient relayées par des esprits français. Pourtant, si la France apparaissait comme la plus grande royauté du monde, la plus puissante, la plus brillante, elle semblait déjà comme embarrassée de ce rôle ; comme si devenir numéro un avait d'abord eu comme finalité principale de se défaire de la tutelle de ceux qui jusque-là l'avait dominée. Le roi de France (François Ier) avait été humilié, prisonnier à Madrid ; le roi de France avait été sous la tutelle spirituelle du pape et de l'Église (depuis Philippe le Bel jusqu'à Louis XIV) ; il ne pouvait supporter d'être sans cesse affaibli par les champions catholiques, de ne pas être totalement maître chez lui. À la différence des Anglais, l'Église gallicane ne fit jamais sécession. Une seule issue s'était présentée : devenir la fille aînée de l'Église, supplanter dans le monde catholique l'Espagne et les Habsbourg, aux possessions tentaculaires.

La stratégie déjà largement envisagée depuis le début des Bourbons (Henri IV puis Louis XIII et Richelieu) se fit aboutissement avec Louis XIV et la paix de Nimègue, dès 1679, puis la conclusion favorable, *in extremis*, de la guerre de Succession d'Espagne en 1714. La France avait triomphé du numéro un précédent, cette Espagne surpuissante qui depuis cent cinquante ans dominait l'Europe et la planète entière.

Mais achever enfin le règne du numéro un précédent n'est pas une stratégie en soi. On peut considérer que, dans une certaine mesure, la France du 18e siècle, aveuglée par sa propre puissance, militaire, économique, et culturelle, ne sut quoi en faire. Elle n'assuma pas vraiment son rôle de dominant mondial, préparant de fait l'avènement du véritable successeur de l'empire des Habsbourg, la Grande-Bretagne. De ce point de vue, la domination française pourrait être considérée comme une sorte d'intermède, avec néanmoins l'épisode napoléonien comme ultime sursaut.

En réalité, comme tous les numéros un, la France a perdu l'opportunité de s'affirmer pour une période plus longue. Comment ? Par un manque de vision, dès la terrible guerre de Sept Ans (1756-1763). Première véritable guerre mondiale, elle vit la puissance française perdre pied dans toutes les possessions extra-européennes, autant en Amérique du Nord qu'en Amérique du Sud et en Asie (en Inde notamment). Au traité de Paris en 1763, l'affaiblissement français était déjà largement consacré au profit de la Grande-Bretagne, grand vainqueur du conflit. La prise de pouvoir au niveau mondial par la puissance montante britannique était programmée ; elle ne fut que contrariée par deux épisodes : celui de Napoléon, déjà évoqué, celui de la guerre d'Indépendance américaine. Ce conflit (1775-1783) permit à la France de prendre une revanche sur le traité de Paris, tout en annonçant la domination future et lointaine de la jeune nation états-unienne, quelque cent cinquante ans plus tard, après le naufrage des nations européennes, en 1914-1918.

La guerre d'Indépendance américaine aurait pu être considérée comme le grand succès de Louis XVI, lui permettant de revenir au premier plan mondial. Elle précipita en réalité son renversement par l'affaiblissement de la France et de ses finances, déjà terriblement mises à mal par la guerre de Sept Ans. La folie de la dette et les impôts mirent le pays à genoux et furent les premières causes de la Révolution française. Il n'est pas inutile de rappeler que la réunion des états généraux à Versailles en 1789 avait pour objet de discuter de la manière d'étendre l'impôt à toute la société française, y compris noblesse et clergé, pour tenter de sauver le pays de la banqueroute.

Toutes les grandes révolutions politiques sans exception sont liées aux impôts, aux manœuvres des pouvoirs politiques pour trouver des solutions illusoires à des situations fondamentalement déséquilibrées, à des dettes ingérables pour lesquelles les meilleurs esprits croient toujours trouver des solutions miracle… Alors que le premier des maux est toujours le déclin dans la capacité de produire la richesse.

En tout état de cause, ce bilan, largement en demi-teinte, du supposé 18e siècle français peut inspirer dans une certaine mesure la réflexion que mènent les Chinois d'aujourd'hui. Leur premier objectif est de se sortir de la tutelle américaine ; il est vraisemblable qu'ils y parviendront, à plus faible échéance encore que les élites chinoises le pensent. Se posera alors, se pose déjà la question : Pour quoi faire ? Comment la Chine envisage-t-elle son rôle de numéro un mondial ? Les élites chinoises, la culture profonde de la population chinoise comprend-elle le concept même de domination mondiale ? Un peu comme les Français obnubilés par cette domination naturelle de la pensée française au siècle des Lumières, la Chine se voit comme l'empire du Milieu, le cœur du monde depuis des millénaires. Une sorte de situation naturelle, dangereuse dans le sens où elle n'oblige pas à une véritable stratégie de maintien au sommet, ni d'utilisation de cette position. Un peu comme les Français du 18e siècle, les Chinois du 21e siècle s'estiment à leur place s'ils dominent la planète, et cet état naturel n'a aucune raison de s'arrêter. Moyennant quoi la Chine pourrait faire la même erreur que les Français, tellement focalisés sur l'Espagne et les Habsbourg, le dominant du passé, qu'ils en ont omis de se concentrer sur le concurrent du futur, l'Angleterre. Leur logique avait été tellement de terrasser les Espagnols à n'importe quel prix, qu'ils en ont renforcé les Anglais. Et ils ne perçurent que très tardivement à quel point cette erreur allait leur coûter cher. Pour les Chinois du 21e siècle, les Espagnols sont à coup sûr les Américains. Mais alors, quels seraient leurs Anglais, pour conserver le parallèle ?

Sans doute l'Inde. Le pouvoir passe en Asie en ce début de troisième millénaire, c'est l'évidence démographique, c'est l'évidence économique, c'est l'évidence dynamique. Pas besoin d'une longue analyse pour identifier dans l'environnement asiatique le premier concurrent en tous points de la Chine communiste. L'Inde, forte de ses 1,3 milliard d'habitants à la fin de 2019, est lancée elle aussi sur la trajectoire d'une croissance extraordinaire, nous l'avons déjà évoqué, une croissance particulièrement en phase avec l'évolution d'une économie fondée sur les services et sur les mathématiques des grands nombres. L'Inde est une démocratie, elle est néanmoins dirigée depuis 2014 par Narendra Modi, Premier ministre issu du BJP, le Bharatiya Janata Party, mouvement de droite ultra-nationaliste. L'Inde est l'autre puissance asiatique engagée dans une logique ouverte d'armement massif. La Chine ne s'y trompe pas d'ailleurs, elle surveille avec la plus grande attention son voisin direct, dont la séparent les plus hautes montagnes du monde. En 2020 cependant, pour la première fois depuis 1962, date du précédent conflit armé entre les deux géants asiatiques (d'ailleurs dernier conflit militaire pour chacun des deux), les premières pertes humaines ont été à déplorer. Le traité entre les deux pays, signé en 1996, concernant la zone frontière himalayenne de l'est du Ladakh, interdisait que soit échangé le moindre coup de feu entre les deux forces armées. Les deux pays savent que toute tension pourrait dégénérer dans la région. Donc, en juin 2020, aucune arme à feu n'a été utilisée, conformément à l'accord ; c'est à l'arme blanche qu'au moins une vingtaine de soldats indiens ont été tués par des troupes d'élite chinoises. Les déclarations de l'État-major indien font état de 43 morts parmi les forces ennemies, en attestant également que les termes de l'accord n'avaient pas été violés. Pékin a tout démenti. En réalité, les troupes chinoises ne cessent de provoquer l'Inde par des incursions sur les territoires contestés depuis la guerre de 1962. La rivière Galwan est une position stratégique pour la circulation indienne dans cette zone dans laquelle quelque 12 000 soldats indiens auraient pénétré au printemps 2020.

La Chine perçoit la menace, d'autant que l'Inde a renforcé sa coopération avec d'autres puissances inquiètes de la montée de l'agressivité chinoise, notamment dans le domaine maritime. En 2019, l'Inde avait renforcé sa participation au Quad, une structure de dialogue entre les États-Unis, l'Australie, le Japon et l'Inde, en vue d'une mise en commun de moyens militaires pour contrer la politique chinoise. On retrouve là aussi ces logiques d'alliances croisées et multiples de puissances régionales adverses. La guerre de Sept Ans, les deux guerres mondiales furent justement le prolongement de ces conflits types issus de coalitions où s'affrontent des dominants en puissance ou déjà établis. Au début du 21e siècle, l'Inde dispose certes de l'arsenal nucléaire. Même si le domaine est l'un des plus opaques, il est patent que la Chine fait un effort technologique important pour modifier ses armes atomiques et les vecteurs susceptibles de les convoyer. De fait, l'Inde n'a pas encore les moyens économiques pour s'opposer à la Chine et à ce type de course aux technologies de pointe dans le domaine militaire ; néanmoins, un modèle économique dans lequel le poids de l'industrie baisserait au bénéfice de celui des services pourrait aller dans le sens d'un rééquilibrage rapide des situations respectives des deux puissances asiatiques. D'autant que, comme nous l'avons déjà évoqué, la mutation d'un système économique conduit aussi à une remise en cause très importante des objectifs militaires. Une course à la data et aux algorithmes dans une perspective d'agression ou de nuisance n'est pas forcément la pire des perspectives pour l'Inde qui poursuit son effort dans cette direction. Une accélération des changements ne serait donc pas pour déplaire aux Indiens.

Dans ce contexte, la Chine sait que l'un de ses meilleurs alliés pour contenir le concurrent dangereux que représente l'Inde est encore le trouble religieux. Pour le Premier ministre indien, dans la hiérarchie des menaces, le Pakistan musulman et, même, les minorités musulmanes à l'intérieur du pays demeurent encore la priorité absolue, comme l'illustre dramatiquement le joug que New Dehli impose au Cachemire. En dépit de la répression terrible exercée en interne sur les Ouïgours musulmans par le pouvoir chinois, l'alliance de la Chine avec le Pakistan demeure une donnée clef de la région. Là encore, le déclin américain a permis l'instauration d'un partenariat étroit entre Pékin et Islamabad, selon le vieux principe : les ennemis de mes ennemis sont mes amis. Il est clair qu'un retrait accéléré des États-Unis des conflits internationaux permettrait aux Chinois de se concentrer davantage sur la domination future de l'Inde. Le temps est compté, car la démographie est clairement du côté indien. La politique de l'enfant unique chinoise a déséquilibré pour longtemps la pyramide des âges du pays ainsi que ses logiques économiques de long terme. Une Chine vieillissante sera confrontée à très grande échelle au financement de ses retraites et plus précisément encore à celui de la dépendance. L'Inde avec sa démographie dynamique aura à moyen terme d'autres problématiques fortes, en particulier dans la perspective d'aménagement de son territoire. Pour cette raison aussi, l'Inde, très soumise aux conséquences de la pollution et du dérèglement climatique, est un allié indéniable de tout changement de modèle permettant l'émergence d'une croissance économique à la fois forte et soutenable.

En attendant, dans un contexte compliqué post-Covid, l'Inde redevient en 2021 l'économie mondiale la plus dynamique, avec un taux de croissance attendu de plus de 11 % ; la Chine espère 7,5 %. La compétition sera impitoyable.

La culture et la science au service de la géopolitique

L'exemple français du 18e siècle est intéressant à observer dans la manière dont se déroulent les batailles culturelles. Nous l'avons souligné, la domination qu'exerçait la France à l'époque en ce domaine était bien sûr un élément capital de *soft power*, pour utiliser un anglicisme totalement inapproprié. Nous l'avons souligné également, ce fut sans doute un dangereux soporifique pour les élites françaises, alors que le renforcement de la Grande-Bretagne était de plus en plus sensible. Après la guerre de Sept Ans, le traité de Paris ne fut pas assez perçu du côté français comme un véritable désastre. Les Français étaient enfermés dans leur supériorité culturelle immédiate, sans se rendre compte à quel point, dans ce domaine également, la perte de leur statut de numéro un aurait des conséquences considérables. La langue anglaise supplanta d'abord le français sur le territoire américain, puis devint la langue dominante pour le monde entier au 20e siècle.

Au 21e siècle, une erreur comparable à celle de la France deux cent cinquante ans plus tôt semble sur le point de se produire, cette fois commise par les États-Unis et leurs alliés. Ce serait encore un argument fréquemment utilisé par les observateurs occidentaux de leur propre puissance ; ils ne voient pas la montée de la Chine et plus largement de l'Asie, tant le cadre intellectuel occidental paraît encore largement dominant. Dans le monde entier, on écoute de la musique occidentale, on regarde des séries, des films produits par l'Occident, on lit des livres, on utilise des langages, des symboles nés en Occident. Hollywood et ses stars sont les premiers porte-avions américains, depuis des décennies. Le mode de vie américain s'est répandu à travers le monde grâce au rêve, par la force de l'image. Les artistes ont été de tous temps choyés par les politiques, qui ont toujours vu l'intérêt immense d'une propagation des idées sans utiliser la force, d'un schéma mental qui s'imposerait de manière naturelle, de génération en génération.

Il faut reconnaître que les États-Unis sont parvenus à une sorte d'excellence en la matière en sachant utiliser les deux médias majeurs du 20e siècle, le cinéma d'abord, la télévision ensuite. L'évolution vers un modèle beaucoup plus centré sur l'individu, n'impliquant plus la rencontre ou le temps contraint, a été également anticipée. Netflix est avec Amazon View positionné sur cette nouvelle approche de la culture, axée sur les séries, en réalité une forme cinématographique étirée, allongée, consommée plus légèrement que les films, avec l'utilisation de supports faciles de type tablettes ou mobiles. Ce concept est en phase exacte avec l'évolution du mode de vie décrit autour du nouveau modèle et d'une consommation de la culture à son domicile, de l'endroit où l'on se trouve, sans avoir à se déplacer.

Le parallèle avec l'émergence du cinéma est également troublant : ce dernier s'est développé au début du 20e siècle, il accompagnait l'essor des villes, comme celui du déplacement de plus en plus simple, de plus en plus fréquent des individus pour leurs loisirs autant que pour leur travail.

Au 21e siècle, la création par l'image est désormais à portée de tous. Même la photographie, qui a longtemps supposé un déplacement pour le développement des pellicules et pour la récupération des clichés tirés sur papier, s'est dématérialisée. L'image s'impose comme moyen de transmission du sentiment, de l'émotion. Une démocratisation de la création s'est fait jour, photographies ou films susceptibles d'être réalisés sans moyens, sans préparation. Les réseaux permettent une diffusion large et immédiate, toujours sans le moindre investissement de la part de l'émetteur. L'image a dépassé son horizon initial, devenant un moyen de communication ; on photographie un boulon pour commander une pièce, une cuisine inondée pour un dossier d'indemnisation. Les informations, les idées, les débats se font par des images, brèves, ramassées, ouvrant une ère nouvelle qui n'en est encore qu'à ses balbutiements, accompagnée de tous les dysfonctionnements, excès, dérapages qui peuvent s'expliquer largement par le manque de recul et d'expérience.

Si les États-Unis ont été les premiers et les plus actifs dans cette dimension nouvelle de la diffusion, la stratégie américaine a commencé d'être prise à son propre piège. Pendant plusieurs décennies, la prééminence de la production nord-américaine de contenus, notamment de fictions, était assurée par des budgets sans comparaison avec ceux susceptibles d'être mobilisés ailleurs dans le monde ; budgets de réalisation mais aussi budgets de diffusion. L'éclatement des structures centralisées, la disparition de la concentration à tous les niveaux ont été suscités par les technologies issues de la révolution technologique des big datas et du digital. C'est un défi pour ceux qui voulaient contrôler la maîtrise des idées et des grandes tendances. L'aplatissement général que nous avons maintes fois décrit dans cet ouvrage, comme l'une des caractéristiques fortes du nouveau modèle, a déjà commencé depuis plusieurs années dans ce domaine. Les réseaux et des outils comme Twitter ou Instagram permettent un nivellement des opinions émises et des commentaires. L'anonyme peut avoir autant de poids que l'expert ou que le président des États-Unis. Cette suppression de la pyramide hiérarchique, y compris dans le domaine de la pensée ou de la réflexion, peut avoir des conséquences lourdes ; elle permet notamment la diffusion tous azimuts d'informations, y compris celles qui seraient totalement fausses ; elle permet aussi les interventions à moindre coût et à très grande échelle de puissances occultes visant à des manipulations d'envergure. Certains pays se sont positionnés avant les autres sur ces réalités, en particulier pour contrer l'influence américaine. La Russie, la Chine et la Corée du Nord, l'Iran, Israël entre beaucoup d'autres, se sont intéressés à cette nouvelle manière d'exercer une influence, de trouver une part de pouvoir non négligeable, attachée à la manipulation des opinions publiques.

Le même type de constat peut être formulé concernant un domaine essentiel pour les puissances dominantes dans l'histoire : celui de la science, de son apprentissage, en clair, des universités et de l'enseignement supérieur. Là encore, la stratégie américaine a été précise et claire depuis la Seconde Guerre mondiale. L'exemple britannique du 19e siècle et ses prestigieux fleurons de l'esprit que sont par exemple les universités de Cambridge et Oxford a été intégré, décortiqué. Le modèle, comme dans les autres dimensions de la force britannique, a été repris en le multipliant, en le faisant fonctionner avec encore plus de persuasion. Comme la Bourse de New York a reproduit la City, comme le dollar a supplanté la livre sterling, les universités d'abord de la côte est puis de la côte ouest ont rivalisé, puis dépassé leurs aînées britanniques. À Boston, la copie a été jusqu'à la reproduction architecturale des établissements anglais, aucun symbole n'étant considéré comme accessoire. Planifiant le contrôle à long terme du système, les grands établissements américains ont cherché à recruter partout dans le monde les esprits susceptibles de leur faire concurrence ; l'un des vecteurs les plus forts pour la séduction des esprits, outre l'élément non négligeable de la rémunération, a été celui de la transmission de la pensée que sont les revues scientifiques. Les grandes universités américaines ont cherché d'abord dans la première partie du 20e siècle à s'introduire dans les comités de rédaction, dans les commissions scientifiques des revues et les maisons d'édition les plus prestigieuses, pour la plupart d'origine anglaise. Puis la stratégie a été étendue avec des créations de revues par les structures américaines et une politique précise de prise de contrôle et d'intégration des esprits les plus brillants par ce moyen de recrutement qu'est la soumission (quel terme !) des travaux à ces revues. La publication dans les journaux scientifiques nord-américains devint un label de reconnaissance, un passage incontournable d'une carrière réussie. En guise de parachèvement d'un réseau que l'on pourrait traduire aussi par un filet aux mailles suffisamment fines pour ne laisser passer aucun grand esprit, où qu'il soit dans le monde, les grandes universités américaines se sont réapproprié ou ont créé de toutes pièces les récompenses internationales, au sommet desquelles trônent les fameux prix Nobel. Les comités Nobel sont reliés à ces grandes universités américaines qui s'y livrent à une compétition féroce et en même temps parfaitement calibrée. Il devient normal que se crée une rotation entre les grands établissements à la tête de la pyramide ; chaque doyen des principaux départements des universités nord-américaines doit préparer l'obtention du Nobel pour l'un de ses chercheurs, si le tour est venu de récompenser l'institution à laquelle il appartient. Le système est d'une efficacité imparable, laissant à penser que l'intelligence mondiale est contrôlée par le pays dominant que sont les États-Unis, à la fois le signe fort de cette puissance universelle et l'assurance que son aura perdurera dans le futur.

Or, dans ce domaine aussi, l'émergence du nouveau modèle commence à faire des ravages. D'abord parce que la seule description qui vient d'être faite du verrouillage de la pensée par la structure américaine peut induire aussi un certain nombre de dysfonctionnements, aussi graves qu'insidieux, qui n'ont pas manqué d'apparaître année après année. Cette sorte de mise en scène de l'intelligence à l'intérieur d'un cadre si policé est une grande incitation au conservatisme, au maintien dans une logique prédéfinie, qu'il s'agit de ne pas transgresser pour espérer les récompenses de ceux qui sont en place et tiennent l'ensemble des structures de pouvoir. Le pouvoir dans l'univers intellectuel est au moins aussi violent et sauvage que dans les autres secteurs de la société. Il peut conduire à se focaliser sur sa détention et non sur les origines de ce qui devrait permettre de le conquérir. En clair, le numéro un américain est rassuré par sa domination sans partage sur le domaine de la pensée, avec le risque fort de devenir stérile, de ne plus être capable de proposer des ruptures, dans tous les domaines, de se développer. L'encadrement de l'intelligence est le rêve de tous les systèmes totalitaires, il produit toujours une baisse inéluctable de la fécondité réelle des travaux réalisés.

Au début du 21e siècle, un certain nombre de signaux d'alarmes ont commencé à résonner, ils n'ont pas été entendus, ce qui est le signe à la fois d'une grande puissance trop établie, trop sûre de sa force, et de son déclin annoncé. Les penseurs américains, ou ceux qu'ils recrutent partout dans le monde pour les intégrer dans leur système, n'ont, par exemple, pas été capables d'anticiper la grande crise financière et économique de 2008. Autre exemple, encore plus symbolique des développements précédents de cet ouvrage : dans le domaine des mathématiques, où le prix Nobel n'existe pas mais où la plus prestigieuse des récompenses internationales délivrée par la communauté scientifique est la médaille Fields, octroyée à un chercheur de moins de quarante ans, l'un des événements les plus marquants a été la publication des travaux d'un mathématicien russe génial, Grigori Perelman, en 2002. Ce dernier avait d'abord refusé les postes qui lui étaient offerts par de grandes universités américaines telles que Stanford ou Princeton. Revenu dans sa ville de Saint-Pétersbourg, il avait disparu pendant sept années, sans rien publier avant le coup de tonnerre de 2002. Dans un article de trente-neuf pages, suivis de deux autres, publiés sur arXiv, une plateforme créée certes par l'université Cornell, mais sans comité de lecture, il apportait une contribution déterminante à la démonstration de la conjecture de Poincaré, considérée notamment par l'institut Clay comme l'un des sept problèmes mathématiques les plus ardus. À la suite de ces travaux exceptionnels, la médaille Fields lui était attribuée, tout comme le prix du millénaire doté de 1 million de dollars par l'institut Clay. Perelman, homme à la fois génial et imprévisible, d'une timidité maladive, ne sembla fasciné ni par les institutions qui lui faisaient les yeux doux, ni par les récompenses qui lui étaient attribuées, ni par les dollars qu'on voulait lui transférer. Il refusa tout en bloc, acceptant seulement après quelques mois de donner un certain nombre de conférences pour expliquer un peu mieux ses articles et sa démarche. Il devint un mythe chez les plus grands spécialistes et il décida de retourner chez sa mère à Saint-Pétersbourg. S'il s'agit d'une sorte d'Einstein de l'époque moderne, il est assez symbolique qu'il fût à ce point en dehors du système en général, et en dehors du système américain en particulier.

Le Covid a de ce point de vue encore joué un rôle crucial de révélateur avec la course pour la mise au point d'un vaccin. Chinois et Russes surtout ont tiré leur épingle du jeu en manifestant une capacité d'adaptation rapide et efficace. En revanche, la faillite est générale pour les grandes institutions privées ou publiques. Outre le désastre français, à l'Institut Pasteur comme chez le géant Sanofi, il est remarquable de constater qu'aux États-Unis aucun grand laboratoire universitaire n'a été capable de produire le moindre résultat. Seules des petites structures privées et internationales (l'allemand BioNTech et l'américain Moderna) sont parvenues à des propositions déclinables rapidement en produits commercialisables. Dans les grandes institutions, seule Oxford, la vénérable anglaise, a pu proposer son projet AZD1222 exploité par le groupe britannico-suédois AstraZeneca. Encore une fois, la bataille de l'exploitation des datas a fait rage ; elle démontre, nous l'avons déjà évoqué, que, dans ces contextes de ruptures scientifiques et technologiques majeures, seules les petites entités sont suffisamment agiles pour se tromper, se corriger, et oser inventer. Les dinosaures sont trop lourds pour se remettre en cause. Les autorités de l'ancien monde, prisonnières de leurs logiques, n'auront sans doute comme seule réponse, sous la pression d'une opinion publique déçue et indignée, que d'augmenter encore les budgets des mégastructures, mégabureaucratiques et incapables de tout remettre à plat…

Les Chinois, quant à eux, s'ils sont confrontés à ce problème des organisations de petite taille, efficientes mais difficilement contrôlables par le pouvoir central, ont compris néanmoins l'importance de dominer le monde de la pensée et de l'intelligence.

Dans un premier temps, ils se sont soumis au système américain, envoyant d'ailleurs largement les enfants des élites du

Parti dans les meilleures universités américaines. De leur côté, ces dernières ne demandaient pas mieux, jouant au maximum de l'influence qu'il serait possible d'espérer de la part d'anciens élèves qui un jour auraient toutes les chances d'occuper de hautes fonctions dans l'empire du Milieu. Avec Xi Jinping et le retour au pouvoir des « princes rouges », des enfants et petits-enfants de dignitaires du parti communiste des temps héroïques, le caractère héréditaire du pouvoir s'est largement renforcé et peut rendre rentable le calcul des institutions états-uniennes. Suprême ironie, la hiérarchie mondiale des grandes maisons de l'esprit et de la recherche est désormais établie par le très reconnu classement de Shanghai. Ce symbole atteste combien les Chinois comprennent les règles du jeu scientifiques imposées et définies par les Américains. Cela étant, ils ont commencé eux aussi à constituer un système concurrent, avec leurs propres revues, dans lesquelles les scientifiques chinois et affidés sont dominants voire exclusifs. Une partie importante de la recherche chinoise s'abstient par ailleurs sciemment de fréquenter les grandes publications internationales, en raison d'une volonté explicite de secret et de non-divulgation des travaux.

Reste l'importance de la ressource financière qui peut encore être le grand avantage que conserve le numéro un américain. Comme en matière d'armement, où le budget des États-Unis, avec 732 milliards de dollars, est encore loin devant les 261 milliards de leurs concurrents chinois en 2019, les moyens de la recherche américaine semblent encore lui permettre de se positionner loin devant toutes les autres.

Attention, cependant, ce constat vaut pour un passé proche, voire pour le présent. Qu'en sera-t-il du futur ? La puissance financière ne fera pas tout pour les sciences, et plus généralement pour la pensée, les travaux de l'intelligence, la matière grise, qui, rappelons-le, deviennent d'autant plus importants que le système économique privilégie les activités de services en leur donnant une valorisation maximale.

Changement de repères, changement de mentalités

Si l'on prend un peu de recul, c'est-à-dire en observant l'évolution de toutes les disciplines de l'esprit sur le plan mondial, le cadre de référence occidental peut être considéré comme en situation défensive depuis plusieurs décennies. Le changement dans la hiérarchie des valeurs a longtemps été difficile à percevoir même si de sérieux avertissements se faisaient jour, par exemple le refus radical et hostile de toute référence occidentale dans des parties importantes du globe, notamment à la suite de la révolution iranienne et au rejet de la culture occidentale par les fondamentalistes musulmans.

Mais ce recul de la prééminence occidentale sur les références mentales devient de plus en plus évident pourvu qu'on y prête attention. Les mangas et les arts martiaux représentent les premiers éléments importants d'Asie qui furent intégrés par la jeunesse mondiale. C'est la construction longue ayant structuré la pensée occidentale qui est remise en question. Ses fondements sont ceux de la philosophie grecque, Aristote, Platon et Socrate par exemple, comme socle de la logique systémique occidentale depuis des siècles. En allant très vite, cette pensée grecque a été enrichie des apports romains, Sénèque, Cicéron, Marc Aurèle, parmi d'autres puis les premiers grands penseurs chrétiens comme saint Augustin ou saint Thomas d'Aquin ; puis il y eut les philosophes des sciences, des Lumières, ceux du 19e et du 20e siècle. L'ensemble du corpus a longtemps dominé la pensée mondiale, en insistant notamment sur la notion de liberté de l'individu, de son libre arbitre, de son initiative.

Pour l'Occident, l'être humain est la référence absolue, celle autour de laquelle se constitue une société avec une dimension supplémentaire provenant de la pensée latine, la propriété. Dans le mythe de la constitution de Rome, les jumeaux Romulus et Remus tracent à la charrue une ligne sur le sol. À l'intérieur de ce néant, Rome est leur propriété. À l'extérieur, rien. Dans le subconscient occidental, cette notion de propriété individuelle, complément de la liberté de chacun, est capitale.

Or ces deux notions marquent une différence ontologique avec notamment la pensée asiatique. En Asie, le groupe est l'origine de tout. Il est impensable de mettre en avant les droits d'un individu avant ceux d'un groupe auquel il appartiendrait ou dont il serait exclu. La notion de propriété dans la pensée asiatique est ainsi beaucoup plus relative. Il en résulte des différences importantes sur les structures mêmes de la société telles que les révèlent de manière très pratique, très concrète, les règles juridiques. Les négociations visant à l'établissement d'un traité commercial entre les États-Unis et la Chine selon les accords de principe entre Donald Trump et Xi Jinping, dans leur achoppement, ont souvent révélé ces différences substantielles. Les Américains ont mis en avant le caractère retors des délégations chinoises, et la difficulté de travailler sans climat de confiance. Mais si ce constat n'était pas totalement dénué de vérité, il n'empêche : une grande partie des reproches faits aux Chinois était d'abord une incompréhension de la morale asiatique ou, peut-être, une surprise que les Asiatiques, cette fois, ne veuillent pas admettre que la règle de droit occidentale devait prévaloir, puisque supposée supérieure à toutes les autres. La valeur de la propriété individuelle, y compris concernant la propriété intellectuelle, dans l'esprit asiatique, ne peut être mise en avant contre l'intérêt de la communauté. Ce glissement, voyant reculer l'importance de la propriété comme pierre centrale de tout l'édifice moral et juridique, serait une marque majeure de l'émergence d'un environnement intellectuel plus asiatique, moins en phase avec les valeurs issues de l'ancien monde occidental et singulièrement américain.

Là encore, le phénomène a commencé depuis quelque temps et progresse très vite. Encore une fois, les mutations technologiques sont en phase avec le grand changement général de repères du monde qui vient. Sur les réseaux, dans l'univers digital, les notions « asiatiques » prennent une importance croissante. La force de la propriété régresse, y compris quand elle concerne des biens immatériels. Le conflit sino-américain sur le traité commercial a commencé depuis longtemps sur le Web, où la « communauté » devient l'entité phare, où le « droit d'usage » est plus important que le « droit de propriété », où l'importance de faire partie du groupe est vitale et où toute marque de rejet est vécue comme une tragédie. La jeunesse d'Occident est gagnée par ces valeurs, là aussi pour le meilleur ou pour le pire. Elle attache une importance croissante aux notations diverses attribuées par les différentes communautés auxquelles elle appartient ; elle ne supporte pas les marques indiquant une perte de confiance ou condamnant un comportement. Il existe là aussi des similitudes troublantes avec les pratiques de la justice asiatique traditionnelle, en particulier dans la diaspora chinoise ou dans les mythologies japonaise ou coréenne, sans parler de l'importance des castes dans la société indienne pour ne prendre que quelques exemples parmi beaucoup d'autres.

Une confusion sans doute excessive a été faite en Occident entre les logiques du parti communiste et celle des sociétés asiatiques vieilles de plusieurs siècles sinon de plusieurs millénaires. Les Occidentaux ont depuis plus de deux cents ans réduit l'importance des divergences de fond entre ces civilisations ayant fonctionné pendant des siècles côte à côte mais sans s'interpénétrer. La domination de la culture américaine a laissé croire à une uniformisation générale, une logique mondiale, issue principalement des préceptes américains et plus largement occidentaux. L'Occident bien-pensant a décrété que ses valeurs représentaient le bien, toute autre vision pouvant être qualifiée de mauvaise, qu'il s'agirait de rectifier ou, pis, de carrément de maléfique et qu'il s'agirait de réprimer. On se souvient de cette expression de « croisade du Bien contre le Mal » qu'avait utilisée le président George W. Bush après les attentats du 11 Septembre. L'Occident considère que cette vision du mal et du bien lui appartient, qu'il s'agit d'un patrimoine légué à l'humanité. Une remise en cause lui semble inconcevable. Elle est pourtant patente dès lors que la domination, la position de numéro un mondial n'est plus détenue par un pays représentatif de ces valeurs. La montée en puissance de la Chine et plus largement celle de l'Asie ont de ce point de vue constitué de sévères prises de conscience pour l'Occident, venant après ce refus du mode de vie occidental par une partie importante du monde musulman.

Xi Jinping, président de la Chine, a voulu à plusieurs reprises s'instituer chef de l'État le plus puissant de la planète. En janvier 2017, nous l'avons évoqué, il avait ainsi profité au sommet de Davos de l'absence du président américain pour prononcer face aux responsables politiques et financiers les plus importants de la Terre un discours très axé sur la préservation de la planète, se faisant le chantre à la fois du libre-échange, du multilatéralisme et d'un nouveau modèle économique de développement durable. Il a d'ailleurs réaffirmé avec force cette position en 2021, par une intervention distancielle, alors que Joe Biden prenait ses fonctions dans le chaos à Washington. En s'emparant de la question du nouveau modèle, la Chine s'affirme comme le numéro un d'un futur dans un horizon temporel finalement pas si lointain, mais bien plus en phase avec les attentes de la majorité de l'opinion publique mondiale, y compris dans les pays riches. Xi Jinping avait marqué des points contre Donald Trump, climato-sceptique notoire. Ce dernier apparaissait comme lié à sa propre scène politique nationale, dépendante du poids, en termes d'emplois et de richesse, des entreprises de l'ancien monde, les pétroliers tout comme l'industrie traditionnellement associée à la puissance américaine, automobile et aéronautique entre beaucoup d'autres. Le changement dans la hiérarchie mondiale semblait coïncider de plus avec un changement de modèle accepté par la Chine montante, et compliqué à assumer par les États-Unis descendants.

Là où Xi Jinping trancha également avec ses prédécesseurs occidentaux, ce fut sur la question des droits de l'homme. Depuis longtemps, les responsables chinois avaient compris que la notion de droits de l'homme est la marque d'un *soft power* de la puissance dominante sur le reste du monde. En tant que responsable éclairé, le chef de l'État le plus puissant du monde peut proposer à chaque être humain d'être protégé dans ses droits fondamentaux où qu'il soit sur la planète. Ce faisant, le numéro un mondial accepte une responsabilité tout en devant se donner les moyens de l'assumer, notamment sur le plan militaire. En échange, il peut espérer se construire une popularité dans des populations même lointaines, tout en s'offrant la légitimité d'une action contre un pouvoir politique qui ne respecterait pas les droits fondamentaux. Les États-Unis ont été loin dans cette direction en déclarant le principe d'extraterritorialité de leurs règles juridiques, supposées être universellement justes.

Ce type d'attribution a donc semblé très intéressant aux autorités chinoises, à ceci près qu'elles considèrent depuis longtemps que les droits de l'homme tels qu'ils sont définis dans les instances internationales sont la marque d'un texte rédigé par les Occidentaux et selon les principes moraux d'Occident évoqués plus haut. Les Chinois se sont donc proposé depuis plusieurs années d'envisager une rédaction différente, qui leur conviendrait mieux, et qui serait davantage en phase avec la philosophie asiatique en général, de Chine en particulier.

Ce type d'initiative a tendance à glacer le sang du côté des grandes démocraties d'Occident (et aussi du reste du monde). L'Occident doit pourtant y voir les premiers signaux de la vaste redistribution des cartes qui accompagnera la montée en puissance de la Chine et le recul des États-Unis. Depuis plus de cinq cents ans, les valeurs occidentales dominent le monde. Avec le retrait de l'influence des grands pays des derniers siècles, il faudra bon gré mal gré se confronter à un environnement différent où ces valeurs ne seront plus ni majoritaires ni considérées comme supérieures ou obligées.

En Asie, par exemple, la problématique du rapport de force est fondamentale, elle accompagne l'importance du groupe que l'on évoquait précédemment. Le rapport de force se manifeste de groupe à groupe, donnant lieu le cas échéant à des alliances pour augmenter l'influence de la coalition et étouffer le dominant précédent. L'image du jeu de go où il s'agit d'entourer, d'étouffer l'adversaire, est sans doute la plus évocatrice de cette logique, à l'opposé du jeu d'échecs où le conflit est frontal. En Asie, le groupe le plus fort, ou l'alliance la plus forte imposent leur loi. Il est vrai que cette réalité pourrait être considérée comme une marque de l'humanité. La pensée occidentale néanmoins avait tenté de la tempérer.

Dans le monde économique, ce type de constat est souvent pratiqué trop tard par des entreprises non asiatiques souhaitant travailler en Asie, en Chine en particulier. Leur approche classiquement occidentale consistait à se protéger par des bataillons d'avocats, à rédiger des contrats complexes, permettant de se couvrir contre des pratiques déloyales. L'expérience prouve qu'un certain nombre de conflits dans le contexte chinois résistent *a posteriori* à ces prétendues protections. Il peut être préférable d'admettre qu'une grande partie des pratiques locales sont étrangères à la mentalité occidentale, et qu'il vaut mieux alors composer avec elles, en cherchant à faire appel à des compétences locales. Le Parti communiste chinois a longtemps imposé ce partenariat forcé ; en réalité, il devrait être la règle dans une logique de fonctionnement à égalité, voire, demain, de supériorité des pratiques asiatiques.

Une grande interrogation pour l'Occident concerne alors l'avenir de ses propres valeurs, dans l'hypothèse de ce déclin inéluctable de sa sphère d'influence. L'Occident doit se préparer à une logique défensive, différente de celle agressive ou conquérante qui fut la sienne pendant cinq siècles. Finis, les missionnaires religieux d'abord puis laïcs comme l'ont été les représentants américains depuis la Seconde Guerre mondiale. Le mode défensif sera d'être convaincu de l'intérêt d'une pensée occidentale différente de celle du reste du monde ; de son intérêt, mais non plus de sa supériorité. La nuance est d'importance. L'homme d'Occident ne pense pas comme ceux des autres continents, et ce depuis très longtemps. Il met en avant un certain nombre de valeurs qu'il doit défendre sur son territoire et, le cas échéant, proposer à d'autres.

Demeure alors pour les décennies qui s'annoncent une grande interrogation : jusqu'à quel point la Chine a-t-elle la volonté collective d'assumer le statut de pays dominant la scène internationale ? Les enseignements du passé sont à méditer.

La Chine
veut-elle vraiment du sceptre mondial ?

L'Espagne du 16e et du 17e siècle peut être considérée comme la réelle première puissance à caractère mondial. Auparavant, même l'Empire romain ne pouvait prétendre à cette dénomination. Ses limites géographiques étaient certes étendues, peut-être s'agit-il du plus grand empire de tous les temps, mais sa vocation n'était pas de se déployer sur toute la Terre. Au-delà des frontières, il y avait les barbares, ceux qui ne parlaient pas comme les Romains, qui ne pensaient pas comme eux, qui avaient des cheveux longs et des habitudes de vie totalement différentes, et que l'empire avait pour mission de contenir. L'expansion autour de la Méditerranée était cohérente, sans pousser vers l'orient comme avait pu le faire Alexandre le Grand, dont la geste était bien connue des élites romaines. Leur but n'était pas de découvrir, de coloniser d'autres territoires et de devenir maîtres du monde, comme pouvait en rêver Alexandre le Macédonien, lui qui ne vécut pas assez pour aller au bout de sa destinée.

Un numéro un mondial doit avoir cette logique de recherche d'universalité. L'Espagne du Siècle d'or en fixa le modèle. Il est vrai que le pays s'était réunifié depuis peu, il avait fallu aux souverains catholiques reprendre la péninsule Ibérique aux sultans musulmans. Cette *reconquista* était déjà une confrontation à des cultures et des religions venues de loin. Il n'était pas possible de restreindre l'horizon à une proximité modeste quand il s'agissait de repousser des conquérants venus plusieurs siècles auparavant en ayant accompli des expéditions de milliers de kilomètres. Les Arabes ont donné à l'Espagne une vocation d'empire, une logique d'extension sans limites. Ils lui ont donné aussi les éléments scientifiques, les armes de la connaissance, des mathématiques, de la philosophie lui permettant une renaissance très spécifique et très originale. La Couronne espagnole entendait remettre ses pas dans le modèle romain, et l'élection de Charles Quint comme empereur du Saint Empire romain germanique fut un symbole fondateur. L'équilibre des forces bougeait fortement dans cette période, comme dans tous les avènements d'un nouveau numéro un mondial. Les Habsbourg d'Espagne et d'Autriche prirent la Couronne impériale quelques décennies après le séisme qu'avait représenté la chute de Constantinople devant les forces de l'Empire ottoman de Mehmed II en 1453. La fin de l'Empire romain d'Orient laissa à l'Espagne un espace qu'elle allait combler.

Mais elle alla plus loin. Il faut alors souligner l'importance du développement de la flotte et des conquêtes outre-mer. L'état d'esprit espagnol fut de continuer le développement, de s'étendre toujours plus, de soumettre les autres peuples, même les plus lointains. Le concurrent qui aurait pu gêner la puissance espagnole était le Portugal, qui s'engagea lui aussi dans la course aux territoires de l'autre côté des océans et dans la fondation de colonies immenses. Le traité de Tordesillas de 1494, fixant les limites des deux pays dans leurs annexions respectives des terres étrangères, aurait pu créer un monde à deux têtes, à deux superpuissances. En réalité, il n'en fut rien. Le Portugal ne réussit pas à consolider un empire sur son espace naturel européen, à la différence de son voisin ibérique. Il échoua également quand, presque au même moment, deux conquêtes de nature très proche avaient été lancées par les deux rivaux : l'Espagne et sa soumission du Mexique, qui lui permit de régner sur le continent américain ; le Portugal tentant la même démarche en Chine. Mais, à la différence des Anglais quelques siècles plus tard, les Portugais furent vaincus par la puissance chinoise et ne purent jamais plus contrebalancer le développement espagnol. À part le Portugal, en réalité, aucune autre puissance de l'époque ne put contester la suprématie espagnole, ou plus exactement ne le voulut.

Pour être un numéro un mondial, il faut cette volonté, il faut avoir une politique d'expansion globale, il faut mettre les moyens en adéquation de cette politique. La Chine du 15e et du 16e siècle aurait pu déjà prétendre à un développement de ce type. La dynastie des Ming, semble-t-il, lança de vastes expéditions maritimes menées par le fameux eunuque Zheng He sous l'empereur Yongle dans les premières décennies du 15e siècle. L'empereur Yongle fut un des dirigeants mythiques de la Chine, il fut celui qui ramena la capitale de Nankin à Pékin, achevant de reprendre le contrôle du pays aux Mongols qui pendant plus d'un siècle l'avaient dirigé. Ce fut lui qui lança la construction de la Cité interdite, au cœur de la capitale chinoise, et ce fut pendant la dynastie des Ming que se renforça la Grande Muraille pour se défendre des invasions venues du nord. Ce fut aussi son amiral, Zheng He, qui mena de multiples expéditions maritimes et descendit en Asie du Sud puis poussa jusqu'en Afrique. On a émis l'hypothèse qu'il serait allé beaucoup plus loin, en Australie et jusqu'en Amérique, avant Christophe Colomb. Quoi qu'il en soit, l'objectif de ces expéditions était d'assurer des relations commerciales stables avec des gouvernements connus, et non de découvrir de nouvelles terres, encore moins de les coloniser. En 1433, les expéditions furent arrêtées sur décision de l'empereur, et furent même considérées comme nocives. Il fut ordonné de détruire tous les navires de haute mer pour décourager les explorateurs de poursuivre leurs voyages. La question du coût était évidemment présente d'autant que les Chinois ne cherchaient pas comme leurs homologues européens à rentabiliser leurs voyages par des importations de richesse.

Mais une autre raison tient sans doute aussi à cette constante dans la multimillénaire histoire de la Chine, faite de périodes d'ouverture suivies de périodes de fermeture radicale. La Chine prime sur tout le reste pour ses dirigeants, et les influences étrangères peuvent être considérées comme néfastes, à même de faire perdre au peuple chinois sa culture propre, ses valeurs profondes et, par-dessus tout, son unité. La Chine, l'empire du Milieu, est, comme cette dénomination l'indique, le centre du monde. Elle peut se suffire en se coupant des effets pernicieux de l'étranger lointain ou proche.

Cette nature du pouvoir politique chinois continue à l'époque moderne de nourrir des raisonnements rassurants sur les objectifs poursuivis par Pékin. Il est très souvent affirmé que la Chine n'est pas dans une logique expansive et, comme il a déjà été souligné dans cet ouvrage, n'a aucune vocation à coloniser, c'est-à-dire à transformer des étrangers en citoyens chinois, selon le mode antique de Rome, repris ensuite par la plupart des pays dominant les relations internationales. Néanmoins, dans l'histoire chinoise, il est plusieurs périodes pendant lesquelles, pour de multiples raisons, et principalement pour améliorer des approvisionnements déficients, l'empire chinois a réalisé des conquêtes et asservi des populations nombreuses. Un vrai questionnement au regard de ce qui précède concerne l'évolution qui peut être attendue des élites chinoises dans les décennies à venir du 21e siècle.

Pour l'heure, l'histoire contemporaine de la Chine est en phase avec ce que l'on connaît de son passé. Le règne de l'« empereur » Mao a été une longue période de fermeture quasi totale, avec un principe de défense de la Chine sur ses frontières, voire sur son espace considéré comme vital. Mao ne faisait donc que renouer avec les principes de plusieurs des maîtres de la Chine qui l'avaient précédé. La même philosophie a été à plusieurs reprises exprimée par les officiels chinois notamment depuis l'arrivée au pouvoir de Xi Jinping : la zone vitale chinoise est notamment la mer de Chine où Pékin ne tolère plus d'influence non asiatique, et où la Chine mène la vie dure à toute puissance qui pourrait lui faire concurrence localement. Sa première cible est bien sûr le Japon. Pendant toute la fin du 20e siècle il fut le pays dominant en Asie, et joua un rôle prépondérant après 1989 pour permettre l'accélération du développement chinois. Les investissements japonais furent stratégiques pour le décollage économique, comme ils l'avaient été quand, dans les décennies précédentes, il s'agissait de pousser les dragons (Corée du Sud en premier lieu, Taïwan, Hong Kong et Singapour), puis les bébés dragons, encore appelés les tigres asiatiques (Thaïlande, Malaisie, Indonésie, Vietnam et Philippines). Le Japon dans les années 1990 ne mesurait pas qu'il aurait si vite contribué à élever son principal concurrent, puis son maître dans le domaine non seulement économique, mais aussi géopolitique. Si l'on poursuit l'analyse de la montée en puissance de la Chine, il est frappant de noter l'importance croissante des forces navales dans l'armée chinoise et le poids considérable des officiers supérieurs de la marine pour asseoir le pouvoir notamment des deux derniers présidents, Hu Jintao et Xi Jinping. L'investissement majeur en matière militaire est clairement autour des navires de guerre. Un effort particulier a été fait sur les porte-avions géants.

Un premier a été mis en service en 2012, *Liaoning*. Il est encore de la famille des navires soviétiques, aménagés par les Chinois dans une odyssée rocambolesque. Après avoir été acheté pour une somme dérisoire par une société-écran à la marine ukrainienne alors qu'il n'était pas encore terminé, il est convoyé jusqu'en Asie prétendument pour devenir un complexe hôtelier dans le port de Hong Kong. En réalité, il est acheminé vers les chantiers de Dalian où il est conditionné pour devenir le navire amiral de la flotte chinoise, à la fureur des puissances mondiales, y compris la Russie qui considère avoir été jouée dans l'aventure. Après un démarrage compliqué, il entre en service à l'occasion du conflit sur les îles Diaoyu, opposant la Chine à Taïwan et au Japon, ce qui fut considéré comme particulièrement symbolique. Le second porte-avions, lancé en avril 2017 et mis en service en décembre 2019, baptisé *Shandong*, est toujours un bâtiment de conception soviétique mais cette fois totalement construit en Chine. Le programme de modernisation de l'armée chinoise présenté par Xi Jinping a fait de la conception et de la construction d'un troisième porte-avions un objectif stratégique majeur. Il s'agit cette fois d'un bâtiment purement chinois, plus grand et plus performant que les deux précédents. Il est encore cependant loin des standards des géants américains avec lesquels il ne pourrait pas rivaliser en opération. En revanche, il permet à la Chine de dominer l'ensemble de ses concurrents régionaux, Japonais et Indiens.

La Chine a par ailleurs sans doute lancé un programme élaboré de missiles sol-mer ayant pour vocation d'attaquer des navires de très grande taille, y compris des porte-avions, qui croiseraient dans les eaux qu'elle considère comme sa zone vitale, soit la mer de Chine méridionale, et aussi le détroit de Taïwan, qui demeure une cible stratégique prioritaire pour l'État-major chinois.

La présence très forte de la Chine sur tout le continent africain lui a en outre valu de constituer à Djibouti une très importante base, la plus grande en dehors du territoire chinois. Sa flotte a pour but, notamment au départ de l'Afrique, de sécuriser les convois chargés de l'approvisionnement en matières premières de l'économie chinoise. Le grand plan des routes de la soie favorisé par la politique de Trump, visant à fermer les coopérations possibles transpacifiques, a aussi comme contrepartie de préparer les forces chinoises à se projeter loin de leurs bases, et avec comme objectif de sécuriser les voies de communication, en particulier terrestres et maritimes.

À l'image de toutes les montées en puissance de futurs numéros un mondiaux, la Chine semble bien pousser ses pions partout où elle le peut, partout où elle peut avoir des intérêts, notamment quant à ses approvisionnements en matières premières, partout où elle peut mettre en échec l'influence américaine. Forte de ces principes, la Chine est également présente sur d'autres continents que l'Asie. Elle étend son influence largement dans la zone du Pacifique, au point d'entraîner des réactions de plus en plus inquiètes de la part de puissances locales, en particulier de l'Australie. Cette dernière s'est alliée à l'Inde et au Japon pour tout mettre en œuvre afin de contrer l'avance systématique des intérêts chinois dans la zone et leur caractère agressif autant sur le plan économique que politique.

Mais la Chine ne se contente pas de ces terrains d'action. Elle renforce son influence en Europe et autour de la Méditerranée. Elle utilise les situations économiques très hétérogènes des pays européens pour prendre des positions fortes grâce à des subsides financiers. Elle a aidé par exemple la Grèce ou le Portugal, entre autres, et se positionne en Italie, l'un des alliés traditionnels les plus forts des États-Unis, et où se trouvent de très importantes bases militaires américaines. Au Proche-Orient, l'action de la Chine a été particulièrement forte dans le conflit syrien. Elle a œuvré à la constitution d'un front commun antioccidental et par conséquent prochiite, incluant le pouvoir syrien de Bachar el-Assad, l'Iran, l'Irak. La coalition s'est étendue jusqu'au conflit yéménite où se trouve impliquée l'Arabie saoudite, grand allié régional des États-Unis… Et plus grand producteur de pétrole du Golfe.

La ligne dure au pouvoir à Pékin

La stratégie chinoise en matière de relations internationales a bien été de préparer sinon un affrontement, au moins une confrontation indirecte avec les États-Unis en pariant sur la motivation faiblissante de l'ancienne première puissance à réguler les conflits loin de son territoire. Comme dans un combat de boxe, la Chine est le challenger tournant autour du champion, pariant sur son abandon quand les conséquences économiques d'une tension perpétuelle deviendront trop lourdes en interne. À quel moment cette logique de guerre froide a-t-elle commencé de s'imposer au sommet du Parti communiste chinois ? Il est difficile de le dire avec précision. Les deux présidents qui se sont succédé pendant vingt ans, soit chacun deux mandats successifs de cinq ans, Jiang Zemin d'abord puis Hu Jintao, sont issus de ce que l'on appelle la Ligue de la jeunesse, par opposition aux vieux caciques du Parti, liés à Mao puis à Deng Xiaoping. La Ligue de la jeunesse avait pour objectif de placer la Chine dans une dynamique de croissance, permise par la réaction de Deng après les événements de 1989 à Tian'anmen. La figure la plus emblématique de la révolution chinoise avait donné l'autorisation de ce changement de cap en acceptant par exemple et de manière très symbolique la réouverture de la Bourse de Shanghai. Les jeunes loups lancèrent le pays dans une course au développement et à l'enrichissement. Leur politique fut incontestablement un succès, permettant de placer progressivement la Chine au cœur de l'échiquier économique tout en préservant l'héritage du parti communiste, son histoire et son organisation sociale ou politique. Le défi était de ne pas s'aliéner la partie la plus dure issue du maoïsme à laquelle sont associées l'armée et la marine, tout en permettant à tous de profiter au plus vite des effets de l'enrichissement du pays.

L'Occident ne s'intéressa pas assez aux conflits latents qui pouvaient exister derrière la façade d'apparence uniforme du parti communiste. Les numéros un mondiaux parviennent au pouvoir aussi parce que leurs prédécesseurs négligent leur montée en régime. L'administration américaine, en particulier pendant les huit années de mandat de Bill Clinton, fit un peu le même type d'erreur que celles commises lors de la transformation de l'ex-URSS en Russie et du délitement du bloc soviétique. L'argent et l'enrichissement ne font pas tout et ne résolvent pas la totalité des problèmes, loin s'en faut. Surtout, la grande erreur américaine est d'avoir cru que le capitalisme viendrait à bout de tous les extrémismes politiques. Si l'émergence de Poutine après les années Eltsine peut être considérée comme un bilan raté de la gestion de la question russe par la CIA et le département d'État, il en va de même, de façon plus grave encore, avec l'évolution autoritaire du pouvoir chinois. Les dirigeants en apparence tout-puissants issus de la Ligue de la jeunesse étaient en fait critiqués très durement en interne, et par des courants puissants. Le parti communiste est, comme toute la société chinoise, traversé par des lignes occultes rassemblant des clans beaucoup moins disparates que ne le croient les observateurs y compris ceux en poste localement. La ligne dure du Parti parlait de la « clique de Shanghai » à propos des hommes de la Ligue de la jeunesse, dont la seule finalité semblait devenue l'enrichissement sans limites de quelques-uns, favorisant les déséquilibres les plus inquiétants. Déséquilibre entre les provinces, déséquilibre au sein de la population, déséquilibre entre les ethnies du pays. Dans le Parti, des voix nombreuses critiquaient de plus en plus violemment la gestion de l'empire du Milieu, stigmatisant la montée de ce danger millénaire : briser l'unité du pays. Ils accusaient aussi les équipes au pouvoir de n'avoir aucune vision d'avenir, aucune politique de long terme. Un électrochoc important vint encore renforcer la fronde au point de lui assurer de reprendre le pouvoir. Ce fut la crise financière et économique de 2008. Soudain, l'alignement sur l'Occident révéla ses limites, dans la mesure où l'Occident lui-même apparut comme une sorte de poisson sans tête, pratiquant une politique de la dette à outrance, une fuite en avant supposée se terminer un jour ou l'autre en un krach épouvantable.

La crise fut également révélatrice d'une réalité que plusieurs événements antérieurs avaient déjà laissé supposer : les États-Unis et l'Occident en général ne considéraient pas comme primordial le principe d'une solidarité vis-à-vis de la Chine en cas de difficulté majeure. Pis, même, les baisses de croissance conduisaient plutôt à une politique du chacun pour soi, au mieux, voire à une stigmatisation du développement chinois, accusé de tous les maux, en particulier de détruire l'emploi des pays développés. L'usine chinoise, toute tournée vers les exportations à destination des pays riches, pouvait être bouclée du jour au lendemain si les exigences des maîtres du monde l'imposaient. Plusieurs affaires de fermetures brutales, par exemple, parmi beaucoup d'autres, celle des usines Fiat, avec une mise au chômage immédiate des employés locaux, fournirent des arguments aux tenants des lignes dures du parti communiste. Pendant le dernier mandat de Hu Jintao, les radicaux, dont il était certain qu'ils prendraient le pouvoir, balançaient entre deux évolutions possibles de l'économie chinoise : ou bien une fermeture, à l'image de la fin de la dynastie des Ming, les navires brûlés et un recentrage sur le développement harmonieux d'une Chine retirée du reste du monde ; ou bien, moins douloureux pour la population chinoise, une logique plus communiste, c'est-à-dire avec un contrôle plus strict de l'enrichissement des personnes, mais aussi la préparation assumée d'une opposition frontale contre les États-Unis et l'Occident.

La géostratégie devint dominante, notamment sous l'impulsion du haut état-major, considérant qu'il pouvait exister trois priorités impérieuses : reprendre Taïwan d'abord, contrôler l'Asie et en particulier ne plus tolérer aucune force non asiatique sur les mers ou dans les airs autour de la Chine ; sécuriser enfin les approvisionnements extérieurs de la Chine, en maîtrisant les chaînes depuis le début, y compris par la prise de contrôle indirecte de pouvoirs politiques lointains, jusqu'aux zones de livraison et d'acheminement. L'armée joua donc un rôle capital en particulier face à d'autres forces militaires comme la police dans la succession de Hu Jintao et surtout dans l'éviction de la Ligue de la jeunesse, au profit du retour des « purs », ces princes rouges, héritiers et descendants de compagnons de route de la révolution de Mao. Celui qui avait obtenu la vice-présidence lors du dernier mandat de Hu Jintao, Xi Jinping, ne semblait pas forcément avoir le profil idoine du successeur. Trop consensuel, pas assez rude, il était sous la menace d'autres dirigeants plus énergiques prêts à faire entrer la Chine dans une ère nouvelle plus draconienne. Mais autour de 2012, date du 18e congrès du parti communiste où fut choisi le nouveau dirigeant mais aussi où triompherait une autre orientation de la stratégie du pays, se déroulèrent de nombreux affrontements, feutrés, parfois invisibles pour un Occident trop distrait. La ligne hyperdure qu'incarnait en particulier Bo Xilai, le plus prestigieux des princes rouges par ses ascendances, le plus radical dans le programme, fut, de manière plutôt inattendue, mise en échec. Tous ceux qui en interne craignaient la confrontation brutale avec les Américains finirent par choisir le falot Xi Jinping qui fut intronisé avec quelque sept mois de retard, y compris les presque trois semaines pendant lesquelles il disparut complètement des radars des services de renseignement étrangers sans que le mystère de cette mise au secret ait été jamais percé.

Son premier mandat refléta un durcissement progressif associé à son statut de « petit » prince rouge, mais dans des proportions finalement peu perceptibles. En revanche, son second mandat coïncida avec l'arrivée au pouvoir de Donald Trump et une attitude ouvertement plus agressive des États-Unis. La détérioration avait commencé dès la fin de présidence de Barack Obama. Les accords douaniers transpacifiques, par exemple, avaient clairement pour but d'assiéger la puissance chinoise sur son propre espace asiatique, pour mieux l'étrangler si nécessaire. Mais avec Trump, le mot d'ordre était un étouffement immédiat, frontal, ce qui acheva au sein du parti communiste de convaincre les derniers réticents du bien-fondé d'une confrontation planifiée, fortement appuyée par le haut état-major de l'armée populaire et de la marine devenue prépondérante au sein des forces armées.

Même la Ligue de la jeunesse reconnaissait la pertinence d'une logique de tension et de stratégie d'installation de la Chine au sommet du monde. À titre de symbole, le Premier ministre du premier mandat de Xi Jinping, Li Keqiang, issu de la Ligue de la jeunesse, fut conservé pour le mandat suivant. Il entérinait de la sorte son soutien et celui de son mouvement à une ligne féroce au sein du parti communiste, qui ne tarda pas à se faire sentir dès les premiers mois du mandat, entre 2017 et 2018. Sans la moindre précaution, de nombreux dirigeants furent arrêtés, inculpés de l'accusation fourre-tout de corruption, et condamnés à des peines très lourdes. Plusieurs d'entre eux disparurent même totalement. Cette lutte contre la corruption au sommet de l'État entraîna des changements immédiats de pratiques, avec la fin des achats d'objets de luxe exorbitants comme les grands vins, les bijoux, les automobiles de très grand prix. Cette première phase fut suivie par une reprise en main de plus en plus organisée de la population. Les outils digitaux et l'intelligence artificielle furent mobilisés pour encadrer le peuple dans ses activités quotidiennes ou plus extraordinaires. Les patrons récalcitrants étaient rappelés à l'ordre, la disparition entre octobre 2020 et janvier 2021 du plus emblématique d'entre eux, Jack Ma, 25e fortune mondiale, fondateur du géant Alibaba, prouvait que nul n'était à l'abri d'une rééducation vigoureuse. Le 29 janvier 2021, Lai Xiaomin, ancien président de l'énorme fonds de gestion d'actifs Huarong, était exécuté après avoir été condamné à mort aux motifs de corruption et de bigamie. La terreur régnait sur l'ensemble des élites chinoises.

La Chine inventait un nouveau maillage de plus en plus étroit et de plus en plus liberticide. La finalité se fit plus précise avec la reprise en main de Hong Kong. La ville encore marquée par sa presque indépendance pendant ses décennies britanniques était aussi celle dont la jeunesse supportait le moins les mesures répressives et les rectifications sans ménagement des comportements déviants. Le Covid permit, sans grande levée de boucliers internationale, d'imposer une répression impitoyable. La stratégie de grande puissance sans états d'âme s'affirmait à l'intérieur comme à l'extérieur : les reculs de Trump, puis sa défaite électorale, combinés à ses mesures coercitives contribuaient à solidifier la propagande du régime, désormais ouvertement en course pour la suprématie planétaire.

La Chine ne laissait plus aucun répit aux États-Unis. Le Venezuela se trouvait au bord de l'explosion politique ? La Chine était présente en première ligne, trop heureuse d'apparaître dans un théâtre d'opérations aux portes mêmes du territoire nord-américain. Plusieurs États africains se trouvaient confrontés à une énième crise politique et une reprise en main par une junte militaire ? L'ombre chinoise était présente, devenant souvent de fait, par des politiques de prêts massifs et de financements systématiques, la première puissance du continent. Le Proche-Orient était sous très vive tension dans la lutte entre chiites et sunnites en plusieurs territoires, dont la très emblématique Syrie ? La Chine se positionnait ouvertement en soutien, en appui, ou à tout le moins comme un négociateur impérieux sachant faire contrepoids à l'hyperpuissance américaine.

Le processus de grand remplacement au sommet de la hiérarchie mondiale était lancé à toute vapeur, d'une part en raison de la volonté explicite de retrait des États-Unis et d'une partie importante de sa population, d'autre part parce que c'était désormais la stratégie affichée de la Chine. Alors que le Covid avait encore renforcé la Chine et l'Asie en rebond de croissance, quand le reste du monde souffrait, y avait-il encore un risque de dérapage, une possibilité de voir le scénario annoncé subitement contredit ?

Oui. La Chine n'a pas encore gagné la course, il n'est pas encore certain qu'elle veuille la mener jusqu'au bout.

Les écueils menaçant l'empire du Milieu

Une première raison pour laquelle la domination chinoise se verrait contrecarrée tient à la nature même de l'État en Chine et à la manière dont ses citoyens se perçoivent dans le monde. Nous ne parlons pas de relations internationales contemporaines ou des discours officiels prononcés à la tribune des plénums du Parti communiste chinois. Non, nous parlons de la tradition cinq fois millénaire de la Chine. Évoquant la dynastie des Ming, il a été fait allusion à la fermeture brutale de la Chine au 15e siècle alors qu'elle avait commencé à s'ouvrir sur des horizons très larges. L'histoire chinoise le prouve à maintes reprises : cet atavisme d'exploration très présent dans les civilisations européennes n'est pas forcément une valeur chinoise. Nous l'avons dit, dans l'histoire chinoise, les périodes de fermeture radicale vis-à-vis de l'étranger succèdent aux périodes d'ouverture. Et en général, la justification de cette fermeture est que l'empire chinois a plus à perdre qu'à gagner en poursuivant des processus de rapprochement avec des civilisations différentes. Au reste, les invasions venues d'ailleurs, comme dans la période mongole au 13e siècle, sont aussi des démonstrations que la Chine peut devenir une cible, un objectif pour des étrangers hostiles, desquels il vaudrait mieux se protéger. C'est un poncif, mais il n'est pas totalement étonnant que la seule construction humaine visible depuis la Lune soit chinoise, et soit précisément la grande muraille, symbole de la protection contre les invasions, et du dédain des apports extérieurs.

L'isolationnisme américain de Donald Trump n'est aujourd'hui pas si éloigné du sentiment que de nombreux responsables chinois expriment pour leur propre pays. Au lieu de poursuivre cette perte d'identité associée à l'enrichissement et à la participation au jeu mondial, la Chine pourrait se concentrer sur son propre développement et, de la sorte, le construire plus harmonieusement, en atténuant autant que faire se peut les inégalités entre ethnies de Chine, entre provinces chinoises. Ce tropisme fort est aussi la raison de la non-apparition d'une Chine dominante au niveau mondial dans le passé, alors que ses avantages objectifs, dans la démographie autant que dans la maîtrise des sciences et technologies, auraient pu lui permettre d'envisager ce statut. Il est vrai que la dernière des dynasties impériales, les Qing, a également prouvé le danger d'une Chine trop centrée sur elle-même. Rappelons toujours que les élites chinoises contemporaines, au sommet du parti communiste, maîtrisent, pour la plupart, sur le bout des doigts, l'histoire séculaire et notamment impériale du pays. Les Qing n'ont pas su gérer la baisse de la prospérité, une croissance démographique non maîtrisée, et l'ingérence croissante des puissances lointaines d'Europe. Cela a abouti à la terrible guerre civile dite de la révolte des Taiping (1851-1864), aux deux guerres de l'Opium (1839-1842 et 1856-1860) et au sac du palais d'Été près de Pékin en 1860. Ce symbole, cette catastrophe culturelle dénoncée par Victor Hugo est un cauchemar encore présent chez les élites chinoises. Il constitue la preuve qu'une Chine trop centrée sur ses propres problèmes risque de sous-estimer la menace provenant d'étrangers capables d'apporter la désolation au cœur même de l'empire. Une Chine qui se défausserait de ses obligations de première puissance mondiale aurait sans doute au préalable assuré sa défense et l'affaiblissement de ceux dans le monde qui seraient considérés comme susceptibles de lui nuire.

Une seconde raison qui pourrait justifier un trou d'air dans les décennies prochaines de la domination chinoise sur le monde est liée à cette fameuse révolution technologique dont profite le pouvoir chinois pour accentuer sa mainmise sur sa propre population. Le bouleversement des valeurs qu'implique cette rupture est à même de briser les mécanismes patiemment constitués pour assurer le développement ultra-rapide de l'économie chinoise. La perte de rentabilité accélérée d'activités de production physique, associée au vieillissement de la population chinoise déjà évoqué plus haut, peut rebattre les cartes de la hiérarchie des pays mondiaux. La Chine l'a clairement compris. Elle investit massivement dans la data et les mathématiques qui permettent de la traiter. Sa montée en puissance dans ce domaine est aussi certaine qu'impressionnante. Néanmoins, un problème majeur peut se poser avec l'inadaptation du capitalisme communiste chinois (ou l'inverse si l'on préfère) face aux conséquences immenses de ce changement radical de modèle.

Comme nous l'avons évoqué, dans les grandes révolutions technologiques en général et en particulier dans celle-ci, où la logique d'« aplatissement » est centrale, les petites entités, les expériences tous azimuts regroupant peu de cerveaux sont les seules à tirer leur épingle du jeu. Les grandes unités anciennes se retrouvent condamnées, sans exception. Il en va de même pour les grandes structures récentes qui rapidement se retrouvent confrontées à la pesanteur des administrations lourdes et à leur incapacité de gérer les risques attachés à l'innovation. Pour affirmer une prédiction explicite et brutale, Exxon ou General Motors ne devraient pas survivre à la révolution en marche ; mais pas plus que Google ou Amazon. Pourquoi ? Parce que l'évolution fatale des entreprises de plus de cent mille personnes est de devenir bureaucratiques, donc lourdes, donc incapables de l'agilité vitale en période de bouleversements. La bureaucratie encadre rationnellement les procédures existantes, elle a pour objet d'enfermer à l'intérieur d'un cadre similaire les procédures nouvelles qui pourraient émerger. En cas de rupture technologique, ce travers inhérent à toute structure géante ne lui laisse aucune chance de survie. La seule solution pour un grand groupe souhaitant suivre l'évolution en cours serait d'atomiser sa structure en (quasiment) autant d'entités que de talents. Mais le plus difficile alors est de retrouver une unité à l'ensemble.

Or, en décrivant ce processus, on énonce exactement les problèmes insolubles auxquels pourrait se trouver confronté le Parti communiste chinois, adepte des structures tentaculaires et hiérarchisées ; on peut aller plus loin : la Chine en tant qu'ensemble cohérent pourrait vite se trouver en danger avec le modèle tel qu'il vient d'être décrit. Une question pourrait rester en suspens mais est d'un intérêt capital : quelle serait, au fond, la forme politique idéale pour accompagner la rupture technologique qui commence ? Sans doute un État souple, très peu centralisé, mais très à l'écoute des attentes multiples des citoyens qui le composent. Définition encore à mille lieues de la réalité chinoise contemporaine et historique. Il faut noter au passage que la Chine n'est pas le seul type d'État, loin s'en faut, qui pourrait se trouver en inadéquation avec la forme d'une rupture technologique de très grande ampleur. Dans un sens général, il faut considérer la révolution qui commence comme un défi crucial pour les organisations publiques. La logique d'éclatement, de fragmentation de la société est un vrai défi pour les États qui, par définition, ont une tendance à la centralisation et à la rationalisation généralisée. Si le nouveau modèle peut être résumé en un mot, ce serait celui de déconcentration, ce qui va exactement à l'encontre de la constitution des États modernes. Comme on le développera un peu plus loin, le même type de bouleversement menace l'organisation des finances publiques. Le nouveau modèle aura pour conséquence, aussi, de modifier considérablement les émissions monétaires, et par là les possibilités de prélèvements de l'impôt.

La blockchain est l'illustration du fait que le nouveau modèle a déjà commencé, et avec lui les remises en cause de fonctionnements anciens qui se trouveront totalement obsolètes. Les prélèvements à la source, tout comme les perceptions de TVA par exemple, pourraient très vite se fonder sur des décisions du contribuable et non sur des perceptions gérées par les pouvoirs publics. Encore une fois, si de pareilles mutations déconcertent les observateurs du 21e siècle, elles ne sont qu'un retour vers un mode de fonctionnement considéré comme la norme pendant des millénaires. Les contours de l'État ont été définis par les grandes révolutions industrielles et leurs conséquences, de même que le modèle économique très fortement associé à l'agriculture a lui aussi fondé les contours de l'État qui lui était associé. Il est donc non seulement normal, mais même totalement logique que, de manière quasi adjacente, il soit indispensable de repenser l'État, dès lors que le modèle économique connaît un bouleversement en profondeur. La précédente expérience commencée avec la première révolution industrielle au début du 19e siècle et la suivante avec la seconde révolution industrielle ont abasourdi ceux qui, à l'époque, croyaient en une sorte d'éternité de la forme étatique. Les générations issues du 20e siècle ont souvent pensé la supériorité de leur civilisation sur toutes les précédentes. Il a été fait allusion plus haut à l'ouvrage de Francis Fukuyama, typique de la pensée des Occidentaux, quand ils évoquaient « la fin de l'histoire », une sorte d'aboutissement définitif. Alors, évidemment, la remise en cause totale qui s'annonce soudain est vécue comme un traumatisme mental, un événement invraisemblable et totalement incongru. En réalité, l'évolution continuera sans doute dans les systèmes sociaux, au fur et à mesure des mutations de l'espèce humaine. Il n'y a aucune raison de considérer un système comme tellement parfait qu'il ne nécessiterait plus aucune modification. D'autant que, en l'occurrence, la « perfection » est manifestement perfectible ! Le système public des grands États du 21e siècle ne cesse de prouver ses incohérences ou ses dysfonctionnements. Une évolution radicale en ce domaine ne doit pas, ne peut pas être considérée comme une régression.

La malédiction de l'argent gratuit

S'il est une autre et troisième raison pour laquelle l'ascension de la Chine pourrait se trouver contrariée, et, là encore, l'histoire peut être riche d'enseignements, ce serait, à la différence des précédentes, non pas le fait de la Chine elle-même mais d'un chaos provoqué par la fin de la suprématie américaine. La politique monétaire des États-Unis pourrait devenir l'un des principaux dangers vis-à-vis desquels la Chine aurait peu de prise, comme le démontrent d'autres situations comparables du passé. En l'occurrence, la référence adéquate pourrait être la fin de l'empire espagnol, cette fin du Siècle d'or évoqué plus haut, le temps de l'effondrement du premier numéro un mondial au tournant des 16ᵉ et 17ᵉ siècles.

L'Espagne du Siècle d'or est la première des puissances « modernes », au sens ancien des Temps modernes, c'est-à-dire de l'époque commençant avec les grandes découvertes de la fin du 15ᵉ siècle. L'Espagne cherche par l'aventure outre-mer à s'assurer une nouvelle voie de développement lui permettant de ne pas se heurter à ses concurrents européens. Une fois le processus lancé, il ne connaît plus de limites et Charles Quint sera bien le premier souverain à exercer un pouvoir planétaire.

À partir des années 1560, une crise économique d'une ampleur rarement observée auparavant commença dans l'empire espagnol et se répandit comme une lèpre chez tous ses voisins et concurrents européens. La cause principale fut précisément la raison pour laquelle avait été lancées et financées les grandes expéditions : rapporter de l'or, de l'argent, des métaux précieux, quelles qu'en soient les conséquences. L'économiste et juriste Jean Bodin (1529-1596) se fit le chroniqueur précis de cette déchéance programmée. Pendant les cinquante années du règne de Philippe II, fils de Charles Quint, les volumes d'or et d'argent en circulation explosèrent dans des proportions jamais vues jusque-là. On estime qu'en moins de cent ans la monnaie d'or fut multipliée par trois en Europe, et l'argent multiplié par cinq. Comme toujours dans les créations de monnaie artificielles, dans un premier temps, cette richesse d'apparence procure un avantage considérable sur les concurrents.

Le danger associé à cette monnaie ne provenant d'aucun enrichissement réel, d'aucune création de richesse est qu'elle induit des comportements de plus en plus aberrants. Il n'est plus utile de travailler autant qu'auparavant pour accumuler l'or et l'argent. D'ailleurs, à l'époque, l'argent devint tellement abondant qu'il fut de moins en moins considéré comme une contrepartie de richesse à long terme. On l'utilisait pour les transactions de court terme, tandis que l'épargne de long terme se fixait sur l'or, moins dévalué puisque l'apport externe était moins fort pour le métal aurifère. La perversion du processus fut que la priorité des investisseurs était de participer, de profiter de cet afflux de métal. À telle enseigne, les constructions de navires furent privilégiées, il fallait des galions, des galions et encore des galions pour rapporter les trésors en Europe. Toute l'économie de la péninsule Ibérique était focalisée sur la construction de navires. Ne parvenant à satisfaire la demande, le boum des chantiers navals s'étendit à la France, à l'Angleterre, aux Pays-Bas espagnols.

Le parallèle avec l'époque moderne mériterait d'être souligné : quand la création de monnaie devient une finalité absurde, cette activité en elle-même devient privilégiée, plus bénéfique que n'importe quelle autre. Quand, plus de cinq siècles après la crise espagnole, il n'est plus nécessaire de détenir des minerais physiques pour créer de la monnaie mais seulement des comptes ouverts auprès des banques centrales pour justifier de la création de dette, les énergies se focalisent elles aussi sur le vecteur de transmission de la monnaie et sur rien d'autre. Ce ne sont plus les galions mais des structures financières (des « véhicules »), fonds, banques et autres, qui deviennent les actifs les mieux à même de produire du profit. On peut aller plus loin dans les similitudes : quand la personnalité la plus importante d'une économie ou d'une zone économique est un banquier central, chargé de la création monétaire, il est légitime d'être inquiet, en se souvenant de cette sorte de cas d'école de l'Espagne du Siècle d'or où l'amiral était devenu aussi important que le roi. Créer de la monnaie n'a jamais permis de créer de la richesse, elle ne doit en être que le reflet fidèle, rien de moins, rien de plus. Si le faiseur de monnaie remplace le faiseur de richesse au sommet d'un système économique et politique, il y a de grands risques que le spectre d'une crise terrible se fasse jour.

La chute de l'empire espagnol ne provint pas de l'extérieur ; elle fut bien la conséquence de cette longue période de monnaie aberrante. Encore une fois, la symbolique monétaire est si forte dans le subconscient des populations que l'effondrement ne se produit pas d'un seul coup. C'est une érosion progressive de la relation à la monnaie qui produit une perte de création de richesse à peine visible, que ne perçoivent pas les autorités politiques ou qu'elles interprètent mal. Il est intéressant de noter que, dans l'Espagne du 16e siècle, le constat d'une perte de dynamisme économique engendra les mêmes types de réponses de la part des dirigeants qu'au 21e siècle : pour restaurer l'élan positif, il fallait un plan de relance, importer encore plus d'or et d'argent, il fallait se procurer toujours plus de monnaie. Plus on inonde le système de monnaie, plus on espère un réflexe d'enrichissement, de propositions nouvelles et d'inventivité. En réalité c'est exactement l'inverse qui se produisit : l'excès de monnaie engendra une recherche de la monnaie pour la monnaie, en se détournant des justifications de sa production, qui par définition étaient devenues presque automatiques ou, en tout cas, dépendantes de la seule volonté du pouvoir politique. Au passage, le financement des expéditions d'Amérique, qui posait un problème au départ, finit par s'avérer particulièrement rentable, étant donné la valeur des cargaisons de retour du Nouveau Monde, y compris quand dans le lot certaines étaient perdues par naufrage ou du fait d'une piraterie tout aussi excitée par l'enrichissement rapide. Le rendement quasi certain des voyages conduisit à un financement par l'emprunt, c'est-à-dire la captation de l'épargne existante pour profiter du gain associé à cette manne à nulle autre pareille.

Ce fut le début d'un engrenage mortel : l'investissement productif connut une baisse inexorable, en particulier dans les secteurs manufacturiers où l'Espagne dominait jusque-là. Son agriculture fut moins productive, faute de bras, faute d'intérêt des financiers lui préférant les opérations mille fois plus lucratives de spéculation sur les métaux précieux. L'inflation s'installa, au fur et à mesure que le pays dépendait de plus en plus de ses voisins, parfois devenus ses ennemis, pour ses approvisionnements vitaux.

La malédiction de la monnaie gratuite s'étendit, et les mêmes dévaluations se retrouvèrent partout où les Espagnols achetaient pour compenser leur baisse de création de richesse. Non seulement la monnaie gratuite tuait son émetteur, mais elle communiquait le mal à ceux qui commerçaient avec lui, attirés eux aussi par le signe monétaire et non par la richesse qu'il représentait. L'expression n'avait pas été inventée, mais le signe le plus évident du déclin espagnol était bien le déficit structurel de sa balance du commerce extérieur. La toute-puissance militaire de l'Espagne n'avait plus comme vocation que de compenser sa faiblesse économique, son incapacité à satisfaire ses propres besoins alors que ceux-ci n'en finissaient pas de s'accroître du fait d'une démographie galopante et d'une immigration attirée par tout l'éclat de l'or de Madrid.

La fin de l'empire britannique, quelque trois siècles plus tard, ressembla en bien des points à cette agonie lente de la première suprématie mondiale. Mais que dire alors de la similitude frappante avec le déclin de la puissance américaine ? Ces trois exemples rappellent aussi, comme on l'a souligné, mais il n'est nul besoin de grossir le trait, combien les affaiblissements progressifs du pays dominant peuvent provoquer des ravages par la perte volontaire des repères et de la rationalité d'un système financier. Il est singulier d'établir un pont au travers du temps, cette fois de cinq bons siècles, pour retrouver cette manière de terminer un empire en créant de la monnaie. Il est évident que, pour les historiens du futur, la crise du Covid et cet arrêt brutal de création de richesse, compensé par une expansion quasiment sans limites de l'endettement et de la monnaie, pourra résonner comme une reproduction de travers identiques associés à la même lente décrépitude que ceux constatés à la fin de l'empire espagnol.

La Chine aujourd'hui sent bien, sait bien à quel point la question monétaire est le danger majeur pour un transfert sans heurt du témoin, du bâton de maréchal sur la totalité du monde. Dans des conditions à ce point dégradées, la Chine se doit de proposer au monde une monnaie fiable, emblème économique de sa puissance, une monnaie qu'elle doit parvenir à gérer. Ce défi est tout sauf simple. Dans son histoire multimillénaire, et à plusieurs reprises, la Chine a été confrontée à cette difficulté. Le papier-monnaie par exemple est apparu dès le 7e siècle, et au moins trois des dynasties (les Song, du 10e au 13e siècle, les Yuan du 13e au 14e et les Ming du 14e au 17e siècle) furent confrontées à sa valorisation chaotique, à de l'hyperinflation, à des phases d'instabilité, voire à des émissions massives de faux billets. En dépit des réticences de la population et des mauvais souvenirs demeurés dans la mémoire collective, le papier-monnaie réapparut au milieu du 19e siècle, posant à nouveau de graves problèmes de valorisation économique. Quant au référent métallique, l'argent notamment fut un problème récurrent des autorités chinoises pendant des siècles, du fait de sa rareté, au point qu'elles eurent recours à des monnaies en argent étrangères, espagnole au 16e siècle, mexicaine au 19e.

La Chine moderne se retrouve donc face à cette problématique aux multiples dimensions sur cette question cruciale. La monnaie du futur numéro un mondial devra être irréprochable dans son émission, elle devra refléter les variations de valeurs associées au nouveau modèle économique, elle devra aussi stabiliser le système financier international, passablement sollicité dans les dernières décennies de la domination américaine, y compris à l'occasion du Covid. Quand, à l'époque, les États-Unis relevèrent l'étendard britannique à la fin de la Seconde Guerre mondiale, ils avaient conscience de l'importance que pouvait revêtir leur pivot monétaire, comme axe principal des échanges mondiaux après les périodes épouvantables de deux guerres mondiales, entrecoupées d'une crise financière et économique gravissime. Nous l'avons évoqué, ils assumèrent d'abord le changement de boussole mondiale, depuis la vénérable livre sterling jusqu'au dollar, billet vert et emblème des nouveaux riches.

Pour justifier ce bouleversement des références, les États-Unis entérinèrent les éléments qui fondaient la force d'une monnaie mondiale : les réserves d'or et la représentation de leur création de richesse. L'or était en 1945 encore et toujours la mesure de la richesse d'une nation. Pendant les Trente Glorieuses, jusqu'à 1971, les États-Unis acceptèrent la règle du jeu traditionnel des géants monétaires. La plus puissante des nations du monde se devait de détenir les plus grandes réserves d'or. Pendant longtemps, la création monétaire fut exclusivement reliée à cette logique de réserve aurifère. Comme il était difficile de connaître d'autres informations précises sur l'activité, finalement l'or permettait une sorte de synthèse en continu. Si le pays s'enrichissait, l'or remontait vers le pouvoir, qui frappait ensuite sa monnaie grâce au métal précieux à sa disposition. La difficulté d'adéquation entre les stocks disponibles et la réalité de la croissance se posa assez vite. Nous avons évoqué l'afflux excessif d'or et d'argent dans l'Espagne du 16e siècle, mais la situation la plus fréquente était plutôt celle d'une pénurie. Le temps était très long entre la remontée des métaux précieux et le moment réel de la création de richesse. Ce n'était que le prélèvement de l'impôt qui assurait la certitude d'une augmentation de la richesse autorisant une certaine latitude dans la création de monnaie. Résultat fréquent : les métaux précieux manquaient, surtout quand le pouvoir avait anticipé la création de richesse de ses administrés pour engager déjà des dépenses publiques, des constructions de palais, ou, beaucoup plus fréquemment, des dépenses de guerre. Louis XIV en France accepta de fondre son mobilier d'argent massif en 1690 pour financer ses guerres (« La guerre est un art qui détruit tous les autres »), ce qui lui permit de récupérer tout de même 20 tonnes de métal.

Les réserves étant difficiles à gérer, on préféra dans l'économie moderne ne plus passer par la justification systématique de l'équivalent métallique pour légitimer la création monétaire. Il suffisait de pouvoir établir avec précision la création de richesse réelle constatée sur le terrain par une comptabilité irréprochable.

Attention, le remplacement de la réserve d'or par l'information directe sur l'économie ne se fit pas sans dommage ; il est même permis de se demander si cette mutation est totalement terminée au 21e siècle. Les États-Unis ont voulu démontrer la modernité de leur création de monnaie avec la suspension de la convertibilité or du dollar le 15 août 1971. Cette décision du président Nixon peut être considérée comme le début d'un grand désordre dans les monnaies mondiales par la faute de la puissance dominante. Cette dernière en effet sembla surtout utiliser la perte de l'ancrage aurifère pour créer du dollar selon son bon vouloir et, surtout, la politique interférant toujours sur l'économie pour la même raison, pour financer ses investissements militaires. Saigon allait tomber au Vietnam, la guerre froide se réchauffait dangereusement, les dépenses publiques américaines enflèrent sous la pression du Pentagone. On chercha plus tard à revenir à une plus grande rationalité en proclamant l'indépendance des banques centrales, et surtout celle de la Fed. Cinquante ans après la fin du référent or, Donald Trump, par quelques tweets assassins à l'encontre du patron de la Federal Reserve, démontra s'il en était besoin que dans les faits il n'en était rien et que la création monétaire américaine dépendait bien d'abord de la volonté de l'exécutif (ce dont peu doutaient en fait).

Mais les déboires monétaires qui s'ensuivent démontrent qu'il n'est ni souhaitable ni gérable de s'affranchir d'un principe de rationalité pour la création monétaire, en particulier celle censée être le stabilisateur de l'économie mondiale.

La transparence, grand défi économique de la Chine communiste

Une création de monnaie gérée correctement, suscitant la confiance, devrait s'appuyer sur une information continue, incontestable, très précise et le plus en adéquation chronologique avec la réalité de la création de richesse par tous les acteurs du terrain ; entreprises grandes et petites, travailleurs indépendants, professions libérales, structures financières. Si l'on résume, pour qu'une banque centrale puisse faire son travail, elle a besoin d'un système d'information aussi fiable que possible et dont la solidité est objectivement éprouvée. Dans le cas de la banque centrale de la puissance dominante, cette qualité de la remontée d'information est bien le critère de confiance primordial.

Cet axiome posé, revient alors le problème se dressant face à la Chine, candidate au statut de superpuissance, et par conséquent à celui d'émetteur majeur de la masse monétaire mondiale. Comment concilier ce rôle et le mode de fonctionnement chinois, autour d'un parti omnipotent, d'un maillage serré de la société d'un côté, et de l'autre des informations dont a besoin une grande banque centrale pour asseoir la crédibilité de sa monnaie ? Soyons plus précis : pour gérer sa monnaie de manière rationnelle, la Banque centrale chinoise a besoin d'une remontée précise de statistiques en temps réel reflétant le fonctionnement de l'ensemble de l'économie nationale. Or ce type de données ne « remonte » pas en Chine, mais « descend », comme dans tous les pouvoirs totalitaires, comme dans toutes les sociétés dominées par un État hypercentralisateur. La transparence surtout en matière économique y est une matière potentiellement explosive, soit pour le pouvoir central, quand la performance réelle du pays est loin des affirmations officielles, soit pour le pouvoir local, quand les engagements pris ne sont pas respectés ou que les directives reçues ne produisent pas les effets attendus. Et bien sûr, la faiblesse de l'un nourrit celle de l'autre et réciproquement. Conclusion : personne n'a intérêt à posséder des données fiables. Le principe s'étend sur l'ensemble de la société économique, où le fantasme de perfection apparaît comme largement préférable à un constat plus décevant. La surenchère est systématique : plus un responsable politique ou opérationnel affiche des résultats largement surévalués, plus il oblige tous ses congénères, potentiellement ses concurrents voire ses adversaires, à exagérer de même, au risque de se voir supplanter dans la hiérarchie du Parti.

Comme dans tous les régimes autocratiques de l'histoire, le pouvoir ne se gagne pas du fait de la performance, mais par la soumission absolue au système et à ceux qui l'incarnent au sommet. En revanche, une position s'effondre en cas de déception explicite dans la mission accomplie. Dans ce cas, la broyeuse n'a pas d'états d'âme et se trouve toujours prête à entrer en action. La chasse aux déviants se joue en général selon le même type de critère : l'argument générique de la corruption et ses dérivées possibles. Tout officiel chinois, quel que soit son poste, s'enrichit personnellement grâce à ses fonctions, et souvent dans des proportions ahurissantes. Cet enrichissement est évidemment une source de motivation à demeurer dans le rang ; il constitue aussi le dossier implicite qu'il suffira d'ouvrir en cas de purge ou d'erreur fatale. La chasse à la corruption est simple puisque la corruption est absolument partout. Elle constitue le moyen le plus sûr de conserver la possibilité à tout moment de faire sauter celui qui serait indésirable. En illustration et pour mémoire : le président Xi Jinping, nouveau champion impitoyable (ô combien !) de la lutte pour la pureté morale des dirigeants, avait son nom et celui de très proches membres de sa famille cités dans l'affaire des Panama Papers sortie en 2016 dans la presse mondiale. Il y apparaissait qu'il conjuguait les deux pires crimes aux yeux de la répression communiste, la fraude fiscale et la fuite de capitaux vers des pays étrangers. *A priori*, le président chinois, en son nom personnel, aurait mis à l'abri des centaines de millions de dollars, voire des milliards. L'affaire n'a pas été plus loin, car le temps n'était pas encore venu. Le jour où Xi Jinping serait renversé, nul doute que le dossier de sa propre corruption remonterait comme par enchantement.

Tel est bien le fameux modèle chinois, parfois vanté comme étant une magnifique synthèse d'un communisme focalisé sur l'intérêt général et d'un capitalisme de performance. Dans la réalité, la lutte silencieuse, invisible, mais féroce de différents clans pour la conquête du pouvoir suppose aussi une captation totale de l'information, son détournement, son aménagement. Un incapable peut accéder au sommet du système pourvu qu'à aucun moment il n'ait à assumer une catastrophe. En revanche, quand tel est le cas, le couperet tombe, quitte à trancher la tête d'un responsable compétent, il en existe fort heureusement. Le calcul de chacun est vite fait : pour ne pas courir ce risque, mieux vaut ne jamais faire remonter l'information ; quand elle est bonne, elle sera de toute façon comparée à toutes les données trafiquées ayant pour seul objet la gloire de celui qui s'en arrogera la paternité ; quand elle est mauvaise, personne n'aura l'idée de chercher d'autre explication que l'insuffisance du coupable. En Chine, le vrai sens de l'information économique est donc exclusivement descendant : les prévisions ou plutôt les objectifs sont établis au sommet, toujours surévalués ; ils sont transmis aux échelons inférieurs avec la menace des pires sanctions en cas de non-accomplissement. En clair, les statistiques chinoises ne sont que des tendances générales, jamais le reflet d'une réalité constatée, et encore moins future.

Dans les régimes totalitaires, l'information est depuis des siècles une donnée stratégique. Ce n'est pas un hasard si Goebbels était considéré comme l'un des personnages les plus puissants du régime national-socialiste : il était chargé de la propagande, c'est-à-dire de l'information telle que le régime voulait la voir afficher, et du renseignement intérieur. La Russie de Poutine donne une autre illustration du caractère hyperstratégique d'une maîtrise de l'information et de sa manipulation éventuelle. Rien d'étonnant par conséquent à ce que, dans une Chine de moins en moins libérale (si tant est qu'elle l'ait jamais été) sous la férule du clan dont Xi Jinping est la partie émergée, l'information en général soit considérée comme archi-importante. Les technologies longuement évoquées dans cet ouvrage sont pour la Russie, comme pour la Chine, en externe comme en interne, des éléments prioritaires en termes d'investissements. La Chine est considérée, et encore plus à la suite de la reprise en main de Hong Kong au début de l'année 2020, comme le premier régime mettant en œuvre un totalitarisme digital. Les outils de big data et les instruments numériques utilisés par la population dans son quotidien sont devenus les moyens d'aller bien plus loin, dans la traque des comportements dits déviants, que ne l'avait imaginé Orwell dans son roman d'anticipation *1984* (publié d'ailleurs en 1949, année de la révolution maoïste). Dans un contexte aussi oppressif, aussi liberticide, il semble difficile d'envisager un espace, même contrôlé, d'information objective et vérifiable. Les big datas permettent les recoupements les plus inouïs, par conséquent toute latitude laissée à un espace de liberté, ou de non-contrôle, mettrait en danger l'édifice totalitaire. Or les statistiques économiques globales ou spécifiques, par entreprises, par régions, par secteurs, seraient immédiatement des sources de déstabilisation de la propagande officielle mais aussi, comme on l'évoquait, de l'architecture même du régime et de tous ceux qui sont soumis au clan dont Xi Jinping est le sommet.

Cette logique totalitaire, couplée à la révolution technologique du digital et des big datas, devient alors un vrai handicap pour une Chine candidate à la domination mondiale. Aucune puissance totalitaire, l'URSS comme l'Italie fasciste ou l'Allemagne nationale-socialiste, n'a su, n'a voulu gérer une masse monétaire rationnelle. Et au 21e siècle, c'est l'os monétaire qui pourrait se coincer dans le gosier du géant chinois. Il n'est pas possible d'agir avec duplicité dans le domaine, puisque le banquier central valide implicitement les informations qu'il détient par la politique qu'il engage. Jusqu'à la troisième décennie du 21e siècle, le Parti communiste chinois a préféré gérer sa monnaie comme une arme dans le commerce international : sa sous-évaluation chronique a permis de décupler l'avantage dans les exportations, et la puissance grandissante de la Chine donnait également des arguments politiques aux acheteurs de monnaie chinoise en dépit de sa valeur faible. Néanmoins, il s'agit d'une déficience indéniable pour un aspirant à la première place. Le second peut titiller le puissant avec une monnaie artificielle, le dominant mondial ne peut se permettre de fausser le jeu du commerce international avec un fonctionnement défaillant, volontairement ou non, de sa devise, devise de réserve, devise de référence. D'ailleurs la Chine a eu beaucoup de mal à faire accepter sa monnaie dans le panier réduit des grandes devises mondiales du FMI, en compagnie, dans l'ordre, du dollar, de l'euro, du yen et de la livre sterling. Quand l'événement s'est produit en novembre 2015, l'évolution semblait à la fois évidente, en raison de la puissance gagnée par la Chine, et fragile, en raison de la gestion manifestement contestable des autorités monétaires chinoises depuis des décennies. D'ailleurs, quelques semaines après l'événement que représentait cette accession au statut de monnaie mondiale, les marchés financiers chinois subissaient des corrections tellement violentes qu'elles annulaient les gains de presque deux années successives, et qu'elles obligeaient les autorités du pays à contrôler de manière extrêmement stricte les risques de fuites de capitaux pour rechercher un placement de secours… en monnaie moins dangereuse. Il est toujours utile de rappeler que la répression à l'encontre de l'évasion des capitaux en Chine peut aller, est allée à plusieurs reprises jusqu'à l'internement de financiers ou de *business men* chinois, considérés comme coupables de trahison et même, comme on l'a évoqué, jusqu'à la condamnation à mort et à l'exécution. Le terme retenu n'est pas celui qui est toujours utilisé lorsque de telles affaires donnent lieu ensuite à un procès officiel. Comme de juste, c'est le terme de corruption qui légitime les sanctions pénales les plus lourdes.

La Chine fut conduite pendant l'année 2016 à fermer ses marchés dans un sens : il était possible d'acheter des titres, mais il était interdit de les vendre, ce qui dit assez à quel point les autorités craignaient encore des mouvements incontrôlables de masses énormes de leur monnaie, pourtant devenue prétendument internationale. Il est assez piquant *a posteriori* de rappeler l'argument invoqué par la directrice générale du FMI de l'époque, Christine Lagarde, pour justifier la promotion de la monnaie chinoise : les Chinois, selon elle, venaient de prendre une série de mesures en faveur d'une économie de marché. Or la première dimension d'une économie de marché est bien l'obligation de transparence à tous les niveaux, de manière à permettre la concurrence la plus objective. Et il est vrai qu'une économie de marché, par cette neutralité de l'information, dispose alors d'une monnaie objectivement intégrable dans le panier du FMI, *a fortiori* quand elle représente la création de richesse de la seconde puissance du monde. Or cette transparence est clairement absente de Chine y compris et peut-être surtout dans sa remontée de statistiques économiques.

Comme il est difficile d'expliquer ou de décliner le danger que fait courir aux échanges internationaux dans leur ensemble cette information erronée, volontairement manipulée, les Occidentaux ont fini par s'en accommoder. Les prévisions de croissance tout comme les résultats officiels publiés par les organismes de statistiques chinois sont repris presque sans le moindre recul par l'ensemble des structures publiques ou privées chargées du traitement de l'information. Les données chinoises sont mises sur le même plan que celles issues des économies libérales, et c'est seulement de temps à autre, par les estimations d'une banque ou d'une institution, que le doute réapparaît : des écarts avec la réalité sont corrigés sans pour autant que s'élèvent les hauts cris que l'on serait en droit d'attendre ; comme si tout un chacun n'ignorait pas le hiatus statistique mais feignait de ne le pas connaître.

À leur décharge, il est vrai que les autorités chinoises ont beau jeu de considérer que leurs homologues gestionnaires des autres devises mondiales pratiquent depuis de longues années, et ouvertement depuis la crise de 2008, des politiques dites « non conventionnelles » ; traduit autrement, cela signifie qu'en fonction de l'information officiellement à la disposition des banquiers centraux les politiques monétaires conformes à l'orthodoxie – ou plus simplement au bon sens économique – ont été remplacées par des mesures anormales. Des mesures qui ne cessent d'être présentées comme temporaires et devant rapidement permettre un retour à un mode de fonctionnement plus rationnel. La Chine pourrait se réfugier derrière le même type d'argument. Le Covid a, sur ce plan aussi, accentué encore l'écart entre le souhaitable et le réalisable. La création pure et simple de monnaie quand la plupart des secteurs économiques se trouvaient à l'arrêt complet était une première redoutable. Certes, dans cette situation totalement extraordinaire, il n'existait pas d'autre alternative pour éviter l'effondrement complet et immédiat de l'économie mondiale. Il n'en reste pas moins que les mesures mises en œuvre portent en elles le risque majeur d'une perte de confiance durable dans la solidité et la crédibilité de toutes les monnaies internationales. La référence au Siècle d'or espagnol est à nouveau pertinente : ce type de « divorce mental » progresse insidieusement dans les esprits, comme la mer saperait une côte sableuse par des courants profonds. Tous sont concernés, depuis les meilleurs experts et spécialistes, qui cherchent sans le clamer à mettre leurs propres avoirs à l'abri, jusqu'à l'opinion publique qui sent un dysfonctionnement alors même que les officiels les plus inattaquables le démentent. Quand survient l'effondrement, il est trop tard, le mal ne se répare pas.

Dans le cas du Covid, la Banque centrale américaine a été la plus « créatrice », si l'on ose cet euphémisme, pour tenter de subvenir aux besoins immédiats de ses agents économiques bloqués par le confinement, puis pour la relance tous azimuts (mais surtout vers l'ancien modèle). Il est vrai que l'élection de Joe Biden a contribué aux surenchères politiques pour toutes les raisons, les meilleures comme les pires. Cela étant, cette politique hyperexpansive n'est pas, loin s'en faut, une nouveauté. On peut même considérer que depuis la dernière décennie du 20e siècle et l'interminable mandat d'Alan Greenspan à la tête de la Fed (19 ans) la création monétaire s'est décorrélée dans les faits, dans les actes, de la création de richesse du pays.

Donc, pour la Chine, l'opacité statistique n'est qu'une manière, en amont, de pratiquer la même politique accommodante, non conventionnelle eu égard à une logique de marché. En revanche, la question deviendra plus épineuse quand il ne s'agira plus de s'arrimer au train monétaire des grands pays d'Occident, mais de fonder un nouvel ordre mondial ordonné autour d'une monnaie chinoise devenue locomotive et non wagon de queue.

Un nouvel ordre ou désordre mondial ?

La monnaie est la prérogative de la puissance dominante mais elle est aussi la première de ses responsabilités. C'est ainsi même que peut se définir la réelle volonté d'un pays d'assumer son rôle et son action. Pour la Chine, on pourrait parler d'épreuve de vérité. L'Asie est devenue la première zone économique du monde ; la Chine, en tant que première puissance asiatique doit d'ores et déjà pérenniser la croissance par l'investissement grâce à une monnaie sans faille de confiance. La question financière, la question monétaire seront très vite des révélateurs. Il ne fait aucun doute qu'en cas de défaut, de politique non adaptée, les conséquences pourraient être nombreuses et négatives. La mécanique des krachs est impitoyable.

Ainsi, la crise de 1929 est née d'une situation très similaire entre deux grandes puissances, entre deux références monétaires : la Grande-Bretagne n'était plus objectivement la première puissance du monde depuis le désastre de la Grande Guerre ; les États-Unis n'assumaient pas encore les responsabilités qui incombaient sur les plans économique, financier, monétaire, à la tête de la production planétaire. Résultat ? Une faiblesse chronique de la masse monétaire mondiale, fragilisée par une émission de dette folle pendant la période de guerre. Ce cocktail explosif conduisit à une interrogation sur la valeur des actifs. Dit autrement, la situation dégénéra en crise majeure des marchés boursiers se répercutant sur l'économie tout entière, par un mécanisme qui se reproduira à plusieurs reprises au 20e siècle. La perte de confiance en l'univers monétaire se traduit par un dégagement systématique des investisseurs des produits risqués, en particulier des actions. Ce dégagement fait d'abord des dégâts très lourds dans le monde de la finance, provoquant faillites en cascade et paralysie durable du financement des investissements de long terme, les plus importants pour la prospérité et la capacité du système à créer de la valeur ; l'onde de choc se propage alors par un ralentissement de la production et les tensions sociales qui peuvent accompagner une telle situation. De surcroît, la perte des repères s'accentue quand la valeur économique est elle-même sujette à caution. Tous les points fixes se dérobent les uns après les autres, et c'est l'effondrement généralisé, aux conséquences multiples, sur le plan économique, mais aussi social et politique. Les États-Unis se souvinrent de l'expérience cuisante des années 1930, et décidèrent, alors que la Seconde Guerre mondiale, conséquence directe de la crise, n'était pas encore achevée, de partir sur des bases fondamentalement différentes : à partir de 1945, la monnaie pivot fut clairement le dollar, monnaie de la première puissance ; les dettes furent garanties par sa capacité de production, ce furent des dettes américaines qui assurèrent la relance par le biais du plan Marshall en Europe, ou du plan MacArthur en Asie.

Désormais, on en était sûr : sans la monnaie d'une puissance dominante, une croissance harmonieuse n'était pas possible. La démonstration s'est construite à la fois sur une double vérification positive et sur une autre négative : la situation négative a été l'absence de repères des années 1930 et la crise qui s'est ensuivie ; les deux situations positives ont été procurées par la domination britannique, notamment par sa monnaie, le sterling, puis par ce retour de l'âge d'or, au propre comme au figuré, que fut la croissance occidentale sous le parapluie américain et la référence de son dollar des années 1950 et 1960. Une mythologie se construisit sur cette nouvelle période positive, avec une manière de point d'orgue, la présidence Kennedy, pendant laquelle tout semblait possible, y compris les projets les plus fous, comme celui d'envoyer un homme sur la Lune. À l'époque, quand, en novembre 1963, les journaux évoquèrent la fin de Kaamelott, la référence était claire : c'était bien le crépuscule d'une période bénie, celle du roi Arthur terminée par l'assassinat du président à Dallas, le premier vécu en direct et en couleur.

Le mythe perdura pendant des décennies et les États-Unis prolongèrent cette sorte d'état de grâce qui menaçait de se diluer dans les boues du Vietnam, puis dans celles du Watergate et, pour finir, lors des attentats du 11 Septembre. La présidence de Donald Trump et la pandémie de Covid marquaient bien l'agonie d'un rêve et d'une domination.

La Chine reprendra un flambeau différent si elle accepte la fonction. Le fait de l'esquiver ou de se dérober, et la monnaie en est le premier et principal indicateur, signifierait le retour à une situation d'entre-deux, porteuse de tous les dangers. Le monde et son économie ont besoin de la stabilité d'une puissance dominante, d'autant que l'effort d'investissement associé au développement d'un nouveau modèle économique sera l'un des plus importants de tous les temps. La crainte d'une absence de référence pourrait paralyser les initiatives partout et dans tous les domaines. D'ailleurs, comme en illustration miroir des années 1930, ces années de flou et d'inquiétudes, avec le Covid sont revenues toujours plus fort un certain nombre de thèses qui rencontraient déjà un succès croissant juste avant la pandémie : celles de la fin de la mondialisation, de la fermeture des échanges de toutes natures, économiques évidemment mais aussi culturels ou touristiques. Les périodes de très grands changements sont aussi celles des plus grandes peurs collectives.

Le réflexe de fermeture a toujours été dans l'histoire la première étape d'un processus menant à coup sûr vers la guerre. En l'occurrence, les motivations de cette fermeture, de cet ostracisme voire de cette xénophobie généralisée sont multiples et d'apparences parfois très éloignées : religieuses, ethnocentrées. Elles peuvent aussi prospérer sur un tout autre plan, politique, quand elles sont dissimulées par une invocation à des retours à un mode de fonctionnement de proximité, à une finalité de développement durable. Dans tous les cas, comme en tous les siècles, les meilleures raisons donnent lieu aux pires excès en matière de confiscation des libertés individuelles. Le rejet de l'étranger se double très vite de l'imposition d'un modèle unique auquel il n'est plus permis de déroger. Là encore, l'histoire fourmille, sur les cinq continents, d'exemples de ce scénario classique. Les régimes liberticides sont toujours construits sur le principe d'une action bénéfique au plus grand nombre, pour son bien, et sans qu'il soit en mesure d'en percevoir par lui-même tous les bienfaits. Les expériences les plus glaçantes *a posteriori* sont aussi, au moment où elles se mettent en œuvre, justifiées par des idéaux portés au pinacle. D'ailleurs, les régimes totalitaires fonctionnent d'abord sur l'enrôlement d'une grande partie de la jeunesse, séduite par les discours radicaux. Le 21e siècle ne fait pas exception. Il a pour seule différence avec ses devanciers, mais elle est de taille, de devoir composer avec l'urgence : une urgence montante, la croissance démographique mondiale ; une urgence incontournable, le dérèglement du climat et l'obligation de proposer en matière économique une offre nouvelle. Une offre dont l'amélioration, comparée à celle qu'elle est censée remplacer, doit être certaine et mesurable, non pas en critères monétaires mais bien d'abord en unités de compte réelles : amélioration de l'air, diminution des émissions de CO_2, amélioration de la qualité de l'eau, réduction des déchets, baisse des températures moyennes. Les critères du développement durable ont l'avantage de la clarté. En revanche ils sont impérieux et ne laissent pas de place à l'incertitude. La nouvelle puissance mondiale n'aura d'autre légitimité que celle-là : permettre aux générations suivantes de regagner l'espoir d'un futur viable, sinon lumineux.

Le commerce international ne tolère pas le double jeu

Au sommet de Davos de 2017, le président chinois Xi Jinping manifestait sa compréhension de l'enjeu en se muant en apôtre de deux impératifs : celui d'une autre croissance, celui du commerce international. À l'époque, son allocution fut abondamment commentée et critiquée. La posture semblait artificielle, pour le dirigeant d'un régime communiste ayant des velléités affirmées de logique totalitaire voire dictatoriale. En réalité, il s'agissait certes d'une affirmation de la prétention de la Chine d'assumer le contenu d'un statut de superpuissance mondiale ayant en charge la prospérité générale ; mais l'objectif complémentaire était aussi celui d'une communication directe avec le peuple chinois mesurant les dégâts environnementaux associés à la croissance économique. Xi Jinping se voulait, par la même occasion, porteur d'un message fort adressé aux pays pauvres ou en développement dont la Chine se considère comme peu éloignée, du fait de son régime communiste, et aussi parce qu'une partie importante de sa propre population est encore loin d'avoir accédé à la prospérité. Or les échanges internationaux sont cruciaux pour le développement rapide des pays en développement.

Seules des zones riches, notamment sur le plan monétaire, peuvent se permettre d'asseoir leur croissance sur leur consommation intérieure. Et encore, une telle dépendance est dangereuse à moyen terme, dès lors que la zone en question a besoin d'importations pour son fonctionnement.

À l'époque contemporaine, l'importation la plus vitale est celle d'énergie. Même pour un pays riche, le déséquilibre induit par une croissance appuyée sur la consommation interne doublée d'un déficit du commerce extérieur associé à des importations énergétiques est une situation à terme intenable. Le déséquilibre ne peut que s'accentuer dès lors que cette consommation intérieure devient si importante, tellement stratégique qu'elle débouche sur des redistributions massives de la part de l'État. Le fameux cercle vicieux des déficits jumeaux, les *twin deficits*, risque alors de s'amorcer : la focalisation sur la consommation débouche sur un déficit des comptes publics, dont l'alourdissement produit une seconde exigence : celle d'augmenter les prélèvements obligatoires, y compris sur l'appareil productif. Ces prélèvements sont indispensables à la survie de l'État et à celle de la consommation. De fait, cet accroissement de la ponction sur l'économie entraîne une perte de compétitivité relative des entreprises, toujours plus taxées, quand elles sont confrontées à des concurrents issus de pays au modèle différent. Résultat : le déséquilibre du commerce extérieur s'accroît, le ressort de la consommation interne monte encore en importance, et les acteurs qui souhaitent malgré tout se positionner sur les marchés mondiaux n'ont d'autre solution que de s'exiler dans des économies moins exigeantes en termes de fiscalité. La spirale s'accélère si cette logique implacable débouche sur un chômage impossible à réduire faute de débouchés, dont l'effet mécanique est d'augmenter encore le prélèvement sur l'ensemble de l'économie.

L'ultime prolongement d'une pareille impasse est alors d'augmenter les restrictions douanières, d'accroître le protectionnisme pour faire profiter les entreprises locales du maximum d'impact des efforts de préservation du pouvoir d'achat des citoyens. Le protectionnisme est par essence une mesure multilatérale, les concurrents étrangers adoptant la même posture, conduisant à une dégradation toujours plus forte de la balance du commerce extérieur et à la montée de tensions géopolitiques.

Dans le cas d'un pays gérant sa monnaie, la dévaluation inévitable ajoute encore de la difficulté. Les importations obligatoires deviennent hors de prix, captant de plus en plus de pouvoir d'achat et pénalisant la performance de toutes les autres activités. Le chômage augmente encore, les impôts ne rentrent plus, l'État tente de taxer encore davantage les entreprises, et ainsi de suite. La double issue traditionnelle de ce type de cul-de-sac est connue : la révolution et la guerre.

La seule issue pacifique est de sortir de ce modèle intenable par le principal vecteur de décision interne : celui de la réduction des prélèvements obligatoires, d'abord sur les entreprises productrices de richesse. Pour ne pas déboucher sur une crise sociale et politique, il s'agit alors de diminuer drastiquement les dépenses publiques, ce qui ne va pas sans mal, et entraîne en général la perte du pouvoir par les politiques en place ; on parvient alors à éviter la guerre, mais pas la révolution.

La description qui vient d'être faite correspond trait pour trait à l'économie française depuis trente ans. La tentation du protectionnisme est rendue impossible par l'appartenance à l'Union européenne. Certains partis extrémistes ont alors envisagé d'en sortir, en flattant le nationalisme exacerbé qui ressurgit toujours dans les périodes de crise. Mais l'appartenance à une union monétaire a permis une contrepartie formidable : celle de bénéficier, par le biais d'une monnaie globalement vertueuse, d'un maintien d'importations énergétiques à des prix bas d'une part, d'autre part à des conditions d'emprunt favorables. L'impasse que rencontre tout pays focalisé sur sa seule consommation interne est alors contournée par la possibilité de s'endetter toujours plus. La dette pas chère permet de financer l'État ultra-déficitaire, de maintenir une consommation élevée par des redistributions fondées sur le déficit public. Elle permet aussi aux entreprises locales de financer des investissements à coûts réduits et de repousser, de repousser sans cesse la question du caractère insoutenable de la situation. Le comble est qu'un certain nombre de personnalités politiques militent en France pour une fin de la mondialisation, dans le sens d'une diminution drastique des échanges mondiaux. Comme pour tous les pays ayant une sujétion à un facteur externe pour les maintenir à flot, en l'occurrence une monnaie unique bénéficiant de la crédibilité d'ensemble de la zone euro dans sa balance du commerce extérieur, il semblerait hasardeux de s'y soustraire volontairement. Mais l'évidence économique est rarement partagée en politique. Et c'est en France que se développe pour la première fois en Europe depuis la Seconde Guerre mondiale une logique de refus des échanges internationaux, de refus de l'étranger, de refus de l'ouverture.

Cette sorte d'aberration n'est pas possible partout : en particulier, les pays pauvres et émergents savent que leur salut ne peut passer que par un enrichissement externe, par un commerce international dans lequel leur pauvreté devient un atout leur permettant de se positionner avec des coûts inférieurs à ceux des pays riches. Le procès a été instruit avec une insistance croissante au gré des deux grandes crises du 21e siècle, celle de 2008 et celle liée au Covid : production dans des conditions non conformes au développement durable et surtout concurrence déloyale quand les salaires payés sont trop bas par rapport à ceux des rivaux commerciaux. Soit le coupable est l'entreprise des pays pauvres, « envahissant » les marchés riches en cassant les prix ; soit le coupable est l'entreprise du pays riche, délocalisant sa production pour proposer au consommateur riche un prix défiant toute concurrence, au sens propre. Les données du problème ne sont pas simples : en réalité, il s'agit bien dans tous les cas de figure d'enrichir le travailleur pauvre grâce à la consommation du consommateur riche. Travailleurs et capital, travailleurs et entreprises, travailleurs et actionnaires. Pour fustiger les trois partenaires économiques, il est devenu courant de condamner l'ensemble. Or la première victime d'une fermeture des frontières est bien le travailleur pauvre. La deuxième victime est le consommateur du pays riche, dont le pouvoir d'achat s'amoindrit considérablement. Certes, il est riche comparé au travailleur qui lui fournit la marchandise, mais il peut avoir le sentiment de vivre une situation de pauvreté, de précarité de plus en plus fréquente à l'intérieur même d'un pays riche.

Là encore, le terme « riche » prête à polémique, et l'on connaît les discussions sans fin pour savoir à partir de combien par mois ou par an on doit être classé comme riche, moyen ou pauvre. Nous l'avons dit, le débat peut se clore assez aisément quand il concerne l'économie mondiale : la pauvreté dans l'espèce humaine se mesure à l'aune de l'espérance de vie. Pour le coup, les statistiques sont sans ambages L'espérance de vie est corrélée au niveau de richesse exprimée par le PIB. Certes, il existe des anomalies, dont la principale est le classement décevant des États-Unis, au-delà de la trentième place pour de multiples raisons, incluant notamment le coût exorbitant de la santé, payée en grande partie par des assurances privées. Une autre explication tient à un certain nombre d'évolutions négatives de la société américaine, et dans une certaine mesure à son déclin mondial, auquel il a été fait allusion plus haut. Néanmoins, dans les 34 pays précédant la plus grande puissance mondiale, il n'y a pas de surprises : ce ne sont que des pays riches, voire très riches, qui permettent à leurs habitants d'espérer une vie longue et en bonne santé. Comme, à l'inverse, lorsque le classement est observé pas le bas, les pays ayant les moyennes les plus faibles sont aussi classés parmi les plus pauvres du monde, avec d'ailleurs une présence forte de l'Afrique. Un pays pauvre est d'abord un pays où l'on vit moins vieux que dans un pays riche.

Nous l'avons dit, la différence entre le haut et le bas du classement est de trente-trois années. C'est énorme, plus d'une génération. Au passage, ces trente-trois années sont quasiment ce que le monde a gagné en espérance de vie moyenne depuis la fin de la Seconde Guerre mondiale. Mais l'augmentation a été la même pour tous, ce qui signifie une augmentation similaire et globale de la richesse, en même temps que le maintien d'une situation profondément inégalitaire. Ce constat est important, car il est l'une des clefs majeures pour comprendre l'évolution future.

Les pays riches n'ont pas le droit d'être égoïstes

Si nous récapitulons la démonstration commencée plus haut, la seule manière d'envisager un enrichissement considérable des pays pauvres par rapport aux pays riches est d'opérer un transfert de richesse grâce au commerce extérieur ou, dit autrement, grâce à la mondialisation. Ce transfert est structurel et ne peut s'apparenter à des campagnes de dons, généreuses dans leur principe, mais ridicules quant au fossé à combler dans la réalité. L'exportation de produits d'un pays pauvre permet l'enrichissement de sa population, peu importe que l'entreprise et l'actionnaire en soient également bénéficiaires. Ou peut-être, non, il importe : sans un mécanisme d'intérêt global, la modification structurelle ne tient pas sur le long terme. De la même manière, le consommateur occidental bénéficie de la pauvreté de son fournisseur, et c'est ainsi qu'il ne voit pas d'inconvénient à le laisser le concurrencer, voire à évincer les concurrents des pays riches, donc chers, de pans entiers de l'économie. La Chine connaît le principe de ce transfert, il a eu lieu pendant trois décennies, depuis la révolte de Tian'anmen en 1989, il s'est fait par le truchement d'une consommation occidentale, européenne et américaine. C'est l'époque de l'émergence de la société Walmart, qui devient en 2013 première compagnie mondiale en chiffre d'affaires. Walmart est une chaîne de distribution ayant fait sa fortune sur les produits manufacturés chinois, permettant un prix hypercompétitif pour les consommateurs américains, en particulier les plus pauvres. La marge du groupe est cependant substantielle, elle permet un débouché hors norme pour les industries d'Asie. Il n'y a pas de perdants objectifs dans ce développement. Certes, des actionnaires ont fait fortune d'un côté ou de l'autre du Pacifique, mais les effets concrets pour le plus grand nombre sont là : en Chine, un enrichissement de masse, se traduisant bien par un accroissement de l'espérance de vie depuis 1989 ; du côté américain, une classe moyenne pauvre, continuant de vivre correctement en dépit d'une stagnation de son revenu. Le pouvoir d'achat est maintenu, voire augmenté par la grâce de la nouvelle usine du monde, chinoise. Les prix, les coûts permettent à la fois de répondre aux attentes des consommateurs et à celles des capitalistes comme les actionnaires de Walmart et ceux des grandes structures chinoises. Si l'on veut aller jusqu'au bout des conséquences, il est certain que ce processus enclenché dans une logique court-termiste est aussi celui qui donne en accéléré un pouvoir à la Chine sur les États-Unis, produisant un affaiblissement de pans entiers de l'économie nord-américaine.

Les cartes (et les atouts) sont redistribuées entre anciens pays superriches et anciens pays superpauvres mais fortement peuplés. Le rééquilibrage par les échanges internationaux est implacable : il se produit sur le plan des richesses produites, des capitaux en circulation, des entités de production. Le stade suivant est évident : c'est celui du pouvoir géopolitique, qui découle naturellement du rééquilibrage économique. Cette dernière étape est la plus lente, parfois la plus éloignée du début du processus, et pour cause : c'est aussi celle qui consacre le bouleversement de l'ordre mondial que les plus puissants du monde d'avant cherchent à retarder par tous les moyens.

Le Covid provoque là comme ailleurs le même effet d'accélération. En quelques mois, en quelques semaines, la vulnérabilité des puissances dominantes provoque de nombreux ravages : sur le plan psychologique, l'évidence pour l'opinion publique des pays riches s'impose : l'avantage considéré jusque-là comme impossible à compenser a commencé d'être comblé.

Un simple virus aplatit les différences, voire les consacre dans l'autre sens : un continent tellement pauvre, comme l'Afrique, semble mieux à même de résister que les autres zones ayant des systèmes de santé mieux organisés. Quand le déroulement de l'épidémie devient également favorable à certaines zones au détriment d'autres, c'est un bouleversement des PIB mondiaux qui est à l'œuvre ; et dans ce domaine aussi le Covid joue un rôle déterminant. Alors que la courbe en V se vérifie dans le continent asiatique à la fin de l'année 2020, la plupart des pays d'Occident sont obligés de reconfiner, ralentissant d'autant leur propre reprise. Le dynamisme était déjà depuis longtemps ancré sur les rives de l'océan Indien, la pandémie n'a fait que renforcer une tendance de fond amorcée depuis plusieurs années. Dès lors monte dans les exigences des populations occidentales une logique de démondialisation, de relocalisation industrielle. Doit-elle être interprétée comme une nouveauté ? Sans doute pas, car elle correspond donc à une réaction face au déclin relatif des anciens tout-puissants et à la manière dont naturellement se constitue la relève, appuyée autant sur le dynamisme asiatique que sur le besoin croissant des biens produits en Asie pour les consommateurs. Le Covid amplifie le mouvement, en ne le motivant plus seulement autour d'un simple avantage de prix ; ce sont désormais des produits élaborés qui peuvent être choisis pour leurs spécificités, voire pour leur unicité. La course au vaccin a été symbolique. Le virus est apparu en Asie, l'Asie a donné le ton du déroulement de la pandémie, l'Asie a été la première zone économique à retrouver la croissance. Reste, évidemment, la protection définitive par un vaccin efficace. La compétition qui s'est mise en place entre laboratoires et industries pharmaceutiques relève de la concurrence sur le secteur mais aussi de la domination future sur les échanges en général, sur la domination en matière de coopération internationale au-delà du commerce et de l'industrie qui devra se mettre en place dans les années suivant la crise.

La démondialisation n'est pas une option, d'abord sur le plan moral, qui n'est pas toujours un élément déterminant en économie ; et surtout dans un contexte d'explosion de la démographie dans les pays pauvres, comme jamais le monde n'en a connu.

La fermeture hermétique des frontières serait difficilement supportable lorsqu'il s'agirait de tenir écartée du progrès scientifique une grande partie de la population terrestre. La lutte contre le Covid et le développement d'un vaccin ont été le début d'une illustration des situations intenables qui pourraient apparaître si les échanges se contractaient réellement entre pays pauvres et pays riches, ou si, ce qui revient au même, les moyens des pays pauvres s'effondraient en raison des relocalisations en tout genre. Le protectionnisme ne peut être cantonné à certains produits, à certains pays, à certaines périodes. Le tout ou rien est la réalité, même si, du point de vue politique, une sorte de double discours, ou de situation duale, permet en apparence de concilier les attentes antagonistes d'électorats traversés d'attentes divergentes.

Les grandes peurs ancestrales sont revenues avec le Covid et cette subite défaillance de la science humaine dans un domaine où elle semblait avoir avancé à pas de géant. La peur est le premier moteur des protectionnismes ou, plus largement, de toutes les xénophobies. Mais il n'en demeure pas moins que certains peuples peuvent se permettre le luxe de l'isolationnisme, ce sont les plus riches, d'autres ne le peuvent pas, ce sont les plus pauvres. Et ces derniers prennent comme un message terrible, inhumain, destructeur d'espoir, que de décréter la fin de la libre circulation des biens, des capitaux, des humains… et des vaccins. De tous temps, dans tous les contextes, le plus grand danger est le mouvement spontané d'une population. Du point de vue politique, il n'est de pire péril. Quand une foule obéit à des chefs, elle devient certes un levier, parfois une armée, mais il est possible de négocier avec sa tête. Quand personne ne la représente vraiment, quand personne n'a la capacité ni de la lancer ni de l'arrêter, son mode de fonctionnement devient imprévisible et impossible à gérer. Ce qui est vrai pour un pays, où les chefs d'État comme les chefs d'entreprise préfèrent négocier avec des syndicats plutôt que de gérer des manifestations sauvages, l'est encore plus pour une zone de plusieurs pays. Si la démondialisation est synonyme d'abandon pour des populations entières, par exemple en Afrique, par exemple en Amérique du Sud et centrale, alors les pauvres gens se mettront en marche. Ils partiront parce qu'ils n'auront plus aucun espoir de voir leur espérance de vie s'améliorer. Ils partiront encore plus vite quand ils sauront que leur espérance de vie, celle de leurs enfants, pourront régresser en ne bougeant pas. Dans le contexte démographique du 21e siècle, nous parlons de centaines de millions, de milliards d'individus. L'Europe, les pays du pourtour de la Méditerranée doivent comprendre le message envoyé par des familles, y compris les jeunes enfants, qui tentent sur des embarcations de fortune de gagner des rives riches, en tout cas plus riches que les leurs. Entre une mort certaine dans la pauvreté et la possibilité infime de passer entre les mailles du filet anti-immigration, une possibilité que les escrocs-passeurs savent faire miroiter contre quelques centaines de dollars, le choix est vite fait. Et ceux qui sont partis, quand ils ne donnent plus de nouvelles au village, font croître encore les fantasmes et les rêves. Même morts tragiquement, leur absence laisse la place aux légendes, d'autres leur emboîtent le pas, nourrissant encore le mythe. Entre une certitude sans espoir et une promesse, même chimérique, le pari vaut toujours la peine d'être tenté.

Dans une humanité à 8 milliards d'individus, les pauvres n'ont qu'une arme, leurs pieds. Mais elle est redoutable parce qu'ils sont si nombreux. De l'autre côté, là où l'on construit des murs pour empêcher le déferlement, l'autre peur monte ; la peur de la submersion. Une peur ancestrale qui s'était endormie depuis plusieurs siècles, qui réapparaît un peu partout. Cette question est absolument déterminante lorsqu'un nouveau modèle économique est envisagé à l'échelle mondiale. Le développement durable suppose la prise en compte d'abord du réchauffement climatique, mais, juste après, de la crainte, de l'immense crainte des migrants.

Pauvreté extrême et vague migratoire

La question migratoire mériterait une étude spécifique, elle est indispensable pour valider les hypothèses émises tout au long de cet ouvrage.

De quelque côté que l'on se tourne à la fin de la deuxième décennie du 21e siècle, la migration est une composante majeure des fantasmes et des angoisses communes, que la pandémie a encore accentuée. Elle cristallise les risques de déstabilisation, comme celles des destinées brisées, des jeunesses massacrées, des déferlements incontrôlables submergeant tout sur leur passage. Le Covid rapproche les humains modernes du Moyen Âge, et la crainte de la contamination par les étrangers ; les vagues migratoires font ressurgir des réminiscences de périodes équivalentes ou plus lointaines.

Dans l'inconscient collectif de l'Occident, la vague migratoire est associée d'abord à la chute de l'Empire romain, au déferlement des « barbares », à la disparition d'une civilisation qui semblait indestructible tant elle avait fait la démonstration de sa puissance, de sa capacité à vaincre ou à assimiler tous ceux qui pouvaient lui être opposés. Bien sûr, en définissant cette première référence à la submersion d'une civilisation dominante, il est possible voire tentant d'établir un parallèle avec la situation de l'Occident du 21e siècle. La volonté farouche de préserver une culture, de construire des murs, des remparts contre le déferlement semble l'écho que l'on croyait éteint de ces traumatismes remontant aux millénaires précédents.

Oui, ce moment où l'impensable se produit, où des siècles de certitudes sont soudain balayés par des foules, d'humains certes, mais tellement différents, tellement incompréhensibles. Cette fin d'un temps supposé immobile est l'image de l'apocalypse, qui hante toutes les civilisations, et tout spécialement les sociétés issues d'Athènes et de Rome. En ce début du 3e millénaire, selon précisément le décompte temporel issu de ces références, les signes avant-coureurs d'une nouvelle submersion démographique sont bien présents. Des populations innombrables se massent en silence aux frontières de l'Europe, se préparant à faire céder toutes les défenses par la seule pression du nombre. Brutalement, les réflexes remontent, comme si ces expériences lointaines soudain reprenaient vigueur dans des références communes.

Au cours de l'histoire européenne, certaines vagues ont marqué plus que d'autres ; il y eut les invasions des peuples du Nord, et de ceux du Sud et d'Orient. Mais depuis la chute de Constantinople en 1453, puis la dernière poussée ottomane sur Vienne en 1716, les risques d'invasion extérieure ont presque disparu. Désormais, depuis l'expansion de l'Espagne et du Portugal au 16e siècle, la logique s'est inversée. Ce sont les Occidentaux qui conquièrent et colonisent.

Avec le 20e siècle, cette logique touche à son acmé avec les États-Unis. Les conquêtes deviennent minimales, les guerres se raccourcissent, les colonisations sont quasiment terminées. Il suffit de pratiquer la conquête des esprits, celle des références morales ou sociétales. Les derniers vecteurs de conquête de l'Occident, qui en même temps disent déjà sa fragilité à venir, sont Hollywood, la télévision, puis Internet. Le travail sur tous les cerveaux permet d'imposer ses valeurs sans qu'il soit nécessaire, comme le pratiquaient les Romains, de construire des villes, d'installer des légions ou de bâtir des amphithéâtres, des temples ou des murailles attestant un partage de valeurs communes. La vérification de la suprématie, tout comme son alimentation en puissance financière, ne se fait que par des ouvertures de marchés, par des publicités massives, par des consommations uniformes. Le citoyen romain (« *civis romano sum* » cité par le président Kennedy aux marches de l'empire américain de l'époque, sur une tribune dominant la partie de Berlin sous contrôle soviétique) de jadis est assimilé à un consommateur, ce qui revient au même quand il s'agit de proposer une logique de défense contre les agressions extérieures ou d'expansion de ses propres modèles.

Depuis que les conquistadores d'Hernán Cortés ont inversé le courant des invasions, l'Occident n'a donc plus jamais craint de migrations massives externes. À quelques reprises, les murailles ont un peu tremblé, mais, depuis cinq siècles, l'Occident chrétien, ou à dominante chrétienne, a surtout connu des débats pour tempérer plus ou moins ses propres velléités d'expansion universelle. Et ce millénaire qui commence, ce siècle qui prépare l'avènement d'un leader mondial, la Chine, le premier non occidental, est aussi le moment où brutalement revient l'angoisse enfouie de la submersion.

Les États-Unis élisent Donald Trump parce que l'Amérique profonde éprouve aussi la peur ancestrale du tsunami barbare. Construire un mur sur la frontière mexicaine, c'est bien l'idée d'enrayer cette masse de population sud-américaine qui se serait mise en marche. La Grande-Bretagne vote le Brexit d'abord parce qu'elle veut rétablir le fossé maritime autour de son île. La crainte d'une marée migratoire est la première cause de l'angoisse et du vote de repli. C'est dans les campagnes britanniques, dans les zones bien moins favorisées que Londres la cosmopolite, que la peur monte, la peur de l'étranger, la peur de l'effondrement. L'écho lointain des « barbares » résonne toujours. C'est le constat de la dilution progressive de l'identité nationale qui pousse l'extrême droite en France, dont l'empire colonial censé étendre l'idéal républicain aux quatre coins du monde se retourne peu à peu contre ses concepteurs après quelques générations. Et si la vieille nation n'était plus assez vigoureuse pour maintenir ses valeurs profondes face à la montée, à la résistance de ceux qu'elle prétendait assimiler ? L'Allemagne, qui n'a pas le même passé que son voisin et ancien ennemi, l'Allemagne qui se pensait immunisée contre les horreurs de l'épisode terrifiant du nazisme, voit brutalement ses enfants voter à nouveau pour une extrême droite xénophobe. Là-bas non plus, les démocrates tempérés n'ont pas vu monter la tendance, parce qu'ils n'en ont pas compris la logique : à la différence des années 1930, il ne s'agit pas d'un délire de supériorité sur les autres races, mais bien, comme partout en Occident, d'un constat effaré du renversement des modèles, de l'affaiblissement des anciens dominants. La haine de l'autre, de la différence n'est plus suscitée par le mépris ou le complexe de supériorité, mais par l'affaiblissement de sa propre particularité. Alors que la rationalité bienveillante cherchait à compenser une démographie faiblissante outre-Rhin, l'horreur de tentatives de viol par des migrants syriens, le premier de l'an 2016, en gare de Cologne, montre soudain que des hordes de jeunes hommes, perdus et différents, peuvent devenir des prédateurs que personne ne parvient à comprendre. Le choc des cultures est subi de plein fouet par ceux qui croyaient détenir la conviction que leur modèle de pensée s'imposerait naturellement, dès lors que le salaire tombe à la fin du mois et qu'un appartement coquet vous permet de regarder le match de Bundesliga dans l'après-midi du samedi.

Que dire de l'Italie ? Rome retrouve ses démons vieux de quinze siècles. Les migrants s'échouent jour et nuit sur les rivages de la péninsule ; et la Ligue du Nord triomphe aux élections, rebaptisée Liga. Les deux pointes de l'Europe ouvertes sur l'Afrique sont Gibraltar et le porte-avions, la piste d'atterrissage posée sur la Méditerranée qu'est la botte italienne. Mais l'Italie est en même temps la grande porte d'entrée des errants du Proche-Orient, de ceux qui choisissent la voie maritime plutôt que les voies terrestres, passant par la Hongrie d'Orbán, ou la Pologne d'Andrzej Lepper. Il n'y a pas de place à la coïncidence, ces zones frontières européennes se sentent comme les ultimes remparts de la vieille Europe, celles qui dans l'histoire ont été les premières et les dernières à connaître les grandes invasions. Les peuples de ces contrées sont ceux qui redoutent le plus d'être noyés dans des ensembles qui dissoudraient leurs cultures ; ils se savent fragiles, ils se craignent solubles. Alors ils cherchent les défenseurs, ceux qui sauraient les protéger. Pologne, Hongrie, comme tous les pays de l'ancien bloc soviétique, préfèrent à toute autre garantie celle des États-Unis, l'ultime défenseur, celui qui contre vents et marées a incarné la victoire possible contre l'envahisseur.

L'Europe est aux avant-postes de cette montée générale de la crainte de l'autre, de la xénophobie qui prend vigueur un peu partout sur la planète. Le phénomène a commencé depuis plusieurs décennies, en particulier après 1989, quand les grandes puissances d'Occident n'ont plus été concurrencées en particulier par les pays communistes. Une seule identité semblait envisageable à terme : celle de l'Occident, la civilisation américaine, omnipotente, énorme prolongateur de celles de ses prédécesseurs aînés, anglais bien sûrs, français et autres (la formule n'est pas désinvolte, elle inclut tous les colonisateurs et ceux qui ont adopté des postures comparables en incluant le Japon impérial, la Russie ou la Chine communiste ; avec une particularité pour ces deux derniers pays, l'idée importante qu'il ne s'agissait pas de la conversion des populations à une civilisation, mais à une idéologie, supposée universelle).

Le mouvement des non-alignés, au mitan des années 1950, avait pourtant été le premier révélateur de cette résistance à la conversion obligée. Nehru en fut le premier guide, lui, le grand fédérateur d'une Inde tellement meurtrie par la décolonisation anglaise. Nasser, son cousin égyptien, lui emboîta le pas. Nehru et Nasser, les deux chefs d'États multimillénaires, se retrouvaient dans le farouche refus à se conformer à l'une ou l'autre des grandes puissances mondiales, dans leur volonté de sortir de l'orbite anglo-saxonne. Cette influence était considérée comme dangereuse parce que terriblement insidieuse dans son efficacité à ronger les identités anciennes au plus profond des populations.

Le relais puissant, annonçant le mouvement de résistance le plus important du 20e siècle, est venu à la toute fin des années 1970, quand une révolution d'un genre nouveau, celle des mollahs chiites en Iran, renverse un empereur, le shah, trop imprégné de culture américaine. À l'exact même moment, une résistance religieuse, celle des peshmergas afghans et sunnites, largement appuyée par la CIA, enfante al Qaida, et quelques va-nu-pieds mettent en échec la puissante Armée rouge soviétique. Le tournant des deux siècles, le 20e et le 21e, peut être symbolisé par le 11 septembre 2001, la première – et ô combien spectaculaire – attaque contre les États-Unis sur leur propre sol, mais surtout la marque d'un refus d'une immense part de la population mondiale de se fondre dans un modèle unique. L'islam, un peu partout, et en particulier dans les pays d'Occident, devient la marque la plus évidente qu'il existe une non-miscibilité entre des manières de vivre, de s'habiller, de consommer. L'altérité se voit, elle s'impose, elle inquiète tous ceux qui jusque-là vivaient dans la douce certitude que peu à peu dans le monde tous les humains finiraient par adopter leurs propres repères. Les Occidentaux ressentaient confusément la fragilité de ce fameux modèle, dont eux-mêmes se chargeaient d'atténuer la force. Aux grandes références morales, aux cultures puissantes, se substituait une approche plus molle. MNN : McDonald's, Nike, Netflix, pour une nourriture, une manière de se vêtir, un type de divertissement, le plus petit commun dénominateur planétaire avait tendance à se réduire ; et au contraire d'une hypothèse évidente, loin de s'imposer plus facilement, il cristallisait plus encore le refus d'uniformisation, le rejet des valeurs d'Occident.

Le monde d'après 1989 commença à ouvrir les portes de la migration massive, d'abord parce qu'il affaiblissait les barrières contraignantes. Un peu partout les murs se fissuraient. De manière paradoxale, des petits conflits réapparurent en de multiples territoires. Ces conflits prospérèrent en l'absence des maxirégulateurs traditionnels, qui craignaient, dans la période précédente, qu'une déstabilisation ne soit l'origine d'une poussée de leur concurrent. Les populations se remirent en route, alors que le spectre d'une grande guerre mondiale s'était éloigné mais que, de manière paradoxale, les conflits locaux et meurtriers pouvaient de nouveau se développer. La guerre a toujours été l'un des moteurs premiers pour le mouvement des populations éprouvées. En Afrique comme au Proche-Orient, cette réalité ancestrale se vérifia de nouveau.

En outre, les conditions ayant engendré la grande crise financière de 2008 tout comme les moyens mis en œuvre pour en juguler les retombées eurent un autre effet d'accélération des phénomènes migratoires : la distorsion se fit plus forte entre les zones bénéficiaires de la croissance provoquée par la dette riche et celles qui s'en trouvaient exclues. En effet, l'injection massive de liquidités dans le système financier, que l'on peut considérer comme la cause principale des dysfonctionnements de l'industrie financière pendant la fin du 20e siècle et le début du 21e, s'accentua encore après 2008. Son résultat fut de favoriser des bulles, en particulier sur les marchés financiers, ou sur ceux de l'immobilier, créant de fait des écarts de plus en plus importants entre revenus et patrimoines de populations différentes. Il en résulta des spirales, positives pour certains pays, voire certaines régions à l'intérieur d'un pays (on pense à la Chine en particulier), tandis que, par opposition, d'autres zones, d'autres pays voyaient leur croissance subitement cisaillée.

L'un des mécanismes les plus vérifiés sur le plan historique favorisant les migrations est bien l'accentuation des différences de richesse entre zones. Le principe même d'un risque de déclassement joue un rôle capital : si la différence augmente et devient de plus en plus perceptible, elle se mue en accélérateur des velléités migratoires. Pour les populations victimes du décrochage, il apparaît que l'espoir est réduit de pouvoir espérer à l'échelle d'une vie une amélioration de sa propre situation pour se rapprocher de celle des plus favorisés.

On peut véritablement considérer qu'il s'agit d'une vague, imprévisible et inarrêtable, quand ceux qui partent et prennent des risques inconsidérés sont des parents accompagnés de leurs enfants. De ce point de vue, il n'est pas anodin d'avoir compté parmi les victimes de la périlleuse traversée de la Méditerranée des enfants en bas âge, dont la photo du cadavre de l'un d'eux a pu faire la une de magazines à grand tirage dans toute l'Europe. Le sentiment de culpabilité collective ne doit pas occulter l'information principale que supposent ces images terribles : le fait que des familles se soient mises en marche et par conséquent qu'un phénomène de très grande ampleur a commencé. On peut présumer que cette prise de conscience plus ou moins confuse est néanmoins intégrée par une grande part de l'opinion publique européenne dans les pays susceptibles d'accueillir les migrants. Elle explique sans doute aussi la montée d'un vote extrême et xénophobe. Encore une fois, le danger est perçu, l'immense difficulté d'enrayer un tel processus engendre ce réflexe de défense dans les populations riches mais le percevant de moins en moins.

Le cas européen est bien entendu le plus significatif puisqu'il se trouve confronté à deux migrations potentielles ; celle venant du Proche-Orient, dont les territoires se retrouvent souvent impliqués dans des conflits, tout en étant parmi les terrains les plus favorables à l'émergence de cultures non miscibles dans les pays de destination, et, d'un autre côté, celle venant d'Afrique et des pays où la croissance économique est parmi les plus faibles, tout en ayant des taux de natalité parmi les plus élevés du monde.

Cela étant, les États-Unis, sur l'autre rive de l'Atlantique, ne sont pas à l'écart, loin s'en faut, de cette montée d'un sentiment de dépossession de sa propre identité culturelle. La poussée vers le nord de populations hispanophones crée une fracture croissante au sein même de la nation états-unienne, où les traumatismes de la ségrégation raciale, faut-il le rappeler, encore officielle dans de nombreux États il y a à peine plus de cinquante ans, remontent en surface à toute vitesse ; la présidence de Barack Obama aura été huit années d'une félicité un peu artificielle. Mais surtout, à ce *melting-pot* – plus *pot* que *melting* – s'ajoute désormais la pression provenant du sud. L'Amérique latine et centrale est un réservoir redoutable d'une démographie mettant en péril les équilibres précaires entre communautés. Des mouvements migratoires d'ampleur bien plus faible que ceux ayant débuté en Europe peuvent en Amérique du Nord entraîner de graves déstabilisations d'un point de vue politique. Les ghettos des grandes métropoles américaines sont des poudrières susceptibles de s'enflammer d'un seul coup et être bien difficiles à éteindre. La longue litanie des émeutes raciales court depuis Atlanta, Houston, le *red summer* de Chicago, Tulsa au début du 20e siècle, puis celles des années 1960 avec en point culminant le *long, hot summer* 1967, puis celles de Los Angeles en 1992, jusqu'aux années 2010 (2014, Ferguson ; 2015, Baltimore) avant le « Black Lives Matter » de 2020. Chaque fois, la mort d'un jeune déshérité du fait des autorités met le feu aux poudres, et le bilan global de tous ces événements est de centaines de milliers de blessés et de centaines de morts, sinon des milliers. La grande explosion, la perte de contrôle par les autorités semblent toujours possibles.

En réalité, toutes les plus grandes villes du monde ont, dans de nombreux quartiers, des pans entiers de territoire sur lesquels l'autorité de l'État s'est totalement dissoute, sous la pression de la pauvreté, de la délinquance, du trafic de stupéfiants et de la montée de communautarismes à caractère violent. Le résultat ? Le même que celui constaté dans les opinions publiques européennes, avec une montée d'un vote xénophobe, et le succès de programmes politiques contenant des prises en compte concrètes de ces angoisses collectives, à défaut de propositions réellement crédibles. L'élection de Donald Trump en 2016 est symptomatique de ce phénomène. Son argumentaire de campagne, proclamant une sorte de défense quoi qu'il arrive de la puissance traditionnelle des États-Unis (*America first !*), couplée à une haine de l'immigration latino, a infléchi la campagne électorale, obligeant ses adversaires démocrates à s'emparer du thème. La surenchère, avec le projet de construction d'un mur frontalier avec le Mexique, était le thème gagnant par excellence. Peu importe qu'il fût très compliqué à mettre en place, voire que son efficacité concrète fût sujette à caution, la force du symbole était gagnante. Là encore, la référence aux grandes invasions, la ligne de défense ancestrale, parle aux peuples occidentaux. Que ce soit le mur d'Hadrien en Écosse ou les lignes de démarcation héritées de la guerre froide, y compris en Asie, ou encore le rempart de New York contre les attaques de Peaux-Rouges (le mur de Wall Street), l'écho est immédiat dans le subconscient des individus et va chercher au plus profond de références enfouies, mais toujours vives. Leur force symbolique remonta lors de l'invasion du Capitole du 6 janvier 2021.

Ce contexte politique, démographique est donc l'un des éléments fondamentaux qu'il est nécessaire de prendre en compte dans toute réflexion sur une refonte du système économique, tout comme cette exigence politique de défense éperdue des cultures anciennes.

La solution est à la fois unique et exigeante ; elle doit être intégrée dans la logique de développement durable du nouveau modèle. Pour se « protéger » d'une immigration submersive, il n'est d'autre moyen que de la tarir à la source. En réalité la proposition est très simple : les migrants ne partent qu'en raison d'un défaut d'avenir. On ne quitte pas son pays, en tout cas pas en masse, simplement parce que l'herbe est plus verte ailleurs. Pour engager sa famille sur une route de tous les dangers, il faut certes qu'au bout le mirage soit séduisant ; mais il faut surtout que sur la terre de départ les espoirs soient interdits et pour soi et pour ses enfants. L'Europe, la Communauté européenne, qui a dû à plusieurs reprises intégrer des pays beaucoup plus pauvres que les membres de l'Union, avait à la fois pratiqué ce constat et assumé la solution : il ne s'agissait pas d'amener immédiatement les nouveaux entrants aux niveaux de revenus des anciens, ce qui était impossible à court terme. Il s'agissait de les placer dans un processus de croissance à long terme.

Dès la candidature de l'Espagne et du Portugal en 1977 jusqu'à leur intégration définitive en 1986, le bond immédiat vers les niveaux de vie des autres Européens était inenvisageable à court terme ; il l'était encore moins de 1989 à 2004 et 2007 quand il s'est agi d'intégrer douze pays de l'ancienne Europe de l'Est. D'ailleurs, à ce moment, la crainte avait été grande d'une migration massive puisque l'adhésion supposait une prise de risque totale : la libre circulation non seulement des marchandises, des financements ou des idées, mais surtout des humains. La perte de contrôle de mouvements migratoires massifs à l'intérieur de la Communauté existait. Comment l'Europe y résista-t-elle ? En investissant et en le faisant savoir. Ces immenses panneaux sur les routes, les infrastructures, les écoles, les hôpitaux en construction, bénéficiaient toujours du même affichage : « Ici l'Europe investit pour votre avenir ». Le slogan disait tout : investissement pour améliorer le présent, mais surtout espoir, pour les générations à venir, que la vie serait plus douce, en tout cas meilleure que celle de leurs parents. Et bien sûr, la libre circulation allait permettre aux pauvres d'user de leur avantage, de faire rentrer des devises et de la richesse, par les faibles coûts que signifiait leur pauvreté. C'est ainsi que l'Europe n'a pas explosé ; c'est ainsi que les mécanismes associés dans l'histoire aux inégalités de zone à zone ne se sont pas traduits par une guerre inéluctable. Le rééquilibrage s'est fait par le consommateur riche et ses avantages obtenus par le producteur pauvre décrits plus haut dans cet ouvrage.

L'énoncé paraît insupportable de cynisme. Pourtant, sa traduction dans un processus perceptible à l'échelle d'une vie par les humains est l'enrichissement rapide des défavorisés ; la contrepartie de perte de compétitivité des pays riches est, elle, un peu moins sensible ; ou du moins pas immédiatement. Les consommateurs avantagés du pays riche sont bien plus nombreux que ses producteurs perdants confrontés à la perte de leurs marchés face aux pauvres exportateurs. Si le mécanisme prend de l'ampleur et se produit à grande échelle, le rééquilibrage devient visible, et les riches se demandent s'ils n'ont pas accepté un marché de dupes. Oui, ils étaient d'accord pour que les pauvres le soient moins, surtout si par ce moyen ils restaient chez eux ; en revanche, ils n'avaient pas signé pour qu'eux-mêmes deviennent moins riches. C'est là qu'intervient le retour du protectionnisme et de l'isolationnisme. La logique du chacun pour soi, l'arrêt du processus avant qu'il ne soit trop tard, c'est-à-dire que l'ancien pauvre ne le soit plus du tout, et capable désormais d'en remontrer à l'ancien riche, surtout quand le premier appartient à une population beaucoup plus nombreuse que le second. Ce dernier perçoit que derrière le double mouvement, de montée dans un sens, de descente dans l'autre, s'amorce le retour de la grande vérité des ensembles humains depuis que le monde est monde : celle de la démographie. À un moment, les populations plus importantes finissent par dominer les plus faibles, surtout quand les facteurs de déséquilibres ponctuels ont été gommés. Rome a vaincu Athènes alors même que Rome se savait moins puissante dans l'intellect qu'Athènes. Mais il arrive tôt ou tard que le rapport des forces se fonde sur « le nombre des divisions », pour reprendre l'aphorisme brutal de Staline qui s'y connaissait en la matière.

Dans une certaine mesure, le début du 21e siècle consacre une situation correspondant très exactement à la description théorique qui vient d'être faite. Tout est réuni pour que l'explosion ait lieu, pour que les décisions les plus dangereuses soient prises, poussées par la peur et sa traduction dans les urnes. Le pays du mur d'Hadrien, la Grande-Bretagne, a délivré le plus bel exemple, du moins le plus frappant, de cette sorte de refus de mutations lourdes associées à toutes les libertés de circulation.

Le Covid, encore une fois, pose le problème de manière beaucoup plus forte, en le ramassant dans un temps très court. Le repli sur soi, tout comme le refus de l'échange international, doit se combiner de manière visible, compréhensible par l'électorat, avec de multiples tensions qu'il faudra gérer. Gérer seul et contre tous les autres, solution numéro un, ou solution numéro deux, gérer en commun, en tenant compte des impératifs de tous les autres ? Le dilemme est complexe ; il peut être surmonté dès lors que la raison l'emporte sur la passion ou sur l'angoisse. La planète bleue est toute petite, c'est un vaisseau sur lequel est embarquée l'humanité. Les équipages ne peuvent plus aujourd'hui se permettre de vivre chacun dans une pièce, chacun avec un gouvernail différent, tandis que le toit menace de brûler, pour filer la célèbre métaphore de Jacques Chirac.

La traduction tangible du problème ou plutôt de sa résolution tient en un mot laconique : investissement. Il va falloir investir massivement pour accélérer le changement de modèle, il va falloir investir partout dans le monde, il va falloir que les puissances les plus importantes, Chine en tête, assument la plus grande part de l'effort. En résumant, lorsqu'il s'agirait d'entrer dans la partie la plus concrète du raisonnement, l'essentiel des recommandations doit porter sur ce qui rend l'investissement possible : la finance.

Quatrième partie

MOBILISER TOUS LES MOYENS FINANCIERS

La finance comme appui du nouveau modèle

On pourrait craindre que la course à l'émergence du nouveau modèle ne soit pas totalement gagnée, surtout si les marchés financiers mettent leur poids dans la balance comme premiers défenseurs du conservatisme. Mais justement, ce sont eux aussi qui peuvent détenir une grande part de la solution, dès lors qu'ils provoqueraient un grand virage des investisseurs. La seconde condition pour que la rupture technologique, économique, sociale puisse prendre à l'échelle mondiale, après celle liminale incontournable, la volonté des masses, l'attente de la multitude, ce serait… l'argent. Le financement, l'investissement, la transformation en réalité concrète à très grande échelle.

Parfois, les idéalistes disent que, si la population veut vraiment la révolution, l'intendance finit toujours par suivre. La foule a raison, elle emporte tout sur son passage ; ça, ce serait l'illusion, la relecture romantique des grands événements de l'histoire. Objection, Votre Honneur : quand une révolution triomphe pour de bon, c'est en général… Non, c'est toujours parce que les forces de l'argent, parce que les puissants, au moins certains d'entre eux, l'ont décidé ; ou l'ont appuyée, pour ne pas tuer toutes les utopies. En fait, pas de fariboles : la manipulation vient des puissants vers les pauvres, jamais l'inverse. Une révolution a-t-elle la moindre chance de triompher si le capital, si les moyens financiers ont décidé de l'étouffer ? La réponse est non, mille fois non. Aucun exemple ne vient contredire cette affirmation, cynique et un peu désespérante, reconnaissons-le. La Croisade des pastoureaux de 1320, pour prendre un exemple suffisamment lointain afin de ne faire de mal à personne, s'est terminée par un massacre dès lors que les milliers de bonnes volontés n'étaient pas appuyées par les forces des seigneurs. Les masses peuvent être manipulées ; mais puisqu'elles ne sont pas relayées par des intérêts importants, elles n'ont aucune chance de triompher dans leur volonté de changement. Les grandes figures révolutionnaires sont toutes, d'abord, des récupérés, des avant-gardes de grandes ombres silencieuses et impavides. Là n'est pas le propos, mais il serait possible de dresser la liste de tous ceux qui à la fin ont détenu le pouvoir ; ou qui l'ont perdu, quand ceux qui poussaient décidaient de les lâcher. Bref, la dernière partie de cet ouvrage est donc capitale ; toutes celles qui l'ont précédée légitimaient la démarche, celle-là peut la transformer en réalité. L'accélérateur le plus radical sur le plan des comportements humains est simple : la somme d'argent que l'on décidera d'y consacrer. L'argent, le capital.

Alors qu'en est-il, en ce début de troisième décennie du 21e siècle ? Eh bien, là aussi, les planètes sont en cours d'alignement ; là encore, le Covid est l'ultime stimulation nécessaire pour qu'enfin les projets décollent. Jusque-là, le frémissement était insuffisant. Juste après les accords de Paris pour la Cop 21 en décembre 2015, il semblait que le monde allait basculer d'un seul coup sinon dans un plan précis, au moins dans un objectif ambitieux de baisse de deux degrés à échéance de 2100 ; et cet ODD, Objectif de développement durable, fondamental, s'accompagnait de seize autres, tout aussi ambitieux, visant à réduire la pauvreté, les inégalités, l'analphabétisme et tant d'autres inconséquences du fonctionnement de la communauté internationale. Quand, quatre années plus tard, au début de la crise du Covid, le bilan était dressé de ces fameux engagements, on retrouvait les larmes amères de la petite Greta ; les choses n'avançaient pas, et ce pour une raison limpide : l'argent n'était pas au rendez-vous. En 2019, les *green bonds*, les dettes émises pour financer des investissements de développement durable, se montaient à 270 milliards de dollars sur le plan mondial.

Le montant impressionne au premier abord. Il est ridiculement faible quand il est comparé au volume de dette en circulation sur la planète au même moment : 250 trillions (ou billions en français) ; 250 000 milliards de dette, mille fois plus. Pour espérer un résultat à l'échelle mondiale, il faut jouer dans la même cour, calculer en trillions, en dizaines, en centaines de trillions. Sinon, il est question d'un gadget, d'une manière polie de raconter que cet enjeu est important ; la preuve, on lui consacre des moyens ; le problème, n'est-ce pas, est que les projets sont trop rares, et que par conséquent les gens ne sont pas prêts, apparemment (on y revient toujours, l'ingrédient préalable). Ne parlons même pas d'une rupture et d'un changement de modèle qui n'était pas envisagé par la COP, adepte de la fameuse transition, surtout énergétique. Un changement de modèle est aussi, en termes financiers, un changement d'échelle.

En 2019, toutefois, la prise de conscience avait commencé. L'enchaînement d'événements climatiques catastrophiques sensibilisait non seulement les populations, mais surtout les politiques qui sentaient que l'apparence écologique devenait la condition *sine qua non* d'une élection gagnée. Peut-être plus encore que par les catastrophes (on oublie vite, surtout les souvenirs désagréables), la sensibilisation de l'opinion se faisait par l'accélération des changements perceptibles dans le quotidien, le recul des glaciers, les hivers de plus en plus doux, les espèces animales différentes quand on se promène en forêt ou que l'on se baigne au bord de la mer, la végétation qui sur une échelle de vingt ans n'est plus la même que celle que l'on a connue. Le réchauffement climatique n'était plus un concept réservé aux scientifiques, comme avait pu l'être en son temps la réduction de la couche d'ozone. Le grand public, l'opinion, les gens normaux commençaient à s'inquiéter réellement, car tous percevaient que les catastrophes annoncées étaient non seulement proches, mais susceptibles de les toucher avant la fin de leur existence.

Ce caractère concret et partagé par le plus grand nombre est l'un des moteurs les plus efficaces pour le monde financier. Soudain, les épargnants, les utilisateurs de comptes bancaires, tout comme les contribuables commencèrent à s'interroger sur les moyens mis en œuvre pour faire échec, autant que faire se peut, à ce phénomène tellement inquiétant. Soudain, la finance comprit qu'il n'était plus envisageable d'évoquer ce type de problématique dans quelques annexes des documents comptables et dans une jolie bande verte avec deux ou trois slogans bien sentis, en page d'ouverture des sites Internet. Non, soudain, il est devenu évident qu'il convenait, en termes d'investissement, de stratégie globale de fonds géants, d'investisseurs massifs, d'afficher, mais surtout de développer une véritable politique totalement dédiée au développement durable. Ce moment de bascule, encore un, peut être identifié avec une relative précision, c'était autour de septembre 2019 ; sept mois avant le premier confinement.

Les deux implications d'une telle affirmation devinrent une évidence qu'il convenait de traduire en actes forts : d'abord un refus de financer toute activité pouvant avoir un caractère contradictoire avec les objectifs annoncés ; ensuite, et surtout, privilégier les projets porteurs des meilleurs espoirs d'amélioration d'un ou plusieurs des grands Objectifs de développement durable, avec une focalisation sur l'Objectif *two degrees* de baisse des deux degrés à l'horizon de la fin du siècle.

Il est évident que ce virage majeur qui avait commencé dans la finance mondiale pendant l'année 2019 n'était pas encore perçu par le grand public, qui pourtant devait être persuadé aussi vite et aussi fort que possible de l'engagement d'actions d'ampleur à l'échelle planétaire. Ici intervient l'ambiguïté du traitement médiatique des informations, des relais qu'il conviendrait de leur accorder. C'est le carambolage des messages politiques, des sujets qui fonctionnent dans les médias internationaux, face aux mécanismes complexes compris par les seuls experts, et encore. Quand, de surcroît, ces évolutions se produisent dans l'univers de la finance, dont les perceptions sont globalement négatives, elles demeurent un « bas bruit » qui pourtant débouche sur des comportements modifiés sur le long terme.

La finance, rendez-vous des croisements de destins

Pour être concret sur cette question : l'adoption de la COP 21 fut un événement considérable sur le plan des relations internationales. Elle sonnait comme une prise de conscience universelle, par les plus hauts responsables politiques ; des objectifs clairs étaient assignés, avec des calendriers semblant à peu près réalistes, des actions semblaient se lancer de concert un peu partout sur la planète. Bref, le signal semblait cent pour cent positif, l'horizon était dégagé à long terme. Ensuite, de COP en COP, il fallut déchanter ; chaque année, le constat se faisait plus amer, plus désabusé. En juin 2017, le coup de tonnerre de la sortie des États-Unis des accords de Paris, selon la volonté de Donald Trump, semblait sonner le glas d'un véritable changement structurel. Désormais, la réalité s'imposait : si les messages initiaux avaient été précis, il manquait cruellement de moyens en face, qui permettraient de transformer l'essai. Le sujet donnait lieu à des débats dont les conclusions étaient souvent identiques : à la limite, il était envisageable de consacrer plus de liquidités au changement de modèle, mais ce qui faisait défaut était les projets vraiment ambitieux. Les sempiternels programmes de politique publique qui cherchaient tous à se faire estampiller « développement durable », étiquette porteuse sur le plan électoral, étaient trop limités pour espérer le début d'un mouvement d'ampleur à l'échelle planétaire. Quand les porteurs de projets étaient eux-mêmes interrogés, le constat était exactement symétrique : ils regrettaient ne bénéficier finalement que de peu d'appuis capitalistes, insuffisants pour que se crée un courant positif, pour que leurs idées se transforment à court terme en réalité tangible de grande ampleur.

Les deux argumentaires étaient, de fait, justifiés. Les deux manques se croisaient et s'alimentaient. Dans un tel cas, quelle pouvait être la solution ? Qui devrait commencer ? L'expérience des ruptures majeures du passé donne la réponse certaine : l'impulsion devait venir de la finance. Et là se retrouvait le hiatus de la société moderne, en particulier en Occident. La finance avait désormais très mauvaise presse. Avait-elle jamais eu d'ailleurs bonne réputation ? Dans l'histoire, la finance est honnie, soit pour son pouvoir soit pour ses folies, parfois pour les deux en même temps. Le 21e siècle a connu successivement les deux sentiments, à des degrés rarement atteints. Le changement en cours de puissance dominante au niveau mondial a conduit à un phénomène déjà observé, un siècle et demi plus tôt, avec l'Angleterre : quand la puissance ancienne produit moins de richesse, parce qu'elle est concurrencée par les dominants du futur, ceux qui profitent du système qu'elle a constitué, le chant du cygne se matérialise par la finance. La finance ne crée pas de richesse par elle-même mais elle devient le carrefour où les profits de ceux qui conquièrent peu à peu les marchés viennent se concrétiser. La City de Londres était ainsi devenue le cœur financier de la planète quand l'Angleterre voyait peu à peu son influence décliner. Un cœur au sens propre, pourrait-on dire, la pompe aspirant les liquidités, le sang de l'économie, pour le renvoyer vers les organes les plus exigeants, les activités les plus consommatrices d'investissements parce que porteuses de la croissance de l'avenir, activités que la Grande-Bretagne contrôlait de moins en moins. La finance est une manière pour les anciens dominants de prélever encore un peu de cette richesse nouvelle par l'expression monétaire de la richesse, par l'organisation de la circulation des liquidités, par la rationalité apportée au financement à grande échelle. Toute cette organisation en soi ne vaut pas grand-chose. Ce n'est jamais l'administration qui fournit les besoins des êtres humains ; en revanche, la machine complexe fonctionnant de manière rationnelle est une manière de proposer la superstructure optimisant l'ensemble du système. Une telle capacité de fournir cette mécanique est la marque de l'ancienne grande puissance ; cela vaut rémunération, pour autant que les puissances montantes n'aient pas encore inventé leur propre modèle.

L'Empire romain fut, dans l'Antiquité, la première structure étatique à proposer cette sorte de service administratif, incluant la totalité de l'infrastructure physique pour le bon fonctionnement d'une économie internationale. La Grande-Bretagne de la fin du 19e siècle, en se cantonnant à l'industrie financière, marchait sur les mêmes traces, mais en restreignant encore le service proposé. Les États-Unis de la fin du 20e siècle empruntèrent la même philosophie. Si la Chine et l'Asie produisent toujours plus de richesse vitale pour le reste du monde, la finance est devenue essentielle. Elle permet l'accélération du processus de transfert de la richesse d'une part, elle rend possible la création des nouveaux produits, des nouveaux services, en particulier électroniques, annonçant l'apparition d'un nouveau modèle de vie d'autre part.

La croissance économique s'emballait, dans une humanité de bientôt 8 milliards d'êtres humains, le développement s'accélérait et permettait l'accession à la consommation, à la prospérité, d'une part croissante de la population. Dans ces conditions, évidemment, la finance suivait et devenait euphorique. Une finance d'abord américaine, d'autant que, nous l'avons évoqué, la Chine ne disposait pas du premier soubassement pour espérer un début de concurrence en ce domaine : la monnaie. La monnaie, facteur de confiance, vecteur d'investissement. Sans monnaie robuste, pas de finance. La Chine ayant une impossibilité structurelle à s'imposer sur ce plan, les États-Unis pouvaient voir s'étirer leur crépuscule dans les lueurs de Wall Street et du NASDAQ. La finance américaine donnait le sentiment de créer la prospérité par elle-même, quand elle n'était que l'expression chiffrée, monétaire d'un processus de création de richesse qui la dépassait largement.

Le Covid fut là encore, comme ailleurs, une manière de paroxysme, laissant penser que le retour de la prospérité se ferait par le biais monétaire, par une création de dette sous l'égide des banques centrales, permettant l'illusion d'un fonctionnement normal avant de doper ensuite le redémarrage foudroyant. Un redémarrage qui allait survenir en Asie comme de juste, mais qui risquait encore davantage de différencier la création de richesse réelle et la maîtrise financière de sa représentation, aux mains des anciens dominants d'Occident. Il s'agissait là d'un risque majeur de déstabilisation mondiale, une déstabilisation commencée bien avant 2020 et le confinement généralisé.

Comme la puissance de la City avait reflété la révolution industrielle qui déferlait sur les pays de l'Ancien Continent dans la seconde partie du 19e siècle, cette expansion qui ne tarderait pas en 1914 à produire le plus épouvantable des affrontements jamais connus sur la Terre, de la même manière, la finance du tournant de l'an 2000 fascinait par la richesse faramineuse qu'elle brassait. Cette frénésie avait de quoi susciter l'effroi, ce que les artistes et écrivains ressentirent, Bret Easton Ellis, dans son *American Psycho*, en fit la représentation glaçante. En réalité, cette finance enflée, boursouflée n'était que l'annonce de ce qui allait survenir dans les décennies suivantes, cette bascule des lieux de la création de richesse, accompagnée, et c'était plus original, d'un changement profond de nature par la révolution technologique.

L'issue de secours d'un système grippé

Comme dans de nombreuses configurations similaires du passé, le danger ne cesse de croître, celui de perdre le lien fondamental devant exister entre la finance et la richesse réelle. Les financiers s'emballent quand ils gèrent des situations de croissance inhabituelles ; ils se laissent gagner par le climat ambiant, ils finissent par croire que leurs arbres artificiels grandiront jusqu'au ciel, ils s'imaginent que ces nouveaux maîtres du monde qu'ils accompagnent dans leurs nouveaux investissements pourront multiplier leurs initiatives à l'infini. Et c'est ainsi que se développe peu à peu la racine du second ressentiment que suscitent les financiers : leurs agissements, mus par une sorte de recherche d'enrichissement sans limites, peuvent alors contribuer à un dysfonctionnement majeur du système économique dans son ensemble. La finance est bien le facteur qui normalement, tout en ne créant pas de richesse, « lubrifie », optimise le système ; quand elle devient irrationnelle, quand des facteurs externes la rendent irrationnelle, elle se transforme en cancer, tuant l'organisme qui par ailleurs avait pourtant toutes les raisons de continuer de vivre et de grandir. Les financiers sont alors honnis, considérés comme porteurs de tous les maux. À la lumière de ces clefs de lecture, les doubles ou triples crises qui ont marqué les deux premières décennies du 21e siècle évoquent de manière presque caricaturale l'ensemble des aversions extrêmes que suscite de tout temps la sphère financière.

Il y eut la première vague, la plus petite, mais annonciatrice de toutes les autres, celle du krach de l'Internet en 2000 ; il y eut la suivante, celle consécutive au 11 Septembre, puis à l'affaire Enron en 2001-2002, la première secousse associée à l'endettement excessif des plus grandes compagnies mondiales. Et puis, bien sûr, il y eut la troisième, la crise de 2007-2008, la crise provoquée par la finance devenue folle, la crise qui commença par l'effondrement des banques, risquant d'entraîner l'ensemble du système économique mondial, puis, pis encore, révélant les aberrations du financement même des États et de la dette dite souveraine qui leur est associée.

Qui pouvait alors défendre la finance ? Au-delà de ses fautes, elle devint l'emblème d'une époque perdant ses repères et n'ayant pas encore trouvé ceux qui devraient les remplacer. Finance, matérialisme ; finance, avidité ; finance, monnaie. Finance haïssable.

Dans un tel contexte, il était difficile d'imaginer la finance comme première force tangible pour passer des promesses esquissées à la COP 21 à une réalité économique. C'est pourquoi une grande partie de la population mondiale sensible à l'impasse climatique, en particulier dans sa partie la plus jeune, ne prit pas conscience en 2019 que soudain les choses avaient vraiment commencé à bouger du côté des investisseurs. D'autant que l'explication de ce mouvement décisif qui commençait et qui prit au passage un élan déterminant en Europe avec le Green Deal de décembre 2019, n'avait rien de poétique. La finance connaissait une inflexion importante, certes. L'explication qu'elle donnait elle-même par la voix de ses dirigeants les plus emblématiques était que cette industrie ressentait l'importance stratégique d'une intégration des dimensions de développement durable au cœur même des investissements. Mais, en réalité, l'inflexion provenait aussi du fait qu'était apparue la perspective d'un profit nouveau et que, surtout, il semblait possible de s'extraire par là des conditions invraisemblables créées par les régulateurs pour tenter de relancer la croissance.

En effet, la crise de la dette souveraine à laquelle il a été fait allusion plus haut, commencée dans les années 2011-2012, en Europe, conduisit le système financier à reconnaître comme légitime un ensemble de pratiques pudiquement dénommées « non conventionnelles » que nous avons déjà évoquées. La deuxième décennie du 21e siècle restera dans l'histoire économique comme un moment unique, où il fut admis qu'une dette de plus en plus gigantesque au regard de la réalité de la création de richesse qui était censée l'équilibrer pouvait devenir le moteur principal de la croissance mondiale. À partir du moment où ce principe était unanimement reconnu, tous les moyens étaient bons pour parvenir à l'objectif, y compris la solution impensable, à savoir que cette dette fût émise à des conditions de taux négatifs afin de faciliter son émission. Comment justifier l'idée que l'emprunteur puisse non seulement ne pas avoir à partager le gain qu'il devrait retirer de son emprunt et de son utilisation (ce serait le taux d'intérêt à zéro, déjà aberrant en soi), mais bénéficie, en sus, d'une aberration encore plus forte : une rémunération qui lui soit accordée par le prêteur (le taux négatif) ? Par définition, pourrait-on dire, un prêteur ne crée pas de richesse, sinon, bien sûr, il n'aurait aucune raison de se dessaisir de sa richesse oisive ; par définition, par conséquent, un prêteur ne peut physiquement rémunérer celui à qui il confie sa richesse ; d'autant, évidemment, que cette situation signifie bien que le prêteur supporte un risque qu'il ne maîtrise pas ; pour le motiver, l'évidence est de lui proposer un partage du gain, de cette création de richesse qui explique la démarche de l'emprunteur.

Ou plutôt qui devrait l'expliquer, si le système ne devient pas fou ; en taux négatif, l'emprunteur n'a d'autre projet que d'emprunter, puisque, par cette seule grâce, il reçoit une rémunération via les taux négatifs. D'où ces cascades de décisions provenant de cette situation, chaque fois pour tenter d'en contrer les effets délétères : pour empêcher la stratégie d'emprunt seul sans autre débouché que de profiter de la rémunération automatique de l'emprunteur, les dépôts de liquidités sont à leur tour sanctionnés par une rémunération décidée par la banque centrale. Le détenteur d'épargne n'a plus le droit de la laisser oisive, au risque d'être lui-même taxé. Il est interdit de conserver les liquidités puisque, celles-ci étant gratuites et d'abondance illimitée, elles doivent être absolument utilisées et réinjectées dans le système économique. Les financiers reçoivent de plus en plus d'argent, puisque celui-ci n'est pas créé en fonction de la richesse constatée mais de celle espérée. À leur tour, ils investissent dans tous les types de projets. Les banques centrales et les régulateurs ne veulent pas néanmoins d'un risque trop fort, alors ils obligent le prêteur à garantir les pertes en cas de faillites des clients. À la fin de toutes ces injonctions contradictoires, la seule bonne solution est de prêter aux États qui eux sont réputés solvables, à charge pour eux de réinvestir dans l'économie où bon leur semblera.

Mais, en dépit de la volonté politique, le décalage des montants démontre en lui-même combien cette liquidité croissante n'est pas nécessaire, n'est pas souhaitée par l'activité réelle ; 250 trillions de dollars de dette, face à 87,7 trillions de PIB mondial en 2019… Chaque créateur de richesse dispose de trois fois son besoin et a face à lui des financeurs aux abois, espérant récupérer son résultat pour légitimer leur prêt. Situation intenable à terme.

Résultat de l'interdiction de fixer les liquidités sur des comptes courants, ces dernières vont tourner à toute vitesse sur les marchés, passant de main en main, même sans raison, créant toutes les conditions d'une situation de bulle, d'investissements fictifs. Les marchés financiers qui ne font plus que monter, monter sans limites et sans restriction, sont totalement déréglés.

La cascade des conséquences se poursuit dans cette époque sans équivalence, par son aberration et par ces sortes de récupérations du contrôle par les autorités monétaires. Pour contrer le risque majeur d'une multiplication des opérations dangereuses parce que sans conséquences économiques réelles y compris en provenance des États, les banques centrales sortent de leur rôle de régulateurs du système pour en devenir des acteurs à part entière : en clair, ces banques centrales deviennent elles-mêmes souscripteurs d'une partie de la dette émise, de préférence du meilleur « papier », c'est-à-dire, dans un premier temps, de dette publique.

Le bouclage de la situation est alors de plus en plus stupéfiant : les États sont poussés à émettre le maximum de cette dette sans limites objectives puisqu'elle sera achetée par leurs propres banques centrales ; il est considéré qu'au moins la dette publique est justifiée sinon par une création de richesse, au moins par un besoin objectif validé par le pouvoir politique. Ce besoin au mieux serait d'investissements, qui à terme pourraient engendrer de la croissance durable ; au pis, il permettrait de répondre à des dépenses publiques que l'impôt et les ressources classiques ne suffiraient pas à couvrir. Comme lesdits États sont les meilleures signatures possible, le défaut sur la dette publique étant devenu impossible (la banque centrale sera toujours là en dernier ressort), ces emprunts passent en taux supernégatifs. Ce sont donc les détenteurs de la dette, les banques centrales, qui se chargent d'ajouter aux sommes prêtées une rémunération supplémentaire versée tout au long de la durée de l'opération. Ce sont elles qui prêtent aux États, ce sont elles qui se chargent de rémunérer les emprunteurs. La description en est presque drôle tellement elle est absurde à chacune de ses étapes. La situation implique pour l'institution monétaire de créer par conséquent deux fois de la (fausse ?) monnaie : à l'émission et à chaque versement d'intérêts.

Quand un système financier commence à dériver

Les rouages de la machine ne cessent de se multiplier : puisque les États sont la porte d'entrée (ou de sortie, comme on voudra) de cette création de liquidités sans limites, certains d'entre eux, la France par exemple, deviennent aussi des prêteurs directs à l'économie. Une banque publique (d'investissement si possible) bénéficie des levées de fonds publics, supposées sans risque, pour accorder en retour, à des taux ultra-compétitifs, des prêts voire des entrées au capital auprès d'entreprises privées, qui n'auraient pu espérer de telles conditions de financement si elles s'adressaient directement à un système financier rationnel, c'est-à-dire rémunérant correctement le risque pris par des capitaux privés. Encore que les dérives multiples se croisent dans un imbroglio de plus en plus incompréhensible, puisque la banque publique est accusée souvent par les banques normales, c'est-à-dire privées, de venir en concurrence sur les bons dossiers, pour prélever les investissements intéressants à son profit. L'explication ? La banque étant publique, elle doit tout de même s'assurer de la bonne qualité de ses clients, puisque c'est l'argent public qu'elle engage. Argent public = argent du contribuable. En l'occurrence, ce serait surtout de l'argent des emprunts auprès de la Banque centrale européenne. Cette dernière est peu regardante sur la destination de ces fonds qu'elle souhaite d'abord injecter dans l'économie réelle, sans les voir égarés dans des circuits fermés de marchés financiers stériles.

Cerise sur le gâteau, la banque centrale finit par devenir elle-même, sans autre intermédiaire, souscripteur de dette émise par des compagnies privées. Là encore, il s'agit de bonnes signatures, l'un des buts étant d'assécher le marché de très bon « papier », public et privé, donc, pour pousser à dynamiser des prêts à des entreprises de risque plus élevé que les structures financières spécialisées auraient eu tendance à éviter.

L'ultime pied de nez à toute logique économique voire juridique consiste en la souscription par les banques centrales d'actions d'entreprises privées. L'action, titre de propriété... Comment une banque centrale peut-elle devenir actionnaire d'une entreprise privée, en utilisant des liquidités créées de toutes pièces, sans autre justification que la stimulation de la croissance par n'importe quel moyen, y compris la création monétaire ?

La description de ces réalités devenues courantes, voire banales, en cette deuxième décennie du 21e siècle laisse pour le moins dubitatif l'observateur neutre ; ou aurait laissé dubitatifs tous les observateurs sans exception des décennies, des siècles précédents. Peut-être faut-il souligner à quel point, dans un domaine comme celui de la finance, en particulier la finance reliée à la politique monétaire, il n'existe ni progrès ni modernité. Il est toujours tentant d'appliquer à ces disciplines les mêmes grilles d'analyse que celles utilisées pour l'observation des sciences, de la littérature ou des arts. Ce qui paraissait impensable, inimaginable aux générations précédentes devient quelque chose de normal, quand serait apparu un progrès du raisonnement, de l'esprit humain rendant possible ce qui hier ne l'était pas. Il est des domaines où, au contraire, l'innovation n'a pas de sens, où les références intangibles ne sont pas remises en cause. Bref, les pratiques financières et monétaires d'avant Covid ne sont pas simplement « non conventionnelles », elles sont surtout aberrantes, et il n'existe aucune justification au fond de leur adoption, sinon qu'elles permettent de prolonger une situation de non-crise, alors qu'objectivement tous les ingrédients sont réunis justement pour qu'une crise majeure survienne. Tant que ce type de catastrophe ne s'est pas produit, les moyens mis en œuvre sont justifiés ; l'histoire regorge de situations similaires, jamais à une échelle identique bien sûr, jamais sur une période aussi longue. Et les leçons de l'histoire sont formelles : il n'existe pas d'exception qu'une telle situation puisse se dénouer sans dommage ou de manière naturelle. Soit la conclusion d'une telle séquence est une crise d'autant plus violente que la période aberrante aura duré longtemps. Soit la crise est évitée par une correction volontaire menée par les autorités politiques et monétaires qui sont à l'origine du dysfonctionnement. Il est alors nécessaire de reprendre fermement les rênes de l'attelage et de le replacer sur le droit chemin, en acceptant le principe d'un dégât collatéral relativement fort.

Une telle décision suppose *primo* la compréhension du problème, c'est-à-dire la culture et la réflexion suffisantes pour mesurer à quel point la dégradation passée était dangereuse et intenable. *Secundo*, il faut que le décideur chargé du retour à la normale sache quel chemin il va devoir emprunter. Cette condition suppose évidemment la première ; une compréhension des mécanismes économiques, monétaires et politiques est indispensable. Mais elle ne suffit pas ; plusieurs types de décisions peuvent en découler, en particulier selon l'orientation politique (de droite ou de gauche) de celui qui se lance dans la rectification. Enfin, *tertio*, la qualité indispensable pour se lancer dans le processus est une grosse dose de... courage.

En effet, les dysfonctionnements monétaires et financiers sont les pires de tous en termes de retombées psychologiques. Les décisions à prendre seront de nature technique, donc difficiles à comprendre par l'opinion publique, qui par définition ne prend pas la mesure du danger. Par définition, puisque le but est précisément d'éviter le cataclysme qui devrait commencer, et qu'il s'agit d'éviter. Le retour à une normalité relative suppose des décisions désagréables pour la totalité de la population, à des degrés divers et sur des domaines différents.

Représentons les pistes classiques qui sont envisageables, avec, toujours peu de nouveauté sous le soleil, des purges amères depuis des siècles : augmentation du temps de travail sans augmentation des rémunérations ; augmentation de la fiscalité ; réduction des services publics ou augmentation de leurs coûts ; perte de valeur de l'épargne ou des éléments patrimoniaux ; rallongement des durées de vie au travail pour réduire le poids des retraites ; diminution des pensions de ceux qui ne sont pas ou plus actifs. Cette liste non exhaustive mais déjà assez complète doit parler immédiatement à chacun d'entre nous. Les trois axes sont simples à comprendre : créer plus de richesse pour rééquilibrer la contrepartie de la dette ; réduire au maximum les motifs d'endettement supplémentaire non lié directement à de l'investissement productif. Si les deux premiers ne fonctionnent pas, reste le troisième : prélever la richesse pour rembourser.

Ce sont les périls redoutés par tout un chacun ; parce que, pour le coup, la foule refuse la plupart du temps de regarder en face ce type de situation. Le Covid ne fait pas exception, le grand espoir est que soit trouvée une solution miracle à la fois radicale et indolore ; même si au fond d'eux peu de gens y croient vraiment.

Les campagnes électorales sont le bon révélateur de ce comportement moitié lucide, moitié candide : il est rare, pour ne pas dire impossible de gagner des élections en expliquant qu'il s'agit de revenir en territoire rationnel dans les domaines de la finance et de la monnaie.

Le réflexe privilégié, toujours plus répandu au 21e siècle, après la crise financière mondiale de 2008, est de rechercher les boucs émissaires et de les faire payer, ou du moins de conserver l'illusion le plus longtemps possible que cette condamnation des accusés pourrait suffire à remettre les choses à l'endroit. Les deux cibles unanimement désignées sont les riches et les financiers, de préférence les deux en même temps. Les précédents historiques sont nombreux, les politiques adoptent eux aussi ce type de stigmatisation ; les deux catégories précitées sont de bons paratonnerres pour éviter de placer le décideur en première ligne, surtout, ce qui est assez courant, s'il lui manque la qualité majeure en de telles circonstances, et à laquelle il vient d'être fait allusion : le courage. Éventuellement, plus tard, beaucoup plus tard, la postérité pourrait reconnaître le bien-fondé de l'action correctrice, et encore. Dans les placards du temps se trouvent nombre de ces héros détestés et jamais réhabilités tant leurs actions en leurs époques ont été impopulaires.

En France, ils sont quelques-uns parmi ces exceptions, ceux qui ont donné beaucoup, parfois jusqu'à leur vie, pour une action qu'ils estimaient juste et sans doute la seule raisonnable. Mais ils étaient seuls, bien seuls, et si les événements n'ont pas laissé le choix, s'ils parviennent au pouvoir sous la menace d'une faillite imminente, ils sont comme les médecins qui prescrivent le traitement de choc. Personne n'aime ces gens-là, ils sont haïs parce que le messager porteur des mauvaises nouvelles est toujours le premier que l'on supprime. On a beau savoir que c'est idiot, cela soulage, c'est ainsi. Les recommandations de Turgot, au 18e siècle français, qui auraient pu éviter la Révolution, ressemblent en bien des points au gouvernement technique du président du Conseil italien Mario Monti en 2011 ou à celui de son successeur en 2021, l'autre Mario, Draghi, ancien patron de la Banque centrale européenne et donc particulièrement au fait de ce qui devrait être engagé sur le plan purement rationnel. Le chancelier allemand Schröder en sait quelque chose, lui qui fut considéré comme le père du renouveau allemand après les réformes qu'il conduisit au tout début du millénaire. Cette magnifique réputation ne l'empêcha pas d'essuyer une cinglante déroute électorale, et conduisit au sommet de l'État la chancelière Merkel, qui, sur le fond, poursuivit exactement la même politique. Le porteur de la mauvaise nouvelle est toujours détesté…

Une finance de fin d'époque

Le climat général des politiques vis-à-vis de la finance et de la monnaie est donc sur une ligne particulièrement négative quand survient le confinement. La crise de 2008 est encore dans les mémoires et l'addition des mesures prises pendant l'année 2020 semble vertigineuse. L'augmentation de la seule dette publique mondiale est chiffrée (par l'IIF, Institute of International Finance, en février 2021) à 24 000 milliards de dollars ; 24 trillions, c'est-à-dire une croissance de 10 % de la totalité de la dette mondiale (publique et privée) en une seule année. Ce chiffre faramineux ne se justifie que pour souligner qu'en agissant de la sorte le pire a été évité. Même dans cette Allemagne parmi les pays les plus vertueux en matière d'émission de dette, la politique monétaire de la BCE finit par être approuvée. Mieux, le principe toujours repoussé jusque-là d'une dette commune émise par l'Union européenne pour le compte de tous ses membres a été validé ; pourquoi ? Parce que, par ces mesures, l'éclatement de l'Europe serait évité. C'est la paix qui est en jeu sur un continent, où les risques de conflits entre États, d'embrasements intérieurs, peuvent surgir à tout moment en raison de la dégradation de l'économie. Les gilets jaunes en France ont été de ce point de vue un avertissement sérieux, une sorte de rappel du Printemps arabe. Celui-ci était tout aussi inattendu, tout aussi incontrôlable, et il avait gagné à partir de 2010 les pays du pourtour méditerranéen les uns après les autres.

Décider d'émettre de la monnaie, de la dette à court terme pour permettre à l'économie de fonctionner un peu de temps encore avec une illusion de richesse est du ressort du responsable politique. Ce ne sont ni le capitalisme, ni le marxisme, ni la démocratie, ni même les dictatures qui en eux-mêmes sont à l'origine des dysfonctionnements économiques. La cause en est toujours assez similaire : une création de richesse insuffisante par rapport aux besoins de la population, ce qui produit une perte de performance collective, comparée à un passé suffisamment proche pour qu'il soit encore présent dans les mémoires. Et le facteur déterminant de ce renversement néfaste est la montée en puissance d'un voisin, d'un autre peuple, d'une autre région. La dette du 21e siècle est d'abord occidentale, la création de richesse est de plus en plus asiatique.

La dette Covid, de la fausse monnaie par excellence, a permis aux pays riches de conserver les apparences d'une existence normale, sans qu'apparaisse encore le dysfonctionnement majeur provenant de cette fermeture, de ce repli sur soi. Le paradoxe de la période tient en la curieuse réaction qu'a suscitée le confinement : cette période d'interdiction de sortir, de se mouvoir, d'échanger, chaque humain la vit dans le monde comme une parenthèse à la limite du supportable, qui rendra la vie normale, quand elle pourra reprendre, parfaitement délicieuse. Il est donc étrange que ce besoin de sortir à nouveau de chez soi, de récupérer sa liberté de mouvement se conjugue aussi avec, sur le plan des États, une montée de la démondialisation, du protectionnisme, de l'arrêt du commerce international.

La véritable cause de dysfonctionnement est d'abord celle-ci : la recherche de la faute chez autrui, le refus de devoir assumer les conséquences des décisions prises quand il n'était d'autre choix. Dans l'histoire humaine, on ne cesse de retrouver à toutes les époques, sur tous les continents cette manière d'éluder l'évidence, la montée des richesses ailleurs, la destruction des nôtres et les décisions lourdes pour l'avenir que chacun voudrait éviter. Le dysfonctionnement se complète de cette réaction presque aussi naturelle que la recherche du coupable, cette logique violente parce que d'apparence légitime qu'endosse le politique. C'est la montée vers la guerre. La première origine de la guerre est la richesse des autres, celle qui me semble insupportable parce que je ne possède ni les qualités, ni les avantages de ceux qui près de moi font étalage de cet avantage.

Mais la richesse peut être aussi celle qui autrefois était ma spécificité, celle que je ne parviens plus à réaliser tandis que ceux que jadis je méprisais réussissent à me supplanter. Les grands mécanismes guerriers sont les mêmes depuis la nuit des temps, chaque période les redécouvre à un moment ou à un autre, en ayant presque toujours au fond une motivation économique. Le politique répond à cette aspiration, il crée la monnaie, pour l'illusion de la richesse, pour financer la guerre, pour tenter de gagner la course avec ce voisin soudain honni ou pour laisser croire qu'une pandémie n'aura pas de conséquences. Quand le système est déstabilisé, c'est là qu'il accuse le financier ; et puis aujourd'hui le capitalisme, donc ; ou, au 16e siècle, la banque lombarde ; ou, au 18e siècle, le prélèvement religieux.

En ce début du 21e siècle, la dernière vraie période de déséquilibre, celle de l'entre-deux-guerres, est assez ancienne pour qu'elle se soit effacée du souvenir des vivants. La toile de fond de la pièce de théâtre est pourtant reconnaissable : la perte de pouvoir, la perte de dynamisme, la perte de la primauté d'une ancienne grande nation, la montée au pouvoir irrépressible d'une nation concurrente qui se prépare à prendre la succession, et même deux virus cousins, Covid et grippe espagnole. Un tel mouvement ne permet pas une représentation claire ou apaisée. Les Chinois sont-ils déjà si riches ? Ne conservons-nous pas encore de ce lustre qui, il y a peu, nous rendait irrésistible ? Dans les précédents de l'histoire, la période de transfert de suprématie est toujours celle de ce manque de repères, de perte de valeurs. Alors l'État, le politique qui l'incarne, celui à qui échoit le pouvoir, ne fait plus rien pour retrouver l'ordre ancien. Il participe, il aggrave la perte de repères à long terme, parce qu'il y puise une légitimité de l'instant. Nous sommes encore puissants puisque nous pouvons financer de grands plans d'équipement, des armées redoutables, un bien-être dont profitent même les plus fragiles sous notre protection. On émet de la dette, on émet de la monnaie, on camoufle aussi longtemps que possible la chute irrémédiable de la création de richesse. Trump bien sûr, Obama dans un genre différent, avant lui George W. Bush, Clinton pour commencer ; mais aussi Biden, ou Harris. Ils ressemblent aux derniers Césars de l'Empire romain d'Occident. Ils ont encore l'apparence de ceux qui autrefois dominaient le monde, ils n'en ont plus réellement les pouvoirs. La brièveté de leur mandat permet de prolonger l'illusion, et là encore le parallèle avec la chute de Rome est frappant, la succession rapide de différentes personnalités à la tête de l'État est le meilleur moyen de ne pas comparer, de ne pas les placer dans un mouvement continu, une tendance longue, celle d'une déchéance progressive mais irrémédiable du statut de numéro un. La litanie des premiers ministres fut la même à la fin de la grande période britannique, alors que se préparait la première grande guerre du 20e siècle.

Quand les marques de la puissance se diluent, quand la monnaie sert de camouflage à la perte d'influence, les financiers s'enrichissent plus qu'ils ne devraient. Ils deviennent plus riches que les créateurs de richesse, les vrais entrepreneurs, ceux qui proposent des produits, des biens ou des services aux citoyens, aux consommateurs. Cette ambiguïté linguistique doit faire sursauter ceux qui exècrent le pouvoir de l'argent, ou plutôt la répartition de la richesse fondée d'abord sur sa création. À tout le moins se trouve résumé ainsi l'économie de marché. Pour qu'il y ait marché, il faut d'abord qu'il y ait quelque chose à vendre, quelque chose à proposer aux humains, et dont la valeur dépend justement de l'appétence que manifesteront les humains pour la chose en question. Devient très riche celui dont la production est demandée par le plus grand nombre. Cette définition expéditive serait aussi celle du capitalisme, pourvu qu'on la complète : le bénéficiaire de la création de richesse validée par l'achat, donc par un échange monétaire, est celui qui détient l'idée, le pouvoir de la création, mais aussi celui qui le finance. Celui qui fournit les moyens de réaliser l'idée est considéré comme à l'origine de la réussite, si elle se produit, autant voire plus que l'initiateur.

Dans les périodes où la création de richesse s'étiole, où les projets se font plus rares, le financeur devient le seul à s'enrichir ; il en va de même quand l'idée suppose un investissement énorme, c'est-à-dire une grande quantité de monnaie à bloquer comparativement au gain espéré. Cet avantage est la symétrie, il faut le rappeler, du risque de perte en cas d'échec du projet. Le capital est perdu ou, à tout le moins, c'est à lui d'absorber les charges de l'affaire qui ne seront pas compensées par le paiement des clients (la définition exacte d'une perte).

Quand la monnaie est émise sans plus être corrélée à la création de richesse, le capital devient maître du jeu, il s'enrichit toujours plus puisqu'il peut fournir toujours plus de monnaie. D'autant que les institutions monétaires, quand elles savent émettre (toujours pour de bonnes raisons) trop de liquidités par rapport aux besoins du marché, sont à la recherche éperdue de gestionnaires de fonds, d'investisseurs en tous genres. Dans ce sens, oui, ces derniers deviennent les maîtres d'un jeu, certes, mais pipé à la base, dont les fondamentaux ne fonctionnent plus et dont l'incohérence ne cesse de s'accroître.

Faire de l'argent seulement par l'argent

Depuis 2008, des signes forts apparaissent en ce sens. Les maîtres de Wall Street ne sont plus ni les banques classiques, ni les fonds traditionnels, y compris lorsqu'ils sont à caractère spéculatif, comme les fameux *hedge funds*. Non, désormais, les ultradominants dans cette finance rendue folle par sa liquidité sont les gestionnaires d'actifs mastodontes, nommés ETF (*exchange-traded funds*). Leur principe n'est plus d'investir dans un actif, l'action d'une entreprise, la dette d'un acteur privé ou public, mais de posséder des « paniers de titres », c'est-à-dire des quantités de produits financiers achetés ensemble après qu'un algorithme aura validé que cet ensemble reproduit l'évolution globale du marché. Ces fonds n'achètent plus la création de valeur mais l'évolution des indices boursiers. Nous l'avons dit, depuis la crise de 2008, ces indices ne doivent plus décrocher, c'est l'impératif commun assigné à la fois par les décideurs politiques et par les régulateurs, en particulier les banques centrales. Il n'est plus question de risquer un effondrement de l'économie commençant par la sphère financière ; résultat : les indices ne cessent plus de grimper, c'est là que l'on gagne de l'argent. Cette dérive préoccupante a conduit au sommet de la hiérarchie des compagnies financières ces spécialistes non pas de l'investissement, mais de la variation d'indices. Il faut donner quelques chiffres, ils sont vertigineux. Les cinq premiers de ces gestionnaires d'actifs sont dans l'ordre BlackRock (États-Unis), The Vanguard Group (États-Unis), UBS

Group (Suisse), Fidelity Investments (États-Unis), State Street Global Advisors (Etats Unis). Au mois de juin 2020, ces cinq entreprises géraient 23 200 milliards de dollars d'actifs, c'est-à-dire plus que la totalité du PIB américain. À la même époque, en élargissant aux cinquante-six plus gros fonds, le montant d'actifs s'élevait à 77 000 milliards de dollars, c'est-à-dire 90 % du PIB mondial. Tout cela semble manquer de consistance, tellement ces chiffres sont astronomiques. Quelques éléments de comparaison permettent peut-être de mieux saisir l'évolution radicale qui se produit depuis plusieurs années dans le monde de la finance. Le bilan des cinq plus grandes banques mondiales s'élève en cumulé en janvier 2021 à 17 600 milliards de dollars ; 23 200 contre 17 600, les ETF ont dépassé les structures traditionnelles de la finance, les banques, dont le métier est justement d'investir « pour de vrai ». Au passage, les quatre premières de ces banques sont chinoises (la première est Industrial and Commercial Bank of China, la deuxième, China Construction Bank), très peu connues des opinions publiques occidentales, tellement focalisées sur les repères de l'ancien monde géopolitique. La cinquième est japonaise (Mitsubishi UFJ Financial Group), la sixième est la première non asiatique, elle est anglaise, HSBC ; la première américaine est 7e mondiale, JPMorgan Chase. Deux banques françaises figurent aux 9e et 10e places, BNP Paribas et Crédit agricole, ce sont les deux premières banques de la zone euro. La France, pays du luxe, de la finance et des transports, est, elle aussi, loin de l'image économique que s'en font souvent ses propres citoyens.

Pour revenir à nos fonds géants, BlackRock a été créé en 1988. En 1999, il gère 165 milliards de dollars. Au début de l'année 2021, cette entreprise de près de 15 000 employés gère 8 676 milliards d'actifs. Entre juin 2020 et janvier 2021, ses actifs ont augmenté de 20 % ; 20 % en six mois pour un actif représentant en volume le 3e PIB mondial. Lorsqu'il est question d'un déséquilibre insensé de la problématique monétaire et de ses conséquences techniques, rien n'est plus révélateur que cette croissance des fonds indiciels, de ces fonds aveugles qui ne croient qu'en l'augmentation des marchés et non en celle de la richesse.

Au mois de janvier 2021, d'ailleurs, comme un symbole de la perte de repères, surgit l'affaire GameStop. Des groupements de petits porteurs mettent en échec les stratégies de spéculation à la baisse des *hedge funds* américains. La première lecture, abondamment relayée par la presse mondiale, est de se féliciter de la victoire des Robin des bois modernes contre les financiers avides. La seconde lecture est moins optimiste : la spéculation négative sur GameStop était étayée par la fin du modèle économique réel de cette entreprise de jeux vidéo. Les liquidités sur les marchés sont si abondantes qu'elles ont permis des contre-mouvements brutaux. Beaucoup de petits porteurs ont perdu énormément, comme les *hedge funds*, les stars de la fin du 20e siècle. Ceux qui ont gagné dans l'opération sont d'abord les monstres de la gestion d'actifs.

Alors, bien sûr, la conclusion qui tombe en ce début de troisième décennie du 21e siècle ressemble en bien des points à celles tirées dans les années 1960 du siècle précédent ou à la fin du 19e siècle. La finance, une finance mutante, s'enrichit quand tous les projets anciens rapportent de moins en moins. Les technologies d'autrefois voient leurs valeurs plafonner au mieux, décliner au pis. En dépit de leur gigantisme, ces industries appartiennent au passé, ces activités de l'énergie, celles du pétrole et de l'électricité, l'ensemble des dérivées associées aux moyens de transports hypertrophiés, quelle que soit leur forme sur les mers, mais surtout les terres et les airs. Le gain le plus fort provient de la gestion de l'argent en tant que tel ; beaucoup plus de la gestion de la richesse. Tous les dangers accompagnent cette évolution inquiétante, autant pour l'épargne que pour les situations politiques un peu partout dans le monde.

Avec le déclin du modèle ancien vient la critique majeure, celle d'une montée des inégalités. La manière dont elles se développent est toujours identique en de telles circonstances : la finance et la monnaie en sont la première origine, permettant des profits distendus pour ceux qui manient l'argent, des bénéfices faméliques pour ceux qui créent la richesse. Le politique pousse à la création de monnaie pour donner encore un peu une illusion de croissance. Cette monnaie sans réalité flotte et ne profite qu'à ses spécialistes, les spéculateurs, bien vite synonymes d'affameurs des peuples. Il est vrai qu'ils sont riches alors que le système l'est de moins en moins ; il est vrai que leur enrichissement ne permet pas au plus grand nombre de voir sa condition s'améliorer. Il est vrai enfin que leur action est stérile puisque, si la monnaie leur échoit, c'est précisément qu'elle ne trouve plus de projets où se porter, aucune expansion réelle à moyen ou long terme. Le pouvoir politique est à la recherche, en vain, de croissance et d'emplois. On le dit soumis au monde de la finance, à celui de l'économie. En réalité, il est le premier à constater l'impasse, à sentir qu'il a tout à perdre à révéler que le modèle est à bout de souffle.

Le Covid a permis un répit sans doute par cet arrêt complet de l'économie et par une gestion artificielle du maintien en fonctionnement de l'appareil productif, puis par son redémarrage par le seul fait de la puissance publique. Le Covid a laissé croire au rôle central de l'État qui dominerait à nouveau la finance. En réalité, il n'en est rien : la monnaie factice a été créée sous forme de dette, pour éviter l'asphyxie. Ensuite monte une menace plus forte encore, celle de la validation *a posteriori*, d'un rééquilibrage par le monde réel de cette sorte d'anticipation, de cet artifice vital qu'il a fallu constituer en donnant le change ; c'est-à-dire en affirmant haut et fort qu'en aucun cas cette monnaie créée *ex nihilo* ne souffrait d'aucune espèce de remise en question. Après le Covid, le monde est submergé par une montagne de dette, pour l'essentiel constituée avant la pandémie. Mais cette dernière a conduit les pouvoirs politiques à ajouter sur l'édifice déjà branlant des montants astronomiques, laissant craindre pour les temps qui viennent les pires effondrements monétaires et financiers.

À ce paysage désolant, il faut ajouter donc le changement de tête dans la création de richesse mondiale et dans la gestion des affaires internationales. La montée de la Chine et sa faiblesse structurelle sur les plans monétaire et financier ne font qu'augmenter les facteurs de fragilité.

La conclusion de cet ouvrage serait-elle alors pessimiste, en raison de l'accumulation des aberrations issues de l'ancien monde, empêchant le nouveau d'éclore ?

Non, c'est même le raisonnement exactement inverse qu'il convient de tenir. Les affirmations qui vont suivre sont validées par un grand nombre de signes tangibles ; et ces derniers laissent augurer une perspective véritablement positive.

Financer la nouvelle croissance, la seule issue positive

Jamais l'économie mondiale n'avait disposé de tant de liquidités, de tant de signes monétaires.

Au moment où s'accélère le changement de modèle, jamais l'économie mondiale n'avait eu autant besoin d'investissements réels, jamais autant de nouvelles représentations de la valeur ne s'étaient développées aussi rapidement, jamais une population aussi nombreuse sur le plan planétaire n'avait aspiré à une vie meilleure.

Le constat dressé dans les lignes précédentes était que la monnaie en circulation n'avait plus aucun lien avec la création de richesse réelle. Dans toutes les périodes du passé, un tel constat aurait glacé le sang et annoncé les pires crises structurelles ; cette fois, c'est l'inverse qu'il faut envisager : le monde dispose d'une réserve de liquidités considérable au moment même où il a besoin d'un investissement massif dans un nouveau modèle économique et social, applicable immédiatement à la planète entière. De surcroît, tous les éléments techniques sont en faveur de cette migration de valeur : les taux faibles, voire négatifs, incitent à une recherche de rendement et permettent des prises de risques élevés. Les conditions ne peuvent être plus favorables, dans la mesure où le changement de modèle n'est pas seulement une option technologique, mais, nous l'avons répété à maintes reprises, une urgence absolue, vitale pour la planète, comme jamais l'espèce humaine n'en a connu. Un tel contexte, en termes financiers, signifie que ceux qui investiraient dans les valeurs du passé se trompent forcément, que l'investissement dans les technologies du futur est *a priori* la bonne stratégie, avec certes la forte marge d'erreur associée aux grandes mutations technologiques. Tant que la mutation est en cours, les valeurs fluctuent beaucoup, et un projet aux perspectives attrayantes à un moment peut quelque temps plus tard devenir inintéressant en raison d'une innovation inattendue ou d'un mode de fonctionnement imprévu des consommateurs.

La vraie problématique pour la troisième décennie du 21e siècle est donc de diriger le plus vite possible les liquidités vers ces nouveaux projets. Corrélativement, il s'agit de sortir du modèle ancien qui, lui, en revanche, est porteur de déflagration potentielle s'il perdurait trop longtemps auprès de cette masse monétaire en décalage total avec sa propre création de richesse.

Le mécanisme qui va se mettre en œuvre est le même que celui déjà constaté lors des grandes révolutions technologiques des siècles passés : la première phase est celle de l'investissement tous azimuts, presque toujours sous-estimé au départ, puisque le nouveau mode de fonctionnement n'est pas encore totalement appréhendé. La seconde phase est l'intégration des nouveaux fonctionnements, des nouvelles consommations et, donc, d'une nouvelle hiérarchie des valeurs économiques, d'un nouveau calcul des créations de richesse, depuis le niveau le plus petit de la société humaine, jusqu'aux plus agrégés, par grands pays, par continents.

En termes concrets, ces deux phases signifient que l'activité humaine va entrer dans une logique de croissance très forte, à l'opposé total des défenseurs de la « stagnation séculaire » évoquée plus haut et en vogue chez les économistes nord-américains notamment (ce qui n'est donc pas forcément un hasard). Le concept en soi est compréhensible dès lors que le cadre de représentation ne serait pas en rupture avec le précédent. C'est le cas quand le raisonnement ne s'appuie que sur les données classiques du modèle existant, ou même lorsqu'il n'envisage qu'une modification marginale, comme celle que nous refusons depuis le départ, cette « simple » transition énergétique. Les relais de croissance puissants ne se trouvent pas dans les références d'hier, car elles se heurtent très vite à des impasses de développement durable desquelles la timidité du changement envisagé ne permet pas de sortir. La logique est différente dans une rupture totale, fondée sur l'explosion des modèles de production de services et sur une valorisation du PIB de plus en plus focalisée sur la data.

Comparé aux plus grands défis qu'ait eu à relever l'humanité, il faudra passer à la puissance 10, à la puissance 1 000 ; consacrer un effort énorme aux projets tous azimuts qu'il conviendra de mener en même temps, de sorte que la mutation soit à la fois considérée comme soudain concrète, pour le plus grand nombre et finalement gérable, voire, ce serait l'essentiel, bénéfique. Donc, on n'en démord pas, la finance est autant la solution qu'elle est le problème. La finance consisterait en une concentration de toutes les ressources disponibles, de l'épargne, de cette création monétaire ensuite, des liquidités que les entreprises elles-mêmes seraient prêtes à investir ; et puis il y aurait aussi l'épargne des retraites de tous les pays vieillissants, les fonds d'assurances, qui se comptent en milliers de milliards de dollars de par le monde, bref de toute la richesse disponible à un instant *t* sur la planète Terre ; cette richesse doit être canalisée vers une seule finalité : les investissements associés au changement de modèle. Nous parlons bien de tous les investissements, sans exception. En reprenant les idées développées ici depuis le début de cet ouvrage, ce seraient autant les nouvelles industries de services que les nouvelles manières d'aménager les territoires, les nouvelles méthodes de travail, de culture, d'enseignement, de vie, de fonctionnement. Des investissements qu'il conviendrait de classer, à défaut de les hiérarchiser.

Il est toujours difficile de procéder à un tel classement quand une révolution technologique survient ; ou, plutôt, il est important de rappeler qu'à chacune des grandes ruptures du passé les premières hiérarchies s'avèrent toujours des erreurs monumentales. Redisons-le, aucune n'est comparable à celle qui se profile dans un horizon de plus en plus proche, après le Covid et l'acceptation des bouleversements qui sont devenus soudain tangibles. Rien d'étonnant à cette récurrence de mauvaise appréciation des actions à mener en priorité : par définition, en pareil cas, l'analyse est conduite par rapport à un passé connu, à une expérience sur laquelle on est tenté de s'appuyer. Non pas l'expérience des ruptures anciennes, mais celle de la continuité la plus proche.

Le nouveau modèle étant par définition inimaginable, il se heurte à toutes les analyses d'avant, qui deviennent d'un seul coup d'un seul totalement inappropriées. Les exemples qui mériteraient à eux seuls des livres entiers (qui d'ailleurs ont été écrits) disent à quel point, quand est inventée l'imprimerie, quand l'industrie va se substituer à l'agriculture, quand le moteur à explosion et l'électricité vont révolutionner le transport tout autant que la vie quotidienne, la quasi-totalité des vrais problèmes à résoudre est absente du raisonnement du début. Là encore, il faut insister : rien de grave. S'il est une expérience à retirer de ces grands moments de l'espèce humaine, c'est qu'à chaque instant le grand enjeu fut d'accepter le principe de l'erreur, de changer son fusil d'épaule à toute allure, de disposer d'une agilité, d'une humilité, d'une intelligence suffisantes pour ne pas craindre de vite, très vite repartir d'une page complètement blanche. L'erreur est le principe directeur de ces périodes. Il n'est plus aucune certitude. Même les individus les plus brillants, surtout les plus expérimentés, ne cessent de se fourvoyer.

Cette évidence des périodes de mutation est aussi une caractéristique importante du point de vue financier. Quand les technologies évoluent peu ou, disons, normalement, c'est-à-dire pendant les périodes les plus longues de l'histoire, le rapport au risque de la finance s'apaise. Le risque est la pierre angulaire de la logique financière, puisque c'est le risque qui justifie la rentabilité, la rémunération des capitaux.

Une remarque intéressante pour les réflexions qui viendront à propos de la finance telle que l'on peut l'imaginer dans le monde en changement qui caractérisera la réalité économique des prochaines années : si les capitaux ne sont pas rémunérés directement, par les taux d'intérêt lorsqu'ils sont fournis sous forme de prêts, ou par des dividendes lorsqu'ils sont apportés en tant que capitaux propres, reste alors la rémunération par la plus-value. La plus-value est typiquement la logique privilégiée par les investisseurs quand les conditions deviennent anormales ; anormales du fait des actions monétaires ; anormales aussi, et c'est ce qui sera le plus pertinent dans la période qui commence, quand une mutation technologique majeure est sur le point de s'engager. En effet, en de telles circonstances, la difficulté à laquelle est confronté le monde économique est la prévision réelle des profits tirés des activités, anciennes et nouvelles. Il est difficile de fixer les prix des différents produits et services. Il y a ceux qui sont censés disparaître – mais à quel rythme ? –, par exemple, pour revenir loin dans le temps, quand le transport à cheval est condamné à terme du fait de l'apparition de l'automobile. La substitution est une certitude, elle ne se fait pas du jour au lendemain. Il y a aussi ceux qui sont censés perdurer – mais dans quelles conditions ? Aussi chers, beaucoup moins chers, plus chers que dans le modèle antérieur ?

L'agriculture, la nourriture sont évidemment des activités qui ne disparaîtront pas. Au moment de la première grande rupture technologique et de la montée en puissance de la production industrielle, sa décote fut très forte, comparée au poids qu'elle représentait auparavant dans la création de richesse globale. Si, plus de deux cents ans plus tard, le raisonnement est le même, la nourriture, l'agriculture devraient de nouveau laisser une place aux nouvelles valeurs, par exemple celles fondées sur la data, même s'il n'est pas évident que l'évolution soit de même nature qu'au 19e siècle. En raison de la pression démographique de bientôt 10 milliards d'humains, l'approvisionnement en nourriture peut devenir crucial dans de grandes parties du globe ; par ailleurs, la population, de plus en plus riche, pourrait accorder une place grandissante à une façon de se nourrir fortement qualitative, associée à des plaisirs gustatifs. La valeur des activités qui s'y rattachent peut alors se trouver nettement augmentée par rapport à ce qu'elle était dans le passé.

Et surtout demeure le point le plus épineux, celui des produits et services vraiment nouveaux et qui sont en cours d'émergence. Ces derniers peuvent se substituer en tout ou partie à ceux qui existaient avant eux (par exemple l'Internet des loisirs et du jeu virtuel prenant la place qu'occupait dans une certaine mesure la télévision dans les foyers, ce de manière graduelle selon les différentes générations), aspirant par conséquent la part des liquidités qui était dévolue à ces besoins surannés. Les grandes entreprises de l'Internet sont d'ailleurs prêtes parfois à racheter les anciens empires télévisés déclassés. Le rythme de substitution est là une grande interrogation, avec le possible maintien de deux systèmes, l'ancien et le nouveau, pendant un certain temps, donc d'une rentabilité intéressante pour l'activité en déclin.

Mais plus compliqué encore est l'apparition de produits nouveaux répondant à des besoins nouveaux. Cette configuration est particulièrement exacerbée dans le cadre de la triple contrainte de l'explosion démographique, de l'émergence d'une rupture technologique tous azimuts et de la nécessité d'un nouveau modèle pour combattre le dérèglement climatique. La combinaison des trois impératifs est la clef de lecture incontournable des valorisations qui se dessinent de manière très imparfaite. Plus une technologie va permettre un mode de fonctionnement sobre en énergie et en émission de gaz à effet de serre, plus elle a vocation à devenir universelle sur tous les continents, plus sa valorisation peut grimper en flèche sans pour autant que lui soit encore associée une rentabilité immédiate. Peu importe, si les deux caractéristiques précédentes sont bien remplies, le corps social valorise l'ensemble d'un processus sans pour autant parvenir à l'intégrer totalement dans le modèle ancien.

Quand l'automobile remplace la traction équine, pour reprendre un exemple déjà cité, on tente d'établir des parallèles, des recoupements. Les nouveaux véhicules sont représentés comme ceux d'avant, deux chevaux, trois ou quatre chevaux. L'idée est d'établir ainsi une sorte de table de correspondance non seulement des prix, mais aussi, par exemple, des revenus fiscaux qui leur sont associés. Et, très vite, le parallèle ne tient plus. La nouvelle technologie fait exploser totalement les références du déplacement d'autrefois. En réalité, le nouveau modèle n'a rien à voir avec l'ancien ; on tente de conserver des liens, les moteurs sont de deux cents, trois cents chevaux, ce qui ne veut plus rien dire. L'unité de puissance rattachée au passé est devenue obsolète et les chevaux ne sont plus qu'une réminiscence du passé qui n'évoque plus la réalité économique qui s'imposait trois ou quatre générations auparavant. Il est évident que la part de richesse créée imputable à l'automobile, à tous les investissements qui s'y rapportent (autoroutes, parkings, modes de vie…) ou qui en découlent (supermarchés, organisation des villes, modes de loisirs) est un multiple fois cent, fois mille, fois dix mille de ce qu'a pu représenter le cheval en tant que force motrice. Mais cette évidence, plus d'un siècle après son apparition, le fut beaucoup moins pendant les premières décennies de son développemement, au moment où il convenait de faire des paris financiers qui sans doute à l'époque paraissaient démesurés, et totalement déraisonnables pour les contemporains. Le financier qui prenait le risque à ce moment-là avait sans doute toutes les difficultés à justifier de manière rationnelle son investissement. Et pourtant, il eut de fortes chances d'avoir construit l'une des fortunes les plus foudroyantes, les plus énormes de son temps.

Exactement comme, aujourd'hui, les fondateurs d'Apple, de Microsoft, de Facebook, considérés comme les maîtres du monde, plus importants que la plupart des chefs d'État, étaient regardés avec commisération, voici seulement trente ans, par toute l'élite du capitalisme traditionnel. Trente ans, et encore : Facebook est créé en 2004, Amazon en 1994, Alibaba en 1999… La démonstration est toujours validée : incertitude immense équivaut à risque considéré comme insupportable par la plupart des agents économiques les plus capables d'investir. L'importance du risque est alors la mesure de l'enrichissement final et de la rapidité avec laquelle il est accumulé. Attention, néanmoins : l'incertitude dont il est question n'est pas seulement levée par une sorte de confiance en l'avenir telle qu'elle paraît se dégager de ces lignes : non seulement il faut croire en la rupture, mais il faut aussi avoir un peu de chance. Les gagnants de l'aventure automobile, comme ceux de l'aventure aéronautique ou spatiale ou avant eux ceux de l'aventure ferroviaire, pour prendre quelques exemples, ne sont que les rares rescapés d'une grande escouade de ces parieurs considérés comme fous et qui malheureusement pour eux disparurent plus ou moins rapidement. La notion de risque dans les technologies en rupture n'est pas un simple concept intellectuel ; elle est une réalité qui se traduit concrètement par un taux très élevé d'échecs, et par conséquent de pertes abyssales pour tous ceux qui ont confié leur épargne, leur richesse à ces porteurs de projets d'un nouveau genre.

En période de rupture technologique, le rôle principal assigné à un financier est simple : perdre de l'argent, en perdre le maximum, en perdre la quasi-totalité ! Nous revenons à l'importance en pareilles circonstances de financer les entreprises par des fonds propres, c'est-à-dire par des capitaux au bilan qui ont pour vocation d'encaisser les pertes sans mettre immédiatement la structure en faillite. C'est l'avantage des fonds propres, des actionnaires par rapport à la dette, par rapport aux prêteurs, qu'ils soient banquiers, fonds ou particuliers. La dette non remboursée même en partie est immédiatement synonyme de défaut, c'est-à-dire de dépôt de bilan, de faillite.

Le financeur, facteur clef de l'innovation gagnante

La finance est primordiale quand commence un temps de grands bouleversements technologiques, car c'est elle qui va ponctionner la richesse des épargnants, dans une première étape pour permettre de tester les idées, de les lancer, d'investir des sommes en général colossales comparées aux premiers retours, aux premiers marchés. Ensuite, la finance est également essentielle pour perdre des fortunes. La finance est l'art de rémunérer un petit succès au milieu de beaucoup de catastrophes. Là encore, on conçoit pourquoi le financement privé présente tant d'avantages en comparaison avec celui de l'État. L'État ne peut pas perdre de manière indéfinie l'argent du contribuable, il ne peut assumer un risque insensé et la multitude des échecs qui va avec ; un État en général est vulnérable aux grandes ruptures technologiques qui le laissent ouvertement en situation de tâtonnements, plus encore quand c'est un État démocratique. Le financement de ruptures technologiques qui par définition ne marchent pas, ou du moins ne marchent pas du premier coup, est presque impossible à expliquer à l'électeur. La rupture technologique, c'est encore une fois sa caractéristique première, n'est pas acceptable voire compréhensible par le plus grand nombre. Elle est sujette à controverses, et souvent ses défenseurs sont minoritaires, y compris dans les milieux scientifiques. Les débats qui animèrent la communauté des chercheurs tout au long de l'histoire se sont traduits toujours dans un premier temps par une majorité plutôt hostile à la rupture, et une minorité avant-gardiste plutôt favorable. Pour un financier, croire en la minorité revient à une prise de risque supplémentaire, puisque ce risque justement s'apprécie de manière relative. Plus nombreux sont ceux qui n'y croient pas, plus nombreux sont ceux qui se trouvent exposés du fait de leur choix. Ils sont en situation de perte importante ; en raison du risque de défaut final, mais aussi en raison de la difficulté à trouver une porte de sortie si, d'aventure, l'investisseur souhaitait récupérer sa mise du fait d'un besoin de liquidités immédiat.

En étant toujours très terre à terre, la position des financeurs des ruptures, au moment où elles paraissent les moins évidentes au plus grand nombre, exigera une rémunération très forte de leur engagement. Rien d'illogique à cela, cependant la conséquence est immédiate : ce coût peut paraître exorbitant et va freiner, au moins au départ, le développement des technologies de rupture. Cette sorte de courbe de vie naturelle du financement des évolutions technologiques explique en grande partie pourquoi, quand une découverte scientifique conduit à des applications technologiques utilisées dans des projets réels, la diffusion peut être lente au démarrage. Très clairement, le manque de financement en est la cause principale. La recherche du vaccin contre le Covid en a été l'illustration parfaite. Les pays les plus frileux sur le plan financier, la France au premier rang, n'ont pas investi dans la technologie nouvelle quand bien même leurs savants auraient été capables de mener ce type de recherche. Évidemment, la solution du financement public permet parfois d'atténuer le dysfonctionnement, mais pas toujours. Le vaccin a été un échec autant pour la recherche française privée (Sanofi) que pour la recherche publique (Institut Pasteur). Il peut exister, comme il a été évoqué plus haut, un risque spécifique pour l'autorité publique, redevable de justifications devant ses propres autorités de tutelle ou devant l'électeur. D'ailleurs, pour tenter d'empêcher des financements erratiques de technologies aventureuses, la plupart des pays, démocratiques ou non, ont mis en place des procédures strictes de libération des deniers publics, précisément pour éviter des décisions se révélant *a posteriori* comme des catastrophes financières. Ce faisant, et c'est le revers presque obligé de la médaille, ces processus de validation et de justification, souvent longs, coûteux en temps et en ressources humaines, finissent par entraîner le même type d'inconvénient que celui évoqué dans le cas du financement privé : peut-être plus encore dans ces encadrements administratifs, les propositions en décalage avec la pensée dominante ont peu de chances de convaincre ; les propositions originales ont besoin d'une validation forte pour trouver un financement public.

Cette question du financement de l'innovation de rupture apparaît par conséquent comme une problématique centrale et depuis longtemps. Le financement privé peut naturellement se trouver en situation de goulet d'étranglement initial, pouvant faire perdre un temps précieux, soit pour le développement d'une technologie s'avérant *in fine* très utile, soit pour demeurer dans la concurrence internationale. Quant au financement public, il est loin d'être la panacée ; au mieux, il peut jouer le rôle de démarreur, de « lanceur », afin d'être rapidement relayé par des financements supérieurs en provenance du privé. Ce double handicap avait conduit au début des années 1970 un certain nombre d'investisseurs américains à proposer un marché spécifiquement dédié aux projets à la fois hautement innovants et hautement risqués. Ce marché ne pouvait être confondu avec les Bourses de valeurs traditionnelles, Il se nomma le NASDAQ (National Association of Securities Dealers Automated Quotations) ; cotation automatique, donc très souple, moins coûteuse afin de ne pas obérer les perspectives de rentabilité de l'investisseur par des obligations structurelles trop lourdes. Le succès fut immédiat, il devint même tellement extraordinaire que les montants investis finirent par devenir l'équivalent du Dow Jones, le marché boursier traditionnel comparable à celui de toutes les places financières mondiales. Le NASDAQ devint un label d'innovation autant pour les entreprises désireuses de lever des fonds que pour les investisseurs démontrant à leurs propres clients qu'ils étaient à la recherche de rendements élevés associés à des bouleversements technologiques.

Le NASDAQ est au sens propre un marché de risques, un marché de non-conformistes ayant la perspective de rafler la mise quand les rendements traditionnels s'essoufflent faute de croissance, et quand les innovations sont dépréciées par la prudence majoritaire. Le NASDAQ surfa sur l'émergence des valeurs nouvelles que personne n'avait vues monter aussi haut, aussi vite. Mais le jeu ne fut pas gagnant chaque fois, loin s'en faut. L'expérience permet d'établir quelques règles qui seront importantes dans la période de changement de modèle qui commence.

Le grand principe des périodes d'innovation est un chamboulement général dans la représentation des valeurs financières. Le monde économique perd le nord, plus aucune boussole ne reflète la réalité. Certaines se tournent vers le passé, et semblent rassurantes parce que leur logique est comprise par la grande majorité des observateurs ; mais ces derniers, même majoritaires, se trompent, non pour le présent mais pour le futur. Quant aux boussoles modernes, celles qui sont en phase avec le courant de l'évolution, elles se trompent tout autant, selon le vieil adage qu'il n'est jamais bon d'avoir raison trop tôt. La survalorisation des technologies qui s'imposeront dans l'avenir revient à commettre de grosses erreurs d'appréciation dans le temps immédiat. Résultat : les adeptes de cette projection perdent sur le court terme, au risque parfois de se dégoûter définitivement de ce qui deviendra pourtant la valeur dominante des fameux mondes d'après, ceux que tentent d'imaginer les futuristes, les futurologues, bref ceux qui font rarement bon ménage avec la rationalité de la finance et de la monnaie.

L'Europe s'est dramatiquement détournée des technologies numériques et de la data après l'effondrement des valeurs de l'Internet du tournant des années 2000. Elle en paie le prix, elle le paiera encore longtemps : non seulement en raison de son absence criante dans le grand concert des mégavalorisations du 21e siècle ; mais aussi, et peut-être surtout, parce que les capitaux ont oublié pour des années, voire des décennies, des investissements certes risqués, mais portant en eux le principe des grandes transformations du modèle mondial. En février 2021, le français LVMH, spécialiste du luxe, certes intemporel, mais de peu d'espérances folles pour le futur, est devenu la première capitalisation européenne, à quelques « pauvres » 271 milliards d'euros. Dans le même temps, Apple vaut 2 180 milliards de dollars, plus que tout le CAC 40 français. Ce retour frileux des Européens vers les boussoles d'avant permet certes de conforter leur position dans les industries ayant fait la fortune du vieux (!) continent pendant le 20e siècle, et leur donner l'illusion d'une puissance intacte dans le concert des nations. Mais il les place surtout dans la position du simple consommateur, et non plus d'un producteur majeur des nouvelles créations de richesse, dont ses citoyens, comme ceux du monde entier, deviennent friands. Le changement de modèle aura ses gagnants, il aura aussi ses perdants. Et ces derniers compteront beaucoup de ceux qui n'auront pas cru, qui n'auront pas parié, qui n'auront pas osé.

Oui, les valeurs de la tech et leur explosion en 2020, année de confinement, proviennent d'abord du changement de comportement du consommateur mondial, et en particulier européen. En Europe, l'épargnant, l'investisseur, le fonds, le banquier, les États, eux, ne veulent rien savoir, et demeurent focalisés sur les repères anciens de la croissance. Le danger est considérable. Il peut entraîner un déclassement accéléré de la zone non seulement en termes de création de richesse réelle, mais aussi en termes de pouvoir d'influence au sens le plus large. La culture, l'éducation, l'art de demain, se feront aussi dans ces univers technologiques, comme autrefois l'électricité a modifié la musique, le cinéma a introduit un autre vecteur de narration. La traduction de cette sorte de blocage est un risque de décorrélation de plus en plus forte entre la création de richesse telle que la décrit la consommation des ménages, la seule réelle, et l'investissement dans la production de richesse, focalisée sur les consommateurs d'avant. Attention, cette transition entre les habitudes anciennes et les nouvelles ne peut se traduire par une mutation brutale ; c'est un processus long qui suppose une période intermédiaire, pendant laquelle les repères sont flous.

En reprenant la parabole déjà utilisée à plusieurs reprises dans cet ouvrage, il est intéressant d'évoquer de nouveau cette période du remplacement du cheval par le moteur à pétrole, la valorisation économique des anciennes activités et des nouvelles est pendant très longtemps compliquée. Combien vaut un commerce de maréchal-ferrant, combien vaut une station-service ? Comment la différence de valorisation évolue-t-elle, par exemple entre 1900 et 1920, 1970, au cœur d'une ville ou à la campagne ? L'expérience montre que la rapidité du changement est toujours mal estimée, la réalité des modifications de comportement des utilisateurs est l'inconnue majeure sur laquelle butent sempiternellement les analystes financiers, y compris à l'époque où leur profession n'existait pas encore. Lorsque la rupture technologique du 21e siècle est ici considérée comme la plus importante de tous les temps, elle implique aussi le plus grand brouillage des ondes financières jamais constaté. Ce brouillage ne fait que commencer, il a connu, comme la plupart des phénomènes structurels évoqués dans cet ouvrage, une accélération extraordinaire pendant les mois de confinement et d'apparition d'une autre manière de fonctionner des sociétés humaines à l'échelle planétaire. La valeur économique est toujours associée aux fonctionnements des vraies gens. Parfois, il est possible de les influencer, par exemple par la publicité. Mais les grands mouvements de fond ne peuvent être stimulés de manière artificielle. Ce sont des tendances lourdes qui se répercutent sur tous les continents, de façon plus ou moins coordonnée. Dans le passé, l'effet de contagion a souvent été créé par des peuples dominant les autres, imposant leurs manières de vivre, avec néanmoins un succès relatif. Les références anciennes ne disparaissent pas forcément si vite et les réminiscences peuvent faire de la résistance sur des générations.

Avec le Covid, auquel s'ajoute la prise de conscience planétaire de la nécessité d'un changement associé au dérèglement climatique, sans doute jamais dans l'histoire humaine de telles évolutions n'avaient été constatées en si peu de temps et si uniformément. Il en résulte une gigantesque redistribution des vecteurs de valeur économique, et par conséquent de profonds changements dans les différences de prix entre entreprises, entre secteurs d'activité.

Indicateurs d'impact, futurs vecteurs de valeur

À l'origine de la modification de la carte des créations de valeur, ce ne sont pas des facteurs anormaux qui sont à l'œuvre. Ils ne sont que le détonateur. En 2020, c'est un événement non économique, la pandémie mondiale, qui joue le rôle de stimulus, et les mécanismes se déclenchent simultanément. En clair, le NASDAQ, sur lequel sont cotées toutes les sociétés de technologies nouvelles, explose littéralement pendant la période du confinement. Globalement, il progresse de plus de 35 % pendant l'année 2020, qui pourtant est l'année de la plus grande récession des Temps modernes. Bien sûr, une explication non négligeable de ce paradoxe presque choquant tient à l'injection monétaire hors norme largement évoquée précédemment qu'ont pratiquée les autorités monétaires internationales. Ces liquidités tout à fait anormales ont pour seule vocation de soutenir le fonctionnement primaire de la société économique mondiale (la consommation du quotidien quand une partie de la population est totalement à l'arrêt, en ne produisant plus du tout) ; elle fausse un peu plus le rapport entre la masse monétaire et la création de richesse économique. Ce rapport était déjà plus que tendu depuis plus de trois décennies, il connaît en quelques mois une tension inédite autant dans son volume que dans sa motivation.

Néanmoins, quand les grands distributeurs numériques (Amazon, Alibaba) voient leur valeur décuplée, il y a bien là le reflet de cette manière nouvelle de consommer et de travailler. Quand Apple ou Microsoft dépassent allègrement les 2 000 milliards de valorisation boursière, il s'agit d'une conséquence de l'importance croissante des outils pour que cette consommation, cette manière de travailler, bref, ce nouveau mode de vie s'impose au quotidien. Cette valeur donnée à un instant par des marchés faussés ou par des économistes au raisonnement imparfait est-elle juste ? Correspondra-t-elle à celle du futur ? Impossible de répondre avec certitude. En revanche, il ne fait aucun doute que la pratique qu'elle traduit va croître, que de plus en plus de vraies gens utiliseront ces services un peu partout dans le monde, et que les perspectives déjà favorables ne cesseront d'augmenter. L'investisseur est certain de ne pas se tromper dans le principe, il a seulement un doute sur le prix qu'il paie pour valider ce juste choix. Dans la période intermédiaire, évidemment, il bénéficie du différentiel croissant entre les technologies d'avenir et celles du passé qui continuent de capter des capitaux hésitants. La valeur de Tesla bondit d'autant que les grands constructeurs anciens n'ont pas encore mis la data au cœur du processus de production automobile. La valeur de Tesla bénéficie du transfert de valeur entre les anciens et les modernes.

C'est alors que la finance a commencé d'inventer l'un des meilleurs stimulants, l'un des meilleurs moteurs de l'investissement : l'indicateur d'impact. Dans cette période où les représentations sans exception sont totalement brouillées, pour cause d'excès de dette, d'excès de monnaie, de changement technologique, de bouleversements géographiques, de taux négatifs et de pandémie, il était opportun de revenir aux informations basiques, aux données non financières devenues l'enjeu numéro un de la communication… financière, justement.

L'indicateur d'impact est le retour à la mesure physique, sans passer par ses traductions monétaires ou financières. Si j'investis dans une technologie complexe dont l'intérêt premier serait par exemple l'amélioration de la qualité de l'air, la réduction de pollution ou n'importe quel autre avantage tangible de développement durable, alors c'est cela qui devient la vraie rentabilité attendue de l'investissement. Combien on gagne ou non, quel taux de rendement, tout cela qui autrefois était le critère majeur de valorisation est considéré comme secondaire, et même accessoire. On pourrait y voir la montée d'une sensibilité citoyenne un peu partout, y compris dans les arcanes les plus rationnels de la finance. C'est peut-être le cas, mais ce n'est pas la seule explication du phénomène. Plus l'indicateur d'impact est clair et mesuré scientifiquement, plus il devient possible de communiquer sur cette rentabilité-là. Elle est devenue primordiale (du fait de son intérêt propre et de la perte de crédibilité de toutes les formes de rentabilité monétaires), par conséquent elle est recherchée par tous les investisseurs du monde. Lorsque j'investis dans un indicateur d'impact, j'aurai toutes les chances, si je le souhaite ou si j'en ai besoin, de revendre ma place d'investisseur. Mieux : plus nombreux seront les épargnants à la recherche de l'impact réel (« ayant un vrai sens pour leur investissement »), plus la valorisation va augmenter, comme dans une mise aux enchères. Tout le monde veut prendre ma place, le prix de ma place augmente. Nous retrouvons le concept primordial de plus-value à la vente que nous évoquions plus haut et qui est typique des investissements dans les actifs innovants. C'est ainsi que se valident toujours les paris dans les périodes de rupture. L'un des facteurs fondamentaux est donc la patience, le long terme, la capacité d'attendre que les indicateurs d'impact finissent par démontrer leur pertinence. Quand j'investis dans Netflix, pendant de longues années on m'explique que c'est pure folie, que le modèle de l'entreprise ne tient pas, à moins d'une audience mondiale gigantesque, naturellement. Par conséquent, mon indicateur d'impact est le nombre d'abonnés, sans me soucier des pertes d'exploitation. Et quand les abonnés ne cessent de se multiplier, la valeur du titre explose alors même que la rentabilité financière n'est pas encore avérée.

Les indicateurs d'impact, au fur et à mesure de l'année 2019 puis en 2020, ont commencé à s'imposer dans toutes les revues d'actifs gérées par les fonds géants, par les banques, bref par tout ce que la finance compte d'investisseurs importants, en privilégiant (à la différence de l'exemple de Netflix) ceux témoignant d'une action en faveur du développement durable. Cette « révolution » (encore une, et pourtant tout aussi réelle et importante que les précédentes) conduit à des prolongements fondamentaux.

D'abord, il apparaît de plus en plus que le calcul de la création de richesse va devoir être modifié très profondément, en fonction des indicateurs d'impact positifs et négatifs. Les investissements de développement durable voient leur valeur exploser, tandis que ceux ayant des conséquences néfastes (énergie fossile, mais aussi, demain, mouvement excessif des populations, comme les « usines à services », l'immobilier de bureaux par exemple) sont l'objet déjà de décotes énormes qui ne font que commencer. La valeur de la production est en plein bouleversement, Amazon prend la valeur que Carrefour est en train de perdre.

Ensuite, les fonds alloués le sont dans des structures financières différentes de celles qui pouvaient exister autrefois. En clair, l'information non financière, la data qualitative devient l'élément déterminant de l'investisseur. Ce dernier a besoin d'une architecture complète qui lui permette de la connaître, de la centraliser, de la traiter au plus vite. Dans cette architecture, il y a des structures scientifiques qui vont permettre très vite de mesurer l'indicateur d'impact avec le minimum d'aléas, le minimum de polémique, le maximum de consensus. Ces structures vont s'appeler des institutions de labellisations autonomes et doivent être absolument les plus incontestables possible. C'est le nouveau terrain d'élection de la régulation qui va devoir valider les procédures plus que le résultat, pour que le doute soit le plus faible possible quant à ces promesses de valeur attachées aux multiples labels.

Dans l'architecture de la structure économique aussi se développent de nouveaux organismes centralisateurs de datas, les plus puissants, les plus rapides possible. On les nomme *plateformes*. Ce sont les futurs remplaçants des vieux marchés financiers, qui parvenaient à valoriser des investissements très différents grâce à un facteur commun, la rentabilité monétaire. Dès lors que la monnaie n'est plus le critère principal, mais que l'information qualitative prime, il est nécessaire d'avoir une plateforme par grande catégorie d'informations. Autrefois, par exemple dans les années 1970 quand fut créé le NASDAQ évoqué plus haut, un tel raffinement semblait impossible sur le plan technique. Désormais, avec le traitement des données massives, cet éclatement des marchés est parfaitement envisageable, et a déjà commencé.

L'aplatissement comme principe général de l'organisation économique se retrouve encore au cœur du nouveau système. Une technologie le caractérise : la blockchain et les crypto-monnaies.

Blockchain, bitcoin, cryptomonnaies, la vraie rupture de la finance

Nous avons réfuté l'idée d'une innovation quelconque dans les manières de créer de la dette par la finance moderne, de gérer la monnaie par les banques centrales. S'il est une technologie de rupture dans le domaine, une application des datas et des algorithmes, c'est bien en la blockchain qu'il faut la trouver. Elle a été mise en œuvre pour la première fois en 2008 par un mystérieux génie, Satoshi Nakamoto. La blockchain permet un transfert d'informations digitales par un système de cryptage algorithmique d'une fiabilité extrême, tout en autorisant un anonymat quasi parfait de l'échange de données. Comme démonstration des formidables applications de la blockchain, il fut proposé de l'utiliser dans le domaine qui en 2008-2009 s'avérait de moins en moins rationnel : celui de la monnaie, en particulier émise par les banques centrales. Le premier actif que permit d'échanger la blockchain était le bitcoin, la première des cryptomonnaies. Le vocabulaire utilisé pour cette incroyable invention était celui des mines d'or. Le bitcoin avait pour vocation d'être produit par un algorithme, et surtout pas selon la volonté d'un banquier central ou d'un politique ayant autorité sur ce dernier. Une intention libertaire était revendiquée pour cette monnaie totalement décentralisée et en dehors de tout champ de contrôle. Elle séduisit immédiatement la Californie, terre d'élection du digital. Les cryptomonnaies se multiplièrent, tout comme les blockchains fondées sur de nouvelles recherches algorithmiques. L'une des plus connues fut Ethereum, fondée par un mathématicien russe génial de vingt-trois ans à l'époque (il est né en 1994), Vitalik Buterin. En 2021, alors que la création monétaire par les banquiers centraux de l'ancien monde était devenue stupéfiante, le « vieux » bitcoin commença à voir sa valeur s'envoler. À la mi-février 2021, elle dépassait les 55 000 dollars pour 1 bitcoin. En 2009, il valait 0,39 dollar.

Il faut dire que, depuis 2020, les investisseurs croyant dans l'émergence du nouveau monde, persuadés de l'imminence de la fin de l'ancien, ont commencé à quitter dollar, euro ou yuan pour le bitcoin en attendant d'autres représentations des investissements du nouveau monde. BlackRock annonça un début d'achat massif de bitcoins au début de l'année 2021, tout comme Tesla.

Les grands pays, les banques centrales critiquaient les cryptomonnaies pour les opportunités offertes aux placements mafieux et aux trafics en tout genre.

Facebook avait mis en sommeil le projet d'une cryptomonnaie spécifique (développée sur Ethereum) et nommée le libra. Mis en sommeil pour combien de temps ?

Amazon aurait déposé le nom Amazon coin, au cas où.

Les nouveaux financeurs fourbissaient les armes des nouveaux investissements de demain.

Le grand vent, l'ouragan du changement de modèle a donc commencé. Il suscite tant d'interrogations, tant d'inquiétudes. Mais il constitue d'abord une nouvelle formidable ; la communauté humaine n'avait d'autre choix que de s'inventer un autre mode de fonctionnement, en rupture du tout au tout avec l'ancien, pour répondre à ce double défi, le dérèglement climatique et l'explosion démographique.

Le Covid a joué le rôle d'une validation objective des termes et du rythme de ce changement. Une validation ouvrant les plus belles perspectives.

Il apparaît qu'il est possible, en admettant le principe d'un bouleversement majeur, de vivre à plus de 10 milliards d'humains sur la planète, de réduire les inégalités, dont la plus fondamentale est la différence d'espérance de vie entre les plus riches et les plus pauvres, de mieux occuper les territoires à disposition de l'humain. L'objectif est une croissance économique jamais vue, conciliant les aspirations de chacun et un développement durable pour tous.

Au milieu de la pandémie de Covid, il y eut en février 2021 cette extraordinaire performance technologique qu'est l'arrivée sur la planète Mars du robot de la mission Persévérance. Est-ce une issue pour l'humanité de conquérir des territoires vitaux sur d'autres planètes, de construire des vaisseaux spatiaux géants ? Peut-être, et peut-être même à des horizons proches. Néanmoins, la réalité est qu'au 21e siècle jamais l'humanité n'a été si nombreuse sur sa planète d'origine, jamais elle n'a occupé si peu d'espace terrestre, concentrée qu'elle est dans des mégalopoles ingérables. Le nouveau modèle doit permettre de reconquérir les déserts, d'explorer les océans, de concilier la découverte, l'invention, la connaissance, l'enthousiasme de chaque enfant qui naîtra sur la Terre, où qu'il soit.

Le nouveau modèle doit aussi permettre de gérer le patrimoine naturel de chaque génération, pour le rendre intact, voire en meilleure condition à la génération suivante.

Il sera temps ensuite de lancer de grandes expéditions interplanétaires.

Tel est le sens du grand basculement.

En Gascogne, le 21 février 2021

Table

Première partie
RÉPONDRE
AU DÉRÈGLEMENT CLIMATIQUE

Deuxième partie
LA PLUS GRANDE RUPTURE TECHNOLOGIQUE DE TOUS LES TEMPS

Troisième partie
LES DÉFIS D'UN CHANGEMENT DE PUISSANCE DOMINANTE